Hedda Zinner

Ausgewählte Werke in Einzelausgaben

Hedda Zinner

Arrangement mit dem Tod

Roman

Buchverlag Der Morgen

Herausgegeben von Eckhard Petersohn

ISBN 3-371-00121-0

Im voraus

Die Handlung dieses Romans ist frei erfunden. Auch die meisten Personen sind es. Authentisch sind die Namen solcher Nazis wie Dietrich, Wagner, Streicher, Hinkel, Laubinger, aber auch der Name der jüdischen Schriftstellerin Else Lasker-Schüler, des antifaschistischen Schriftstellers Erich Mühsam, der Tänzerin Valeska Gert, der Schauspielerin Agnes Straub, des Arztes Dr. Johannes Kupke.

Authentisch ist auch die Existenz des Jüdischen Theaters, zuerst in der Charlottenstraße, dann in der Kommandantenstraße in Berlin, innerhalb der jüdischen Kulturbünde; es entstand 1933 und wurde 1941 mit Beginn der sogenannten „Endlösung der Judenfrage“ liquidiert. Authentisch sind ferner alle dargestellten historischen Abläufe, alle Zitate aus den „Nürnberger Gesetzen“ und aus jüdischen Zeitungen.

Die zwangsweise Wiedereröffnung des Theaters nach den Pogromen der „Kristallnacht“ 1938 erfolgte mit einem harmlosen Lustspiel. Hier wird statt dessen die bekanntere „Fledermaus“-Fabel benutzt, um die Absurdität der Situation zu verdeutlichen.

Ich widme dieses Buch Fritz Wisten, Oberspielleiter und Schauspieler am Jüdischen Theater, nach 1945 Intendant des Theaters am Schiffbauerdamm und später der Volksbühne, dem ich einige der besten Inszenierungen meiner Stücke verdanke.

H. Z.

Maria ging langsam, sie hatte viel Zeit. Tags zuvor war sie spätabends angekommen, hatte heute morgen erst ihre Koffer ausgepackt, Kleider und Wäsche in Schrank und Schübe verstaut, mit Frau Lorenzen, ihrer Wirtin, gefrühstückt und sich, immer noch zeitig genug, auf den Weg zum Theater gemacht.

Das „Fürstenufer“ zog sich hin, der Wall, den man den „Fürstenwall“ nannte, die lange Häuserreihe mit ihren alten, aber immer noch gut erhaltenen Gebäuden. In einem von ihnen hatte Maria ein Zimmer gemietet, nun schon das zweite Jahr. Im vierten Stock, mit Blick auf die Elbe.

Auch auf der Straße roch man die Elbe. Diesen eigenartigen Geruch nach Teer und Öl und Tang. Die Luft schien ihn auszuatmen, der Wind trug ihn wie feinen Dunst. Er hüllte alles ein. Maria liebte ihn. Sie liebte die Elbe. Frühmorgens, wenn sie aus dem Fenster blickte, sah sie tief unten Kähne und Schiffe aller Art vorbeiziehen, und es entzückte sie immer aufs neue. Wenn die dumpfen Nebelhörner die Stille zerrissen und ihre Wirtin besorgt fragte: „Stört Sie der Lärm?“ lächelte Maria und sagte: „Im Gegenteil. Ich habe das Gefühl, als sei ich auf einem Schiff.“

Die Wirtin, Witwe eines höheren Staatsbeamten, kinderlos, war froh, das junge Mädchen als Mieterin zu haben, und bemutterte es, manchmal zu sehr. Maria störte die übertriebene Fürsorglichkeit, aber sie schwieg. Sie verstand die Einsamkeit der alten Dame.

Früher einmal hatte Frau Lorenzen wissen wollen, wie Maria die Stadt gefalle, und Maria hatte allgemein lobend geantwortet. Aber manches, was sie kennenlernte, gefiel ihr gar nicht. Das sogenannte Pottlappenviertel zum Beispiel, mit seinen abrißreifen, verwanzten Häusern, deren Mieter zum größten Teil arbeitslos waren. Welcher Gegensatz zu anderen Stadtteilen, den herrschaftlichen Villen der Viktoriastraße, dem Breiten Weg, einer der längsten Barockstraßen Europas, mit seinen stattlichen Bürgerhäusern, eleganten Geschäften, vornehmen Lokalen. Es schien, als sei das eine andere Stadt.

Mit Jupp Kirstein hatte sie an Tagen, da sie beide keine Proben hatten, das kam freilich selten genug vor, die Stadt durchwandert. Er hatte ihr manches erklärt und erzählt von der Geschichte des ehrwürdigen Doms, an dem drei Generationen gebaut hatten, über das Monument Otto von Guerikkes, das so etwas wie ein Wahrzeichen der Stadt war, und über dessen berühmtes Experiment mit den Halbkugeln, die, zusammengefügt und luftleer gepumpt, von stärksten Pferden nicht mehr auseinandergerissen werden konnten.

Wie genau sie alles im Gedächtnis behalten hatte. Sie hörte Jupp gern zu, wenn er erzählte, denn das, was er sagte, klang nie belehrend, sondern immer lebendig; sie staunte über seine Kenntnisse auf ganz unterschiedlichen Gebieten.

Die Kollegen nannten ihn „den Doktor“, weil er, ehe er Schauspieler wurde, als Germanist promoviert hatte. Er selbst scherzte nur über seinen Titel und gebrauchte ihn nie.

Sie waren sich manchmal sehr nahe gewesen. Sie wußte, daß er sie liebte, über ihre Empfindungen für ihn war sie sich jedoch nicht klar. Manchmal glaubte sie, es seien eher Gefühle, wie sie sie für ihren Vater empfand. Jupp war immerhin Mitte Dreißig, also fast fünfzehn Jahre älter als sie. Manchmal ärgerte es sie auch, daß er, wahrscheinlich wegen dieses Altersunterschieds, Hemmungen ihr gegenüber zu haben schien. Jedenfalls freute sie sich darauf, ihn wiederzusehen.

Sie hatte die Yorkstraße erreicht, die anstieg und von ihrem höchsten Punkt den Blick auf die Elbe wieder frei gab.

Der Himmel, eben noch fahl und blaß, schien sich plötzlich von innen her zu erhellen. Rötlich schimmerndes, diffuses Licht durchdrang ihn. Darüber zogen von Osten her Wolkenfetzen, die sich langsam vorwärts schoben und ihre Form ständig wechselten. Seltsame phantastische Gebilde, die zusammen- und wieder auseinanderstrebten. „So malen

Meister aus den frühen Tagen die Wolken, welche die Madonna tragen." Wo hatte sie das gelesen oder gehört? So mußte der Himmel ausgesehen haben, als diese Verse entstanden. Sie klangen nach Hofmannsthal, sie war sich nicht sicher. Maria liebte die schöne, überfeinerte Sprache des Österreichers. Vater hatte sie als Schulmädchen einmal zu den Salzburger Festspielen mitgenommen. Zum erstenmal in ihrem Leben sah sie dort großes Theater mit weltbekannten Schauspielern. Man spielte Hofmannsthals „Jedermann". Damals war ihr Wunsch, zum Theater zu gehen, unerschütterlich geworden. Noch als sie das Lyzeum besuchte, hatte sie einer bekannten Schauspielerin, Agnes Straub, geschrieben und sie gefragt, ob sie ihr vorsprechen dürfe. Nicht einmal Vater hatte sie von diesem Brief etwas mitgeteilt.

Agnes Straub ließ sie kommen, hörte sich den Gretchen-Monolog aus dem „Faust" und die Luise aus „Kabale und Liebe" an und fragte, wer das mit ihr einstudiert habe. Daß keiner dem jungen Mädchen geholfen hatte, wollte sie nicht recht glauben. Sie erkundigte sich, ob sie aus einem Künstlerhaus komme, ob sie das Kind von Schauspielern sei. „Sind Ihre Eltern damit einverstanden, daß Sie zum Theater gehn wollen?" fragte sie schließlich.

Maria antwortete, daß ihre Mutter schon bei ihrer Geburt gestorben sei, daß ihr Vater aber bestimmt nichts dagegen habe.

„Haben Sie mit ihm darüber gesprochen?"

Etwas verlegen erwiderte sie, daß sie das noch nicht getan habe, es aber nachholen werde.

Dann hatte Frau Straub Marias Vater zu sich gebeten und sich lange mit Professor Rheine unterhalten. „Ich halte Ihre Tochter für eine ungewöhnliche Begabung und wäre bereit, falls Sie damit einverstanden sind, ihr Unterricht zu geben", hatte sie endlich gesagt.

Erst viel später, als Maria durch Vermittlung der Künstlerin bereits ihr erstes Engagement hatte, teilte der Vater ihr den Inhalt seines ersten Gesprächs mit Frau Straub mit.

Maria beschleunigte ihre Schritte. In Gedanken versunken, hatte sie die restliche Wegstrecke beinahe automatisch zurückgelegt, vor sich sah sie jetzt bereits die Umrisse des Theaters. Sie schaute auf die Uhr, viel Zeit blieb ihr nicht mehr. Dr. Großmann, der Intendant, hatte die Ansprache, mit der er die Mitglieder des Ensembles zu Beginn jeder Spielzeit zu empfangen pflegte, auf zehn Uhr festgelegt. Sie mußte sich beeilen, um einige Kollegen, die sie von der vergangenen Spielzeit her kannte, noch begrüßen zu können.

Der erste, der ihr begegnete, war Hans-Heinz Needer, ein nicht unbegabter, aber sehr einseitiger Schauspieler, der immer Rollen spielen wollte, die ihm, schon vom Äußeren her, nicht lagen.

„Laßt mich den Löwen auch spielen", hatte ihm einmal die komische Alte, die echten Humor besaß, auf einer Ansichtskarte geschrieben.

Needer war gedrungen, vierschrötig und hatte, obwohl erst dreißig Jahre, bereits eine Glatze, die er sorgfältig mit Seitenhaaren zu verdecken suchte.

Maria war in der vergangenen Spielzeit in Ibsens „Peer Gynt" seine Partnerin gewesen. Er spielte den Peer, sie die Grüne. Bei ihrem großen Tanz stellte er sich ihr so in den Weg, daß sie die steile Kulisse fast hinuntergefallen wäre. Er entschuldigte sich später bei ihr, er habe das nicht absichtlich getan, aber sie wußte, daß es Absicht gewesen war. Er wollte sich rächen, weil sie ihn bei einem Gastspiel, wo ihre Zimmer im Hotel direkt nebeneinander lagen und er versuchte, bei ihr einzudringen, nicht sehr sanft zurückwies.

„Na, Madonna", begrüßte er sie jetzt, „wem hast du in den Ferien den Kopf verdreht?"

Sie kam nicht dazu, zu antworten, denn Jupp Kirstein war hinzugekommen und sagte trocken: „Sie pflegt Köpfe nicht nur zu ‚verdrehen', sondern auch zurechtzurücken. Du solltest das wissen."

Needer wollte aufbrausen, aber er beherrschte sich, zumal Maria Kirstein begrüßte und sich dann „dem Katzerl", der Souffleuse Hella Katzer, zuwandte und sie herzlich umarmte. „Katzerl" nannte man sie, weil sie klein, zierlich und noch dazu Österreicherin war. Es gab kein kameradschaftlicheres, freundlicheres Wesen als „das Katzerl", und mit Ausnahme Needers, der sie einmal beschimpft hatte, weil sie Jüdin war, mochten alle Kollegen sie gut leiden. In ihrer Jugend hatte sie selbst Theater gespielt, als Naive, in Sangerhausen. Aber das war lange her. Nun flüsterte sie den Kollegen aus dem Souffleurkasten die Texte zu, bereits seit fünfzehn Jahren.

Die Freundschaft zwischen Maria und der Souffleuse war vielen Kollegen unverständlich, nicht nur, weil ein gewisser Standesdünkel die Hauptdarsteller von der Frau im Souffleurkasten trennte, sondern auch, weil die kultivierte Maria Rheine, Tochter des Biologieprofessors Rheine, nach allgemeiner Ansicht im Theater mit der freundlichen, natürlichen, aber einfachen – manche sagten „primitiven" – Hella Katzer gar keine Berührungspunkte haben konnte.

Wie diese Freundschaft zustande gekommen war, wußte niemand. Bei einer Fahrt in einen fast hundert Kilometer entfernten Ort, den das Stadttheater bespielte, die immer mit einem eigenen Bus erfolgt war, mußte diesmal ein offener Lastkraftwagen benutzt werden, weil der Bus im letzten Augenblick ausfiel. Maria, die darauf nicht vorbereitet gewesen war, hatte nur einen dünnen Mantel an und zitterte vor Kälte. Plötzlich aber legte sich eine Decke um ihre Schultern und hüllte sie ein. „Das Katzerl", das solche Fahrten schon kannte, hatte die Decke vorsorglich mitgebracht.

„Und Sie?" fragte Maria erstaunt und gerührt. „Jetzt werden Sie frieren."

„Ich friere nicht so leicht", sagte „das Katzerl", „und außerdem stehe ich nicht auf der Bühne."

Dieser Vorfall wurde Anlaß zur Freundschaft der beiden Frauen.

„Das Katzerl" verehrte die so viel Jüngere. Sie hatte ein gutes Urteil, was die Begabung von Schauspielern anbelangte; sie hätte es nicht begründen können, es war so etwas wie ein Instinkt, ein Gespür. Und obwohl sie selbst kein großes Talent gewesen war – ehrlich genug, gab sie das zu –, irrte sie sich bei anderen selten. Sie hielt Maria für etwas Außergewöhnliches, Einmaliges. Mit welcher Sicherheit dieses junge Mädchen selbst Rollen reifer Frauen zu spielen vermochte, so die der Anna in Franks „Karl und Anna", unsentimental, herb, dabei leidenschaftlich, ohne in Naturalismus zu verfallen, verblüffte sie. Marias Auffassung von Rollen war niemals konventionell, und selbst wenn ein Regisseur sie in Konventionen pressen wollte, setzte sich bei der Premiere ihre Eigenart durch.

Es konnte vorkommen, daß Hella Katzer bei Szenen, die ihr besonders gefielen, zu soufflieren vergaß und erschrak, wenn ein Schauspieler plötzlich zum Souffleurkasten schaute, weil er nicht weiterkonnte. Aber auch die Schönheit Marias beeindruckte „das Katzerl", sie behauptete, noch niemals eine Maria Stuart gesehen zu haben wie Maria Rheine. Manche flüsterten von „lesbischen Gefühlen", aber das war böswilliger Unsinn.

Erst als Maria „das Katzerl" schon länger kannte, erfuhr sie etwas von deren Leben, aus der Zeit, ehe der Souffleurkasten ihre Arbeitsstätte wurde.

„Geheiratet haben wir 1914", erzählte sie, „es war eine Kriegstrauung, weißt. War ein fescher Kerl, der Franzl, von Beruf Musiker, aber eigentlich war er noch gar nix, zum Beruf ist er ja nicht erst gekommen. Er war dreiundzwanzig, ich zwanzig. Seine Tochter hat er auch nicht kennengelernt, 1917 ist er gefallen, vor Verdun. Seinen Ring haben s' mir geschickt, mit den offiziellen Beileidssprüchen, und die Brieftasche, in der nix drin war außer seinen Papieren. Das Kind, die Mizzi, hab ich dann allein großgezogen. Dem Franzl seine Eltern, an die ich mich gewandt hab, haben bedauert, sie hätten in dem Krieg ohnehin alles verloren, und der Franzl hätt auch noch Geschwister, für die sie sorgen müßten. Na ja, leicht ist's mir nicht gefallen, aber es ist schon gegangen. Sogar auf die Handelsschul hab ich die Mizzi geschickt, aber sie hat die Schul eigentlich gar nicht gebraucht, mit siebzehn hat sie geheiratet, einen Geschäftsmann. Mit was er handelt, weiß ich bis heute nicht. Von mir hat er nix wissen wollen, ‚na ja, eine Komödiantin', soll er gesagt haben, ‚das wär nichts Seriöses'. Da kann man halt nix machen. Dann ist er nach Kanada gezogen, und die Mizzi natürlich mit, in eine Stadt, die Montreal heißt und sehr schön sein soll, mit einem großen Fluß und überhaupt ... Aber besonders gut scheint's ihnen nicht zu gehen, sonst wären sie sicher einmal zu Besuch gekommen. Wenn auch nicht zu mir, aber nach Europa, mein ich. Von Zeit zu Zeit schickt mir die Mizzi eine Ansichtskarte, damit ich seh, wo sie lebt, und auch damit ich weiß, daß ich noch eine Tochter hab. Na ja."

Es war das einzige Mal, daß „das Katzerl" zu Maria von ihrer Vergangenheit sprach, aber es waren echte, mütterliche Gefühle, die die Souffleuse Hella Katzer für die junge Schauspielerin Maria Rheine empfand.

Noch mit einer anderen Kollegin wechselte Maria schnell ein paar Worte, mit der komischen Alten Mimi Satz, die die Bezeichnung „Madonna" für Maria zum erstenmal gebraucht und damit eingeführt hatte.

Mimi Satz gehörte zu den ältesten Mitgliedern des Ensembles, war sozusagen schon Inventar des Theaters.

„Unser Theater gehört zu den anerkannt guten", hatte sie zu Maria gesagt, als sie das erstemal in Shaws „Frau Warrens Gewerbe" mit ihr zu tun hatte. „Aber es ist trotz alledem ein Provinztheater, auch wenn manche Leute das nicht wahrhaben wollen. Sehn Sie zu, Kindchen, daß Sie nicht allzu lange hier bleiben, denn wenn Sie den Zeitpunkt verpassen, kommen Sie für Theater in Berlin, Hamburg oder München nicht mehr in Frage. Warum? Weil sich gewisse Gewohnheiten bei Ihnen festigen, vom Regisseur verlangt, die man an großen Theatern nicht brauchen kann."

Mimi Satz selbst hatte den Zeitpunkt „verpaßt". Sie war einmal eine „Hoffnung" gewesen, mit den Jahren aber hatte sie jede Hoffnung, an ein größeres Theater zu kommen, begraben müssen. „Zu routiniert", das war die Ansicht der meisten Direktoren und Intendanten, bei denen sie sich bewarb.

Maria nickte dem einen oder anderen Kollegen zu, schüttelte einigen die Hand, aber die Glocke, die vom Dom her die zehnte Stunde einläutete, trieb die Schauspieler zur Eile, denn Dr. Großmann haßte Unpünktlichkeit. Auf der schlecht ausgeleuchteten Bühne formierte sich ein Halbkreis um ihn, wie jedes Jahr, wenn er zum Beginn der Spielzeit die Ansprache hielt. Die neu engagierten Kollegen wurden vom Inspizienten in den Halbkreis eingeordnet.

Zu den Neuen gehörte auch ein junger Mann von etwa fünfundzwanzig bis dreißig Jahren, der die Aufmerksamkeit besonders der jüngeren weiblichen Mitglieder des Ensembles erregte. Er war groß, schlank, hatte ein kühn geschnittenes, sehr männliches Profil und trug sein dichtes blondes Haar straff zurückgekämmt. Er war jugendlicher Held und Liebhaber und löste Leopold Lindt ab, der für dieses Fach in der vergangenen Spielzeit engagiert gewesen war. Lindt hatte ein Engagement nach Hamburg bekommen.

„Neben dem kann der Lindt sich aber verstecken", flüsterte „das Katzerl" Maria zu, mit einer kaum wahrnehmbaren Kopfbewegung auf den Neuen weisend.

„Mir zu blond", flüsterte Maria zurück, den Mund etwas verziehend. „Außerdem – zu sehr ‚Held'." Maria hatte mit dem dunkelhaarigen Lindt, der in vielen Stücken ihr Partner gewesen war, ein paarmal geflirtet.

Und während der Intendant, die alten Kollegen begrüßend, die neuen willkommen heißend, seine Ansprache begann, die Maria zum größten Teil schon von der vergangenen Spielzeit her kannte, dachte sie, daß Lindt es geschafft hatte, und überlegte, ob sie es jemals schaffen würde.

Der „Neue", um den die Gedanken nicht nur einiger Kolleginnen, sondern auch eines großen Teils des weiblichen Publikums bald zu kreisen begannen, war eine Errungenschaft Harri Landerers, des Regisseurs, der ihn in einem kleinen Theater „entdeckt" hatte.

„Er wäre eine Sensation für unser Publikum, besonders für das weibliche", hatte Landerer, als er dem Intendanten von

Mark Löwenthal berichtete, gesagt. „Und dabei sieht er nicht nur blendend aus, er kann auch was. Sie müßten sich ihn unbedingt ansehen, Herr Intendant."

Großmann sah ihn als Antonio in Shakespeares „Der Widerspenstigen Zähmung", einer Rolle, die sonst immer der erste Held zu spielen pflegte, und engagierte ihn. Von seinem Äußeren war er ebenso angetan wie der Regisseur, von seinen künstlerischen Fähigkeiten nicht in gleichem Maße. „Da bin ich noch skeptisch, Landerer. Vielleicht ist er ein Blender. Aber für den weiblichen Teil unseres Publikums ist er der Schlager, da haben Sie recht."

Es war verletzte Eitelkeit, die Maria, ohne daß sie sich dessen bewußt wurde, veranlaßte, Mark Löwenthal größere Aufmerksamkeit zu schenken. Der Neue kümmerte sich im Gegensatz zu vielen ihrer Kollegen überhaupt nicht um sie. Lindt, ihr Partner vom vergangenen Jahr, hatte ihr gezeigt, daß sie ihm gefiel, in den Liebesszenen mit ihm knisterte es, er küßte sie richtig. Manchmal provozierte er auch Küsse, wenn sie von der Regie nicht vorgesehen waren. Mark Löwenthal markierte sie nur oder vermied sie möglichst.

In einem Lustspiel mit einer sehr intimen Liebesszene kam bei den Proben keine Stimmung auf.

„Es geht nichts von Ihnen aus, Löwenthal", sagte Maria in einer Probenpause. „So kann ich nicht Theater spielen."

Mark sah sie erstaunt an. „Ich weiß nicht, was ich falsch mache."

„Man kann nicht immer nur markieren", antwortete Maria heftig. „Solange man die Rolle nicht beherrscht, meinetwegen, aber dann ..."

„Markiere ich? Ich bin mir dessen nicht bewußt", sagte Mark befremdet.

„Sie sind sich dessen bewußt. Vielleicht lehnen Sie mich als Partnerin ab, dann sagen Sie es bitte."

Die herausfordernde Art des jungen Mädchens verblüffte Mark. „Ich habe keinen Anlaß, Sie abzulehnen. Wie kommen Sie darauf? Und was verstehen Sie unter ‚markieren'?"

„Wenn man in so einer Szene nur tut, als ob man küsse, wirkt sie steif, unglaubhaft und unecht“, erwiderte Maria und bereute im gleichen Augenblick, das gesagt zu haben, denn Mark lachte. Es war kein bösartiges, eher ein jungenhaftes fröhliches Lachen. Er blickte das Mädchen, das bis zu den Schläfen errötete, interessiert an und dachte: Sie ist verdammt hübsch, die Leute haben schon recht. Daß ich das nicht bemerkt habe. Dann sagte er ernst, es klang dennoch ironisch: „Ich bin zwar kein Freund von Naturalismus, aber wenn Sie wünschen, daß ich Sie küsse, werde ich es natürlich tun.“

„Ich wünsche nur, daß wir gutes Theater spielen“, beendete Maria das Gespräch. Sie war wütend.

„Der steht auf Schwarze“, sagte „das Katzerl“ und wußte nicht, daß das Maria berührte.

Die Souffleuse schien recht zu haben. Mark hatte bereits zu Beginn der Spielzeit ein Verhältnis mit Ingelore Sellhorn angefangen, der jugendlichen Salondame, die zierlich und sehr temperamentvoll war. Aber dieses Verhältnis dauerte nicht lange.

„Das mit der Sellhorn war nur ein Gspusi“, kommentierte „das Katzerl“.

„Wieso nimmst du das an?“ fragte Maria, obwohl sie vorgehabt hatte, zu tun, als interessiere sie das nicht.

„Weil der Löwenthal ein gescheiter Bursch ist, und bei der Ingelore ist nicht viel drin im Kopf.“

„Wie kommst du darauf, daß er gescheit ist? Hast du dich mit ihm unterhalten?“

Hella Katzer schmunzelte. „Das nicht, aber er ist ein Jud.“

„Ein Jude?“ fragte Maria. „Woher weißt du das?“

„Der Needer, der Nazi, trägt's überall herum“, ereiferte sich die Souffleuse. „Dabei könnt er sich ‚von‘ schreiben, wenn er so ausschauen tät wie der Löwenthal.“

Kurze Zeit danach mußte Maria an dieses Gespräch denken.

An einem spielfreien Tag überredete Jupp Kirstein Maria, mit ihm in einen Ausflugsort an der Elbe zu fahren und dort zu Mittag zu essen. Noch könne man den Dampfer benutzen, und die Fahrt sei reizvoll.

Maria, die bei dem trüben Wetter dazu keine große Lust verspürte, sagte dennoch zu, weil sie Jupp keinen Korb geben wollte. Sie trafen sich an der Anlegestelle.

Der Raddampfer, der den Namen „Luise“ trug, war alt und klapprig, wahrscheinlich war es seine letzte Fahrt in dieser Saison. Sie hatten angenommen, daß sich bei dem Wetter nur wenig Leute zu einer Dampferfahrt entschließen würden, aber sie hatten sich getäuscht. Auf Deck waren zwar kaum Passagiere, unten aber war es dafür um so voller. Kirstein warf einen Blick hinein und kam sofort zurück. „Anscheinend ein SA-Sturm“, sagte er verärgert. „Wer weiß, wohin die fahren und was sie vorhaben. Welches Arbeiterlokal sie wieder überfallen wollen. Bleiben wir hier draußen? Wird es dir nicht zu kalt sein?“

Obwohl Maria versicherte, daß ihr nicht kalt sei, legte Kirstein seinen Arm um sie. „Wir hätten gleich aussteigen müssen“, sagte er beunruhigt, „jetzt ist es zu spät. Bei der nächsten Anlegestelle gehen wir an Land.“

„Warum denn?“ widersprach Maria. „Ich mag sie auch nicht, diese Nazis, aber ihretwegen aussteigen? Nein.“

„Du kennst sie nicht. Du weißt nicht, wozu sie fähig sind. In der augenblicklichen Situation, wo Hitlers Geldgeber wegen der Stimmenverluste bei der letzten Wahl mit Sperrung der Zuschüsse drohen, hat die SA Weisung erhalten, überall aggressiv vorzugehen. Angst soll wirken, wo Propaganda versagt. Hörst du, da grölen sie schon.“

Maria hatte Kirstein überrascht zugehört. „Ich wußte gar nicht, daß du politisch so interessiert bist“, sagte sie.

Kirstein schwieg. Der Arm, den er um Maria gelegt hatte, schien Wärme auszustrahlen. Sie fühlte sich unter diesem Arm geborgen. Seltsam, daß Jupp Kirstein sie ständig an Vater erinnerte, obwohl er keinerlei Ähnlichkeit mit ihm hatte und auch viel jünger war. Vielleicht, weil er sich genau wie ihr Vater für so vieles interessierte und über alles differenzierter urteilte als die meisten Kollegen? Vielleicht auch, weil er sie wie Vater umsorgte. Sie kam nicht dazu, ihren Gedanken weiter nachzuhängen, im Inneren des Schiffes erhob sich Lärm. Der grölende Gesang war verstummt, viele Stimmen brüllten durcheinander. Dann schrie jemand laut und schrill, dem Schrei folgte ein rohes, dröhnendes Gelächter.

„Es geht los", sagte Jupp, „ich will mal nachschauen, was da drinnen gespielt wird."

Maria bekam Angst. „Geh nicht", bat sie und hielt ihn am Arm fest. „Laß mich hier nicht allein."

Jupp zögerte, als ein Mann herausgestürzt kam, in derangiertem Zustand, mit hochrotem Gesicht und wirrem Haar. „Diese Schweine", schrie er wütend, „behaupten, ich sei ein Jude. Ich bin kein Jude, das laß ich mir nicht bieten."

„Und wenn Sie einer wären?" fragte Maria ironisch.

Der Mann blickte sie abschätzend an. „Na ja", sagte er, „dann ..."

Unten begannen sie wieder zu singen. Maria kannte das Lied nicht, aber bei der Stelle „... wenn das Judenblut vom Messer spritzt, dann geht's noch mal so gut" schauderte sie.

Bei der nächsten Anlegestelle gingen sie an Land. Sie sprachen kein Wort.

„Diese Pöbeleien, diese Verfolgungen von Juden sind schrecklich", brach Maria das Schweigen, als sie in einem hübschen Lokal saßen, das um diese Jahreszeit ziemlich leer war.

„Es sind nicht nur die Juden, die verfolgt werden", meinte Kirstein, „sie verfolgen alles, was ihnen im Wege steht. Das heute war harmlos."

Maria nickte. „Ich weiß. Vater meint auch, man sollte den Nazismus nicht verharmlosen."

Sie bestellten das Essen, redeten über alles mögliche, als Maria wieder auf das Thema zurückkam. „Weißt du eigentlich, daß Löwenthal Jude ist?"

„Ich weiß es", antwortete Jupp, „aber er scheint es nicht zu wissen."

„Wieso?"
„Er fühlt sich nicht als Jude. Als ob es darauf ankäme. Er begreift nicht, daß die Nazis den Antisemitismus zu einem ihrer Hauptprogrammpunkte gemacht haben. Das ist ja nichts Neues in der Geschichte und wird immer wieder praktiziert, wenn es für wirtschaftliche Schwierigkeiten keine anderen Erklärungen mehr gibt."
„Hast du mit Löwenthal darüber gesprochen?"
Kirstein blickte Maria merkwürdig an. „Interessiert dich das?"
Der Unterton in seiner Frage fiel ihr nicht auf. „Natürlich", antwortete sie lebhaft. „Ich finde es furchtbar, daß jemand, der sich nicht als Jude begreift, weder religiös noch rassisch, der so aussieht wie das Idealbild des ‚deutschen Mannes' aus nationalsozialistischer Sicht, von diesen Leuten als minderwertig eingestuft wird, nur weil der Antisemitismus einer ihrer ‚Hauptprogrammpunkte' ist."
„Du scheinst dir Gedanken um Mark Löwenthal zu machen", sagte Jupp Kirstein, und diesmal überhörte sie den Unterton nicht.

Es war wie ein Naturereignis, das alles, was bisher gewesen war, beiseite schob und verdrängte.
Noch geschah nichts, weder als sie mit Mark in Schillers „Don Carlos" noch in dem Erfolgsschlager „Finden Sie, daß Constanze sich richtig verhält?" zu spielen hatte. Erst in Kleists „Amphitryon" ereignete es sich.
„Hast du getrunken?" fragte sie ihn. Er stand, wie sie auf den Auftritt wartend, dicht hinter ihr. Sie spürte seinen Atem im Nacken.
„Mache ich den Eindruck?" antwortete er. Es war weder ein Ja noch ein Nein.
„Das ist keine Antwort", sagte sie. „Du bist so anders. Ich möchte es wissen."
„Du möchtest es wissen?"
Sie spürte sein Lächeln, ohne ihn zu sehen. „Muß ich antworten, Mark?"

„Du hast es schon."

Sie spielten beide das Kleistsche Stück, den Kleistschen Text, die Kleistschen Worte, und spielten doch mehr, sie spielten sich selbst.

„Was war denn mit dir und Mark Löwenthal?" fragte „das Katzerl" am anderen Tag. „Das war kein Theater, das war doch echt?"

„Es war echt", bestätigte Maria versonnen. „Es ist echt, ‚Katzerl', ich weiß auch nicht, wie es kam."

Sie mieden die Premierenfeier. Er wartete unten schon auf sie. Sie hatten sich nicht verabredet, es mußte so kommen, sie wußten es.

Sie gingen Arm in Arm in die Nacht, die Elbe roch anders als morgens früh. Sie schwiegen beide, es gab nichts zu reden, was in ihnen sprach, war stärker als Worte. Er fragte nicht, wohin sie ihn führe, erst vor ihrem Haus machten sie halt.

„Hier wohnst du", stellte er fest, wie jemand, der sagt: Wir sind angekommen.

Sie ging die Treppe voran, er folgte. Sie gingen leise, auch das ohne Worte.

Im Zimmer der Wirtin brannte noch Licht. Sie wartete sicher.

Sie gingen vorbei.

„Wirst du Ärger bekommen?"

Maria zuckte die Achseln: „Es macht mir nichts aus."

Erst gegen Morgen schliefen sie ein, schliefen erschöpft, aneinandergeschmiegt.

Die Wirtin stand ratlos vor der Tür. Die Mieterin hatte Herrenbesuch! Das war noch nicht vorgekommen, war neu. Frau Lorenzen war nicht kleinlich, o nein, am Tage hatte sie nichts dagegen. Aber nachts, das ging denn doch etwas zu weit. Sie klopfte zaghaft an die Tür. Als sich nichts rührte, klopfte sie lauter. „Fräulein Rheine", rief sie, „es ist schon neun Uhr."

Im Zimmer wurde es jetzt lebendig. „Ich komme, Frau Lorenzen, einen Augenblick."

Maria kam im Morgenmantel heraus, ohne schlechtes Gewissen und Büßermiene. „Bei mir ist ein Freund, Frau Lorenzen."

Die Wirtin starrte sie sprachlos an. Sie kannte das junge Mädchen nicht wieder.

„Er wird jetzt öfter bei mir übernachten. Wenn Sie daran Anstoß nähmen, täte es mir leid. Aber ich möchte vor Ihnen nicht Versteck spielen. Sie waren wie eine Mutter zu mir, ich komme zu Ihnen wie zu einer Mutter."

Das hatte Frau Lorenzen nicht erwartet. Diese jungen Dinger, dachte sie besänftigt. Dabei ist das Mädchen aus gutem Haus. „Aber Kindchen", brachte sie endlich mühsam heraus, „ich mache mich strafbar, wenn ich das dulde. Ich komme als Kupplerin vor Gericht."

„Nicht unseretwegen, Frau Lorenzen." Maria lachte unbekümmert. „Von uns erfährt es niemand, bestimmt. Sie sind doch eine moderne Frau. Überlegen Sie sich's, überdenken Sie es."

Die Wirtin versprach es. „Ist es Herr Kirstein?" fragte sie nur noch.

Das Lachen aus dem Gesicht der jungen Frau verschwand. „Es ist nicht Herr Kirstein", antwortete sie, „aber es ist auch ein Kollege von mir. Sie haben ihn unlängst erst gesehen, er war mein Partner in ‚Don Carlos'."

„Herr Löwenthal?" fragte die Wirtin erstaunt. „Ich hatte geglaubt ..."

Jupp Kirstein, dachte Maria bekümmert, es wird schwer für ihn sein, sehr schwer.

Nach längerem Hin und Her gab Frau Lorenzen nach. Sie wollte die Mieterin nicht verlieren. Maria mußte nur versprechen, daß niemand von den nächtlichen Besuchen erfahre. Sie war froh, ihr Zimmer behalten zu können. Sie küßte die alte Dame und sagte: „Sie haben Verständnis für junge Leute, liebe Frau Lorenzen, ich wußte es."

Frau Lorenzen kam sich heroisch vor.

Im Theater sprach es sich schnell herum: Die Rheine geht

mit Mark Löwenthal. Es wurde geschwätzt und herumgetratscht, die Frauen bedauerten Ingelore. Die tröstete sich mit dem Bonvivant. „Das Katzerl" trug, was sie hörte, zu Maria. Die kümmerte sich nicht um das Gerede. Angst hatte sie nur vor der Begegnung mit Kirstein.

„Ich muß mit dir reden, Jupp", sprach sie ihn an.

Er sagte ruhig, als sei nichts geschehen: „Du bist mir keine Rechenschaft schuldig."

Sie fühlte die Resignation heraus. „Bitte rede mit mir", bat sie. „Ich brauche dich."

„Wenn du mich brauchst, bin ich für dich da. Werde ich immer dasein. Du kannst mit mir rechnen, was auch geschieht!"

Das waren bei ihm keine Phrasen. Sie hatte mit ihm einen Freund verloren. Verloren? Er behauptete, nein. Ein väterlicher Freund. Gab es das? Oder machten sie sich beide etwas vor?

„Ich hatte dich lieb, Jupp", sagte sie zögernd. „Du hast gewartet. Ich ahne, warum. Ich kann es mir denken. Doch das ändert nichts. Jetzt ist es zu spät. Ich weiß nicht, ob du es verstehst."

Sie sprach aus, was er sich die ganze Zeit über vorgeworfen hatte. „Jetzt ist es zu spät." Sie hatte recht, jetzt war es zu spät.

„Ich komme darüber hinweg", sagte er. „Wenn du ihn liebst ... Nur darauf kommt es an."

Er spricht wie ein Vater, dachte sie. Vielleicht ist es wirklich nur Freundschaft gewesen ...? Sonst könnte er doch nicht so ruhig bleiben. „Ich weiß nicht, ob es Liebe ist, Jupp. Ich kenne keine Bezeichnung dafür." Sie kam sich wie auf der Bühne vor. Nahm das Theater die Fähigkeit, sich ursprünglich auszudrücken? „Ich weiß nur, wir gehören zusammen, mehr weiß ich nicht, will ich auch nicht wissen. Ist das zu wenig? Was meinst du, Jupp?"

Sie schwiegen beide. Sie wartete. Es fiel ihm schwer, jetzt Worte zu finden. »Es ist viel, es ist sehr viel", sagte er endlich.

Marias Vater, Professor Rheine, hatte seine Tochter ganz unkonventionell erzogen, wahrscheinlich, weil sie ohne Mutter aufwuchs und er ihr Mutter und Vater sein mußte. Bis zu Marias zehntem Lebensjahr heiratete Professor Rheine nicht wieder. Dann lernte er Anneliese Baumeister kennen. Maria verstand sich nicht gut mit der Stiefmutter, zum Kummer des Vaters. Trotzdem blieben seine Beziehungen zur Tochter wie vorher. Er unterhielt sich mir ihr über alles, was ihm wichtig war, über seine Arbeit, für die er ihr Interesse zu wecken suchte – er war Biologe und Züchter neuer Getreidesorten, die in Fachkreisen, sogar im Ausland, Aufsehen erregten –, aber auch über anderes, das ihm auffiel oder bemerkenswert schien. Auch über Politik, wie er sie verstand. Den Nationalsozialismus lehnte er ab, den „Führer" nannte er einen Scharlatan, primitiv, aber auf die Massen wirkend, darum gefährlich. Über die Rassenlehre der Nazis machte er sich lustig. „Hör dir das an", spottete er, als Maria in den Theaterferien nach Hause kam. „Dieser pathetische Unsinn wird den Menschen als Wissenschaft vorgesetzt." Er nahm ein Buch zur Hand, „Vererbungslehre, Rassenkunde und Erbgesundheitspflege" von einem gewissen Studienrat Dr. Jakob Graf, und begann daraus vorzulesen: „Volk ist nicht etwa die Summe von soundsoviel Millionen Einzelmenschen, sondern ein lebendiges Ganzes, das durchseelt ist von dem inneren Gesetz der in ihm vorwiegenden Rasse, die alle Geschlechter der Gegenwart, der Vergangenheit und der Zukunft umfaßt. ‚Volk' ist Abstammung und Schicksalsgemeinschaft zugleich."

Maria hatte mit dem Vater über den Unsinn gelacht, jetzt lachte sie nicht mehr. Der nazistische Rassenirrsinn verband sich plötzlich bei ihr mit dem Erlebnis auf dem Elbdampfer, mit vielem, was sie hörte und in Zeitungen las, mit dem, was Jupp Kirstein über den Antisemitismus gesagt hatte. Immer wenn es für wirtschaftliche Schwierigkeiten keine plausible Erklärung gibt, sind die Juden schuld. Sie machte sich Gedanken, aber sie scheute sich, mit Mark direkt darüber zu reden, sie fürchtete, er könnte es vielleicht mißverstehen.

Er fing selbst davon an. „Daß ich Jude bin, weiß du, wurde mir niemals bewußt. Man sieht es mir nicht an, und ich fühlte mich als Deutscher unter Deutschen. Aber diese antijüdische Stimmung ändert sich auch wieder, sagt mein Vater, und gewiß hat er recht. Das geht vorbei.“

Maria schwieg. Sie hoffte, er möge recht haben.

Das Geschwätz im Theater hörte auf. Es war kein Gesprächsstoff mehr, Verhältnisse waren üblich. Man sah die beiden nur noch zusammen, ein schönes Paar, ein verliebtes Paar.

„Ich beneide dich“, seufzte „das Katzerl“. „Aber ich gönn ihn dir, ich bin froh für dich.“

Marks Verehrerinnen im Publikum nahmen Mark das „Verhältnis“ nicht nur übel, sie fanden ihn plötzlich weniger gut.

Eines Tages ließ der Intendant ihn zu sich bitten.

„Hast du eine Ahnung, was der Alte von dir will?“ fragte Maria.

Mark überlegte, schüttelte den Kopf. „Vielleicht eine neue Rolle ...“

Großmann, der „Alte“, wußte nicht, wie das Gespräch beginnen; es war ihm äußerst unangenehm. Er bot Mark Zigaretten an, fragte, was bereits ungewöhnlich war, ob er Kaffee machen lassen solle, und wartete, daß Löwenthal sich erkundigte, warum er gerufen wurde. Aber Mark tat ihm den Gefallen nicht. So begann der Intendant notgedrungen selbst. „Ich bedaure, es Ihnen sagen zu müssen, aber ich kann mir einen jugendlichen Liebhaber und Helden nicht leisten, Mark Löwenthal, von dem man in der ganzen Stadt herumerzählt, daß er Verhältnisse habe.“

Mark blickte ihn überrascht an, das hatte er nicht erwartet. „Haben Sie geglaubt, daß ich wie ein Mönch lebe?“

Der ironische Ton gefiel Dr. Großmann nicht. „Man braucht seine Beziehungen doch nicht an die große Glocke zu hängen, wie Sie es tun“, sagte er ärgerlich. „Ich habe ohnehin genug Schwierigkeiten Ihretwegen. Heutzutage kann Ihnen das sehr unangenehm ausgelegt werden, Löwenthal.“

Mark stutzte. „Was kann mir unangenehm ausgelegt werden, Herr Intendant?"

Der, verlegen und unsicher, druckste herum. „Aber Löwenthal", sagte er verärgert. „Fräulein Rheine ist Arierin."

Mark starrte ihn an. „Na und?"

Jetzt wurde Dr. Großmann unwillig. „Aber Löwenthal", sagte er verärgert, „Sie sind Jude. Ich bin kein Nationalsozialist, aber Sie wissen, wie man das heutzutage beurteilt. Im Verwaltungsapparat hat man mir das Engagement schon vorgeworfen."

„Was hat man Ihnen vorgeworfen?"

„Also, wenn Sie es genau wissen wollen, daß ich Sie ans Theater geholt habe. Man verlangt von mir, daß ich mich von Ihnen trenne."

„Daß Sie mir kündigen? Aber dazu haben Sie doch gar keine Handhabe."

Dr. Großmann lenkte ein. „Vorläufig sträube ich mich ja noch, aber wie sich die Dinge entwickeln ... Man kann nicht wissen. Mit dem Kopf durch die Wand, das geht leider nicht. Auf jeden Fall sollte man den Leuten keinen Anlaß geben."

„Ich habe alles mögliche befürchtet", gestand Maria, als Mark ihr erregt und aufgebracht über das Gespräch mit dem Intendanten berichtete. „Aber daß Dr. Großmann ..., wahrscheinlich kann er nicht anders. Es ist nur eine Frage der Zeit, wann diese Leute an die Macht kommen."

Mark widersprach heftig. „Sie werden nicht an die Macht kommen. Aber selbst wenn – dann werden sie, wie mein Vater sagt, genau wie jede andere Regierung die demokratischen Spielregeln einhalten müssen. Dann erst recht."

„Ich wollte, dein Vater hätte recht", meinte Maria nachdenklich.

Mark liebte seinen Vater nicht, aber er respektierte ihn. Er war ein angesehener Rechtsanwalt, Justitiar eines größeren Chemiebetriebes, verdiente gut, und die Villa im Berliner Bezirk Charlottenburg, die er sich gekauft hatte, allerdings vom Gelde seiner Frau, machte einen herrschaftlichen Eindruck.

Was Mark an seinem Vater nicht mochte, war die Überbetonung seines „Deutschtums", die zu so peinlichen Übertreibungen führte wie den zwei gekreuzten Säbeln im Arbeitszimmer an der Wand gegenüber dem Schreibtisch, Zeugen seiner studentischen Vergangenheit. Auch den Stolz, den der Vater über die Auszeichnung empfand, die er im Krieg vierzehn bis achtzehn für Tapferkeit an der Front erhalten hatte, konnte Mark nicht nachempfinden. Was er am Vater bewunderte, war seine korrekte Haltung, seine Disziplin, die Mark manchmal fehlte. Oft genug wurde er wegen Verträumtheit und Disziplinlosigkeit vom Vater getadelt.

Jakob Löwenthal oder Bob, wie er sich von seinen Freunden nennen ließ, erzog seine Kinder „streng, aber gerecht". An dem Sohn störte ihn eine gewisse Weichheit, die er der Mutter zuschrieb. Daß Mark Schauspieler werden wollte, war gegen die Absichten des Vaters gewesen, der einen seriösen Beruf für den Stammhalter wünschte und die Phantastereien des Jungen unbedingt zu verhindern trachtete.

Die Mutter war das ganze Gegenteil des Vaters, an ihr hing Mark mit großer Liebe. Sie war zart, feingliedrig, von südländischer Schönheit, und wenn Mark von seiner Mutter erzählte, geriet er ins Schwärmen. „Sie ist wunderbar, du wirst sie kennenlernen. Sie ist nicht nur schön, sie ist klug und vor allem gut. Sie hat mir beigestanden, wie und wo sie konnte, sie hat auch für mich gelogen, wenn es sein mußte."

„Ich möchte sie kennenlernen", sagte Maria mit traurigem Lächeln, „es muß schön sein, eine Mutter zu haben."

Mark Löwenthals Mutter, Theresa, war als Kind mit den Eltern nach Deutschland gekommen; sie waren reiche spanische Juden, gebildet und kunstinteressiert, die nicht nur aus geschäftlichen Gründen eingewandert waren, sondern auch, weil die deutsche Kultur ihnen etwas bedeutete. Ihr Interesse für Kunst hatten sie der Tochter vererbt. Theresa besaß eine schöne Stimme und sang gelegentlich, wenn auch nur zum Hausgebrauch. Aber es erfüllte sie mit Genugtuung, daß sich bei den Kindern künstlerische Neigungen zeigten. Die Stimme der Tochter Manuela gab Anlaß zu berechtigten Hoffnungen, das schauspielerische Talent des Sohnes war zuerst bei Schülerveranstaltungen aufgefallen.

Manuela war noch zu jung, um bereits an eine praktische Verwirklichung ihrer künstlerischen Fähigkeiten zu denken, Mark aber nahm gegen den Willen seines Vaters Schauspielunterricht, und Theresa half ihm, das zu verheimlichen. Er brachte sein Abitur trotzdem mit einigermaßen zufriedenstellenden Ergebnissen hinter sich, studierte zwei Semester Jura, brach aber sein Studium ab, als er ein Engagementsangebot bekam, und begann Theater zu spielen.

Zwischen Jakob Löwenthal und seiner Frau kam es darüber zu Auseinandersetzungen. Theresa warf ihrem Mann vor, daß er nichts von Kunst verstehe, er warf seiner Frau vor, daß sie geholfen habe, Marks Zukunft zu zerstören, aber ändern ließ sich nichts mehr, Mark war volljährig.

Es waren kleine Theater, in denen Mark große Rollen spielte, in jedem blieb er nur ein Jahr, weil man, wie er gehört hatte, „verschmiere", wenn man zu lange an solchen Provinztheatern bleibe. Als Dr. Großmann ihn engagierte, war es sein drittes Engagement und der ersehnte Schritt an eine größere Bühne.

Bald himmelten ihn auch hier, wie in den vorangegangenen Engagements, Frauen und junge Mädchen aus dem Publikum an, anfangs war ihm das peinlich, allmählich fand er sich nicht nur damit ab, sondern gewöhnte sich daran.

Er war kein überragendes Talent. Aber die Presse schrieb von Anfang an wohlwollend über ihn, denn er sah nicht nur blendend aus, er war auch von heiterem, freundlichem Wesen, das ausstrahlte und die Menschen für sich einnahm.

Die Wirtschaftskrise erreichte im Herbst 1932 ihren Höhepunkt, die Zahl der Erwerbslosen stieg auf über sechs Millionen. Auch Tausende von Bühnenangehörigen erhielten die Kündigung, unter ihnen solche mit bekanntem Namen. Sie mußten sich, wenn sie nicht stempeln gehn wollten, um

Engagements bewerben, die vorher für sie nicht in Frage gekommen waren.

Zu den am Stadttheater Betroffenen gehörte Jupp Kirstein. Mark erfuhr es zufällig und teilte es Maria mit. „Deinem Freund haben sie auch gekündigt. Ich scheine noch nicht dabeizusein."

„Weil sie dich brauchen, Mark. Ein jugendlicher Held ist nicht leicht zu ersetzen. Du stehst voll im Repertoire. Jupp ist Chargenspieler, ein ausgezeichneter, aber Chargenspieler gibt es genug. Trotzdem verstehe ich es nicht, er ist schon Jahre im Ensemble, und der Intendant mag ihn. Vielleicht ist es nur so ein Gerücht."

Jupp lächelte, als Maria ihn fragte, ob es stimme, was man sich im Theater erzähle. Sie könne es nicht glauben.

„Du kannst es glauben", antwortete er. „Und ich war darauf vorbereitet."

„Vorbereitet? Warum hast du nie darüber geredet?"

„Ich wollte dich nicht beunruhigen, du hattest genug Sorgen um Mark. Außerdem – wir kamen in letzter Zeit nicht oft dazu, uns zu unterhalten."

Maria errötete. „Du hast recht. Dennoch – über so etwas hättest du mit mir sprechen müssen. Ich verstehe es nicht, bei Mark haben Anfeindungen andere Ursachen, das weißt du. Aber bei dir? Sie haben keinen, der dich ersetzen könnte, sie müßten jemand holen. Dr. Großmann schätzt dich, das hat er oft genug geäußert."

„Das hängt weder von meinem Können noch vom Intendanten ab", sagte Kirstein, und aus seinen Worten klang Müdigkeit. „Das hängt mit der Lage zusammen, die sich von Tag zu Tag mehr zuspitzt."

„Was hast du mit der Lage zu tun?"

Wieder lächelte Kirstein, es war ein trauriges Lächeln. „Du lebst in letzter Zeit in einer anderen Welt, Maria", sagte er. „Das ist kein Vorwurf, ich kann es dir nachempfinden. Aber wir haben alle mit dem, was ich ‚Lage' nenne, zu tun, ob wir es wollen oder nicht, ob wir es wissen oder nicht. Der Faschismus marschiert, du hast es ja auf dem Elbdampfer selbst erlebt. Er ist bereit, alles, was sich ihm in den Weg stellt, zu zerstampfen. Vielleicht hätte man diesen Marsch noch aufhalten, sogar verhindern können, aber die sozialdemokratische Führung hat alle Einheitsfrontangebote der KP abgelehnt. Mit ihren Illusionen von der Demokratie hat sie den Nazis den Weg frei gemacht." Kirstein war laut geworden, man sah ihm an, wie sehr ihn das Thema erregte.

Maria, die auf dem Wege zum Theater neben ihm hergegangen war, blieb stehen. Sie legte ihre Hand auf seinen Arm. „Ich weiß, daß wir nichts Gutes vom Faschismus zu erwarten haben", sagte sie. „Mein Vater ist gegen die Nazis, schon wegen der idiotischen Rassentheorien. Ich weiß auch, was sie für Mark bedeuten könnten, aber für dich ...?"

„Du meinst, weil ich kein Jude bin?" fragte Kirstein. „Ich bin Kommunist, Maria."

„Ich habe es vermutet, aber ich wußte nicht, daß du in der Partei bist. Ich wollte dich auch nicht direkt danach fragen. Ist das der Kündigungsgrund?"

Kirstein schüttelte den Kopf. „So deutlich wird das noch nicht ausgesprochen, das kommt auch noch, schneller als wir denken. Vorläufige Begründung ist, die allgemeine Lage zwinge dazu."

Der 31. Januar 1933 begann für Maria wie jeder andere Tag. Mark hatte nicht bei ihr übernachtet, er mußte seine Rolle lernen, sie wollten sich im Theater bei der Probe treffen.

Maria wusch sich, überlegte, was sie anziehe, entschloß sich für ein enganliegendes Hemdblusenkleid, das Mark besonders gefallen hatte.

Frau Lorenzen erwartete sie schon am Frühstückstisch. Diesmal aber fragte sie nicht wie sonst, ob Maria gut geschlafen habe, sondern sprudelte eine Nachricht hervor, die sie anscheinend unbedingt loswerden wollte. „Wissen Sie schon das Neueste, Kindchen? Hitler ist Reichskanzler geworden, von Hindenburg eingesetzt."

Maria starrte die alte Dame an. Sie sprach wie von einem freudigen Ereignis. „Woher wissen Sie das?"

Frau Lorenzen strahlte. „Herr Major Weber aus dem zweiten Stock hat es im Rundfunk gehört." Sie wartete die Reaktion ihrer Mieterin gar nicht ab, sondern sprach hastig weiter, als fürchte sie, unterbrochen zu werden: „Endlich ist es soweit. Der Führer wird Ordnung schaffen, es ist höchste Zeit. Keine Inflation mehr, keine Arbeitslosigkeit, Sicherheit, Beständigkeit. Auch die Renten werden erhöht, er hat es versprochen, Kindchen."

Die hektische Naivität der alten Dame wirkte makaber. Maria hatte fast zwei Jahre mit ihr unter einem Dach gelebt, in einer Wohnung gewohnt und doch nichts von ihr gewußt. Im Gegenteil, Frau Lorenzen hatte immer gewisse Vorbehalte gegen „diese Nazis" gehabt.

„Hoffentlich gehen diese Versprechungen in Erfüllung", sagte Maria ohne Schärfe. Warum sollte sie der alten Frau weh tun. Mit ihr zu diskutieren wäre sinnlos gewesen.

Frau Lorenzen schien die Gedanken Marias zu erraten, sie wurde verlegen. „Sie fragen sich sicher, warum ich meine Ansichten nicht schon früher geäußert habe, aber ich bin die Witwe eines Beamten, Kindchen. Darum hab ich nie darüber geredet."

„Ist schon gut, Frau Lorenzen", beruhigte sie Maria. „Es geht mich ja auch nichts an."

Der „Führer" hatte es verstanden, allen etwas zu versprechen, extrem Gegensätzliches, jedem, was er sich wünschte. War es verwunderlich, daß die alte Frau darauf hereingefallen war? Millionen glaubten ihm, obwohl es an warnenden Stimmen nicht gefehlt hatte. Maria erinnerte sich an die Losungen der KPD vor dem 10. April, vor der Wiederwahl Hindenburgs zum Reichspräsidenten. Sie waren nicht zu übersehen gewesen, an Häuserwänden, Zäunen und Litfaßsäulen: „Wer Hindenburg wählt, wählt Hitler; wer Hitler wählt, wählt den Krieg!" Der erste Teil dieser Voraussage hatte sich erfüllt. Wie würde es weitergehen?

Maria ging den gewohnten Weg, sie ging schnell. Sie wollte Mark gerade an diesem Tag nahe sein. Er hatte unlängst seinen Vater zitiert: Auch wenn die Nazis an die Macht kämen, müßten sie die demokratischen Spielregeln einhalten. Vielleicht hatte Marks Vater recht, konnte man es wissen? Er war ein erfahrener Mann, ein angesehener Rechtsanwalt. Vielleicht irrte Jupp? Man mußte abwarten.

In der Stadt war bereits vieles in Bewegung. Ein SA-Trupp marschierte durch die Ulrichstraße zum Alten Markt. „Die Fahne hoch! Die Reihen dicht geschlossen, SA marschiert mit ruhig festem Schritt ...", dröhnte es. Jedem einzelnen der SA-Leute sah man den Triumph über Hitlers Sieg an.

In der Otto-von-Guericke-Straße hatte sich eine Gegendemonstration der KPD formiert. Man trug Transparente gegen Hitler und für die Antifaschistische Aktion. Anfangs verlief alles geordnet, bis plötzlich berittene Polizei den Zug auseinanderzusprengen versuchte. Maria sah, wie ein junger Mann, von den Hufen eines Pferdes getroffen, stürzte und wie Kameraden ihn forttrugen. Hoffentlich ist Jupp hier nicht dabei, dachte sie beunruhigt.

Aus den Fenstern vieler Häuser wurden Hakenkreuzfahnen herausgehängt. Ein Zeitungsverkäufer fand mit Extrablättern über die Ernennung Hitlers reißenden Absatz.

Maria beeilte sich, ins Theater zu kommen. Es war schon spät geworden, und sie wollte unbedingt noch vor Probenbeginn mit Mark sprechen.

Der Intendant, der bei „Kabale und Liebe" selbst Regie führte und sich in solchen Fällen immer als erster zu den Proben einfand, war nicht zu sehen.

„Das Katzerl" kam Maria entgegen. „Ein schöner Tag heute", begrüßte sie die Freundin bedrückt. „Der Alte ist zur Verwaltung gerufen worden. Wer weiß, was die aushekken. Radmann soll die Probe heute übernehmen, wenigstens so lange, bis Großmann zurück ist."

„Radmann?" wunderte sich Maria. Es war einer der älteren Kollegen, der kleine und kleinste Rollen spielte und nie groß in Erscheinung getreten war.

„Auch ein Nazi", sagte „das Katzerl" trocken. „Was ihm an Begabung fehlt, ersetzt er durch Gesinnung. Jetzt entpuppen sie sich, die Herren Nationalsozialisten, vorher haben sie das Maul gehalten. Bis auf Needer. Der schwimmt obenauf. Mark ist drüben bei dem Haufen. Sie reden sich die Köpfe heiß, aber es kommt doch nichts dabei heraus. Hol Mark weg."

Mark löste sich sofort von den anderen, als er Maria erblickte. Sie drückten einander die Hände, vieler Worte bedurfte es nicht. „Jetzt ist es soweit", sagte Mark, er ließ den Satz in der Schwebe. Maria vollendete ihn, indem sie ihn wiederholte: „Jetzt ist es soweit." Dann fügte sie noch hinzu: „Vielleicht wird es wirklich so, wie dein Vater sagt."

Mark nickte. „Vielleicht." Es klang wenig hoffnungsvoll.

Der Inspizient rief die Kollegen, die im ersten Akt zu tun hatten, auf die Bühne. Die anderen warteten auf ihren Abruf im Konversationszimmer.

Needer, der den Wurm spielte, begrüßte Maria mit ausgesuchter Höflichkeit. Keine Anspielung, kein offener Hohn. Das ist die größte Niederträchtigkeit, dachte sie.

Der erste Akt des Stücks lief ab wie bei einer Stellprobe. Alle markierten, obwohl sie ihre Texte konnten. Keiner bemühte sich, mehr als den Text zu geben. Radmann verbesserte einige Stellungen, die laut Regiebuch nicht stimmten, aber als er versuchte, bei Frau Satz, die die Millerin spielte, Betonungen zu korrigieren, fuhr sie ihn an: „Was ist los? Bitte lassen Sie das!" Von da ab kritisierte er nichts mehr.

Dr. Großmann kam erst mitten im zweiten Akt, bedankte sich bei Radmann und übernahm die Probe. Er war ruhig und konzentriert wie immer. Er entschuldigte sich, er sei leider aufgehalten worden, aber er hoffe, von nun an könnten die Proben zügig und ohne Unterbrechung weitergehen.

Die Proben gingen weiter. Die Luise, eine Traumrolle für jede junge Schauspielerin, eine Traumrolle auch der Ferdinand: das klassische Liebespaar. Die Kollegen machten anzügliche Bemerkungen, Maria und Mark kümmerten sich nicht darum. Das Leben außerhalb des Theaters verdrängten sie, sie wollten nicht gestört werden.

Was interessierte sie Hitlers Rundfunkansprache, in der er das Volk beschwor: „Gebt mir vier Jahre Zeit."

„Eigentlich wendet er sich an die Herren von Kohle und Stahl", behauptete Kirstein, „weil die mißtrauisch geworden sind. Bei den Reichstagswahlen am 6. November hat die NSDAP zwei Millionen Stimmen verloren, die Kommunisten aber haben eine halbe Million gewonnen. Darum verlangt Hitler vier Jahre diktatorischer Vollmachten."

Auch von den Naziüberfällen auf kommunistische Lokale und Versammlungsorte wußte Maria von Kirstein, bei denen nicht nur Kommunisten von Nazischlägern mißhandelt und ermordet wurden, sondern auch Sozialdemokraten und Andersdenkende. Der Reichspräsident aber erließ am 4. Februar eine „Verordnung zum Schutze des deutschen Volkes", die jede Kritik an der Hitlerregierung unter Strafe stellte.

„Es geht aufs Ganze", sagte Jupp Kirstein.

Maria hörte es, aber sie wollte es nicht zur Kenntnis nehmen. Sie beruhigte sich damit, daß sie nach der Premiere Zeit haben würde, sich um diese unerfreulichen Dinge zu kümmern. Sie vermied es, mit Mark darüber zu reden, er brauchte seine Nerven genau wie sie.

Die Generalprobe, die pünktlich um zehn Uhr begonnen hatte, dauerte mit der anschließend üblichen Besprechung bis fünfzehn Uhr.

„Eigentlich läuft alles zu glatt", scherzte „das Katzerl". „Ihr wart beide ausgezeichnet, das müssen euch selbst die Neider lassen. Ruht euch aus. Toi, toi, toi! für die Premiere morgen."

„Gehn wir essen?" fragte Maria. Sie war glücklich, weil sie selbst ein gutes Gefühl hatte, aber sie war auch sehr müde. Trotzdem hatte sie Hunger.

„Gehn wir essen", stimmte Mark zu. „Wir haben es uns redlich verdient."

Im „Weißen Schwan", einem kleineren, aber gut geführten Lokal mit ausgezeichneter Küche, in dem sie täglich aßen, waren nur noch wenige Gäste. Der Wirt begrüßte sie freundlich wie immer und entschuldigte sich, weil auf der Speisekarte bereits einige Gerichte durchgestrichen waren.

Sie bestellten und griffen nach den Getränken, die zuerst gebracht wurden. Sie tranken einander zu, der Wein schmeckte kühl und angenehm. „Auf morgen", sagte Mark. „Auf morgen", erwiderte Maria.

Sie achteten nicht auf die Gäste und begannen sich über die Generalprobe zu unterhalten. Der Intendant hatte die Aufführung bei der Besprechung gut eingeschätzt und nur über einige kleine Ungenauigkeiten gesprochen. Ihrer beider Leistung hatte er besonders gelobt.

„Er hat auch Needer gelobt", sagte Maria, „und Needer war schlecht als Wurm. Aber vielleicht glaubt Dr. Großmann, sich ihn in der augenblicklichen Situation warmhalten zu müssen."

Mark widersprach. Er habe, soweit er das beurteilen könne, Needer gut gefunden. „Er spielt sich selbst. Vielleicht ist der Schillersche Wurm höfischer, gewandter, geschmeidiger, Needer ist plumper, gröber, aber er ist ebenso gefährlich und für Intrigen prädestiniert."

Sie waren beide so in ihr Gespräch vertieft, daß sie die zwei jungen Burschen, die ihnen schräg gegenüber Platz genommen hatten und die sie in auffallender Weise beobachteten, gar nicht bemerkten. Erst als der eine von ihnen laut lachte und sein Glas hob, wurden sie aufmerksam.

Die beiden hatten bestimmt schon einiges getrunken, denn der mit dem erhobenen Glas schwankte beim Aufstehen. „Judenliebchen", schrie er, als proste er den Schauspielern zu. „Judenliebchen", grölte jetzt auch der andere.

Mark sprang auf. Er war kein Schläger, aber er hatte Kraft und war bereit, es mit den beiden aufzunehmen.

Maria, die einen Augenblick fassungslos und wie erstarrt dagesessen hatte, versuchte den Freund zurückzuhalten. „Die Kerle sind betrunken", sagte sie laut.

„Wir sind nicht betrunken", schrie der mit dem Glas und bewegte sich auf Mark zu. „Komm nur, Jud."

Mark, von Maria festgehalten, versuchte sich loszureißen,

als der Wirt dazwischentrat. Er stellte sich dem Burschen in den Weg, flüsterte ihm etwas ins Ohr und dirigierte ihn zurück zu seinem Platz.

Dann erst wandte er sich Maria und Mark zu. „Es ist mir wirklich sehr unangenehm", sagte er leise, „und ich möchte Sie um Entschuldigung bitten. Aber es sind junge Leute, sie sind aufgehetzt. Sonst sind sie nicht so. Ich kenne die Eltern und werde mit ihnen reden. Es kommt nicht wieder vor, das ist erledigt." Seiner Stimme aber hörte man die Zukunftsfurcht an.

Die wenigen Gäste, die den kleinen Vorfall um die Schauspieler, die sie kannten und schätzten, interessiert verfolgt hatten, mischten sich nicht ein.

Maria bestand darauf, zu gehen.

Sie bemühte sich, Mark zu überzeugen, daß es sich um einen Ausnahmefall, einen Zufall gehandelt habe. Sie überzeugte ihn nicht. Er nahm sich zusammen, aber er blieb nervös.

Diese Nervosität steigerte sich noch, als sie in der Altstadt an einem Schuhgeschäft vorbeikamen, das sie beide als Kunden kannten. Sie wußten nicht, daß es sich bei den Inhabern um Juden handelte, es war ein älteres Ehepaar, freundliche, kultivierte Leute, die sich für das Theater interessierten. Mit der Frau hatte sich Maria bei ihrem Einkauf immer nett unterhalten. Jetzt standen rechts und links der Ladentür SA-Leute mit einem Spruchband, auf dem in großen Buchstaben die Worte zu lesen waren: „Deutsche, kauft nicht bei Juden!" Passanten gingen vorbei, blieben stehen, lasen, einige schüttelten den Kopf, aber sie gingen weiter.

In einer ersten Regung wollte Maria in den Laden treten. Diesmal war Mark es, der sie zurückhielt. „Willst du es mit denen aufnehmen?"

„Die armen Menschen", widersprach sie empört. „Jemand muß doch zeigen, daß nicht alle so denken."

„Du hast recht, aber willst du die Premiere gefährden?"

Sie wurde unschlüssig.

„Helfen kannst du ihnen nicht", stellte Mark gequält fest.

Sie schwieg. Langsam gingen sie weiter. Wir sind feige, feige, dachte sie, aber sie sprach es nicht aus.

Wie jede Premiere war auch diese für die Stadt ein gesellschaftliches Ereignis. Die Frauen zeigten sich in ihren neuesten Toiletten, häufige Gelegenheiten, sie zur Schau zu stellen, hatten sie ja nicht. Die Männer begrüßten Bekannte, redeten auch kurz über die neueste politische Entwicklung, vorläufig noch ohne große Stellungnahme, man mußte abwarten.

Im Theater gingen Gerüchte um, irgendwelche Leute hätten irgendwelche Stänkereien vor. Woher diese Gerüchte kamen, um was für Stänkereien es sich handeln könnte, schien keiner zu wissen.

„Es ist möglich, daß gegen Mark etwas im Gange ist", flüsterte Jupp Kirstein Maria zu. „Er soll sich in acht nehmen."

Maria überlegte, ob sie Mark warnen sollte, aber sie ließ es. Irgend etwas mußte er dennoch erfahren haben, er war sehr nervös.

Spannung lag über dem Haus, sie elektrisierte nicht nur die feinnervigen Schauspieler, sie schien auch auf das Publikum überzugreifen.

Noch waren keinerlei Anzeichen von Außergewöhnlichem zu bemerken. Das erste Klingelzeichen, das zweite. Das Theater war ausverkauft. Das dritte.

Die erste Szene gehörte Jupp Kirstein als Musikus Miller. Jupp war während der Proben, sogar noch bei der Generalprobe, ziemlich blaß gewesen. Maria hatte sich gefragt, ob er, entgegen seiner Behauptung, auf die Kündigung doch nicht genügend vorbereitet gewesen war. Jetzt, bei der Premiere, spielte ein völlig anderer. Ein Bürger, der sich gegen die Willkür des Adels, gegen Rechtlosigkeit und Unterdrückung zur Wehr setzt. Jedes Wort gekonnt, jeder Satz gebaut, da war nicht zuviel, nicht zuwenig, das war Jupp Kirstein, wie Maria ihn kannte. Sie sah ihn nicht, auf ihren Auftritt wartend, hörte sie nur seine Stimme: „Meine Tochter ist zu schlecht zu Dero Herrn Sohnes Frau, aber zu Dero Herrn Sohnes Hure ist meine Tochter zu kostbar …"

Das Publikum saß im Banne des Stücks, menschliche Schicksale rollten ab, gesellschaftliche Schicksale, zu Normen geronnen. Auch wenn die Gesellschaft eine andere war, was da abgehandelt wurde, ging einen an, man konnte sich in die Gedanken, die Gefühlswelt dieser Menschen versetzen.

Auftritt nach Auftritt. Wurm, der Sekretär des Präsidenten, der die Intrige vorbereitet, Luises bange Frage: „War er da, Mutter?" Und auf die Worte der Mutter: „Wer, mein Kind?" die Antwort: „Ah! Ich vergaß, daß es noch außer ihm Menschen gibt." Und endlich Ferdinand, Sohn des Präsidenten, ein junger Mensch, der liebt und sich über den Standesdünkel des Vaters hinwegsetzt: „Wenn ich bei dir bin, zerschmilzt meine Vernunft in einen Blick – in einen Traum von dir, wenn ich weg bin ..."

Unruhe und Nervosität lassen Mark Töne finden, wie er sie bis dahin nicht zur Verfügung hatte. Seine Stimme wird hart und metallisch, wenn er Hindernisse zurückweist, die sich seiner Liebe entgegenstellen, wird warm und innig, wenn er Luise beruhigt: „Wer kann den Bund zwoer Herzen lösen oder die Töne eines Akkords auseinanderreißen."

Kein Husten, kein Räuspern im Zuschauerraum, selbst das Atmen der Menschen scheint leiser zu gehen.

Da zerreißt eine Stimme, die nichts Menschliches an sich hat, die Stille, brüllt unartikuliert, roh: „Juden raus!"

Zwei, drei Stimmen fallen ein, sonst regt sich nichts. Das Publikum verharrt unbeweglich, die Situation wirkt gespenstisch.

Einen Augenblick nur wird Mark unsicher, dann tut er etwas, wozu er früher nicht fähig gewesen wäre. Er tritt an die Rampe und sagt mit fester, kultivierter Stimme, die sich von denen der „Juden raus!"-Schreier wohltuend abhebt: „Ich möchte die Herren, die geschrien haben, bitten, auf die Bühne zu kommen, damit das Publikum sie sieht."

Einen Augenblick bleibt es still, dann bricht ein Beifall los, wie man ihn in dem Theater selten zu hören bekam.

Mit einer Bewegung schafft Mark sich Ruhe, der Applaus gibt ihm Kraft. Noch einmal fordert er, die Schreier mögen auf der Bühne erscheinen, da keiner kommt, sagt er sachlich: „Mut scheint nicht die Sache dieser Herren zu sein. Wenn Sie, verehrte Anwesende, der Ansicht sind, daß wir weiterspielen sollen, spielen wir weiter."

Noch einmal der gleiche Applaus, Bravorufe, dann geht das Stück ohne Störung weiter bis zum Ende.

Niemand hatte Mark dieses Auftreten zugetraut. Die Kollegen beglückwünschten ihn, Maria war stolz.

„Man muß ihnen nur entgegentreten", sagte sie. „Dann weichen sie zurück. Du hast es ja erlebt."

Mark ging auf ihre Worte nicht ein. „Ich möchte nur wissen, ob diese Leute von sich aus geschrien haben oder ob das organisiert war", überlegte er laut.

Sie versuchte ihn von diesen Gedanken abzubringen. „Wir können uns vor der Premierenfeier leider nicht drücken, aber ich würde viel lieber mit dir allein sein. Du warst ganz groß heute. Wie noch nie."

„Ich würde heute auch lieber allein mit dir sein", sagte er, sie an sich ziehend. „Ich weiß, du magst keine Retourkutschen, sonst würde ich dir deine Worte zurückgeben: Auch du warst heute ganz groß."

Sie lachte, das Ablenkungsmanöver war gelungen. „Nachdem wir uns gegenseitig bestätigt haben", scherzte sie, „laß uns an der Feier teilnehmen. Aber wir verdrücken uns bei der ersten Gelegenheit. Einverstanden?"

„Einverstanden."

Die Premierenfeier fand wie immer in einem Restaurant nahe dem Bahnhof statt, das für solche Gelegenheiten einen größeren, abgegrenzten Raum zur Verfügung stellte. Die Getränke hatte die Theaterleitung bestellt, das Essen konnte jeder nach der Karte und nach seinen Wünschen auf eigene Rechnung wählen.

In seiner kurzen Begrüßungsansprache wiederholte Dr. Großmann, was er bereits bei der Generalprobe gesagt hatte, er erweiterte es nur. Es habe sich nicht nur um eine Aufführung gehandelt, sondern um einen der seltenen Fälle, dem man das Prädikat „sehr gut“ voransetzen könne. Er ging auf die Leistungen der einzelnen Schauspieler etwas näher ein, verweilte bei Mark und Maria, denen er besondere Anerkennung aussprechen müsse, und bedankte sich schließlich bei Mark, der die Vorstellung gerettet habe. „Die Gesinnung von Menschen in allen Ehren, aber sie kann und darf nicht in Randalieren ausarten, zumal in einem Theater, in einer Kunststätte. Dagegen verwahre ich mich auf das entschiedenste, und auch das Publikum hat gezeigt, daß es mit solchen Randalierern nichts zu tun haben möchte.“

Maria erwartete, daß Needer zu diesen Bemerkungen Stellung nehme, aber er schwieg.

Mark und Maria stahlen sich bald davon, doch zu Hause erwartete sie Frau Lorenzen, die im Theater gewesen war und ihnen unbedingt mitteilen mußte, daß sie das Verhalten der „Störenfriede“ heute abend nicht gutheiße. Sie hatte Sekt vorbereitet und stieß mit den jungen Leuten an. Sie sprach in den höchsten Tönen von der Vorstellung, und sich vor der Begeisterung und Freundlichkeit der alten Dame zu retten war schwerer als vor der Premierenfeier.

„Endlich“, seufzte Maria, als sie allein in ihrem Zimmer waren. „Ein Glück, daß sie uns nicht auch noch in der Nacht stört.“

„Niemand kann uns stören. Diese Nacht gehört uns! Uns allein!“

Später, viel später sollte Maria sich dieser Worte erinnern.

Wenn sie geglaubt hatten, mit den Schreiern oder den Randalierern, wie Dr. Großmann sie genannt hatte, fertig zu sein, irrten sie sich. Wenige Tage nach der Premiere klebte auf dem Spiegel in Marks Garderobe ein Zettel, auf dem, mit Maschine geschrieben, die Worte standen: „Juden haben an deutschen Theatern nichts zu suchen!“

Maria ahnte, wer das auf Marks Spiegel geklebt hatte, viele ahnten es, aber Needer direkt zu beschuldigen, dafür fehlten die Beweise.

„Dieses Schwein“, schimpfte Maria, als sie sich mit Kirstein darüber unterhielt. „Ob ich es ihm auf den Kopf zu sage?"

„Und was erreichst du damit?" fragte Jupp. „Er wird es ableugnen und sich freuen, dich getroffen zu haben."

Kirstein hatte recht, so war Needer nicht beizukommen. War es überhaupt möglich, ihm beizukommen?

Mark biß die Zähne zusammen. Die beiden Vorfälle, in der Gaststätte zuerst, dann im Theater, hatten ihn sehr mitgenommen, aber er versuchte sie Maria gegenüber herunterzuspielen. „Mach dir keine Sorgen, auch wenn die Hunde kläffen, ich mache mir nichts daraus. Mir können sie nichts anhaben."

Doch ein paar Tage danach wurde er abends auf dem Heimweg so zusammengeschlagen, daß man ihn ins Krankenhaus bringen mußte. Er hatte die Gesichter der drei Männer nur flüchtig gesehen, er kannte sie nicht. Seine Anzeige gegen Unbekannt wurde bei der Polizei höflich, aber ohne großes Interesse entgegengenommen. Maria, die bei dieser Anzeige dabei war, glaubte bei dem einen der Beamten etwas wie ein Lächeln gesehn zu haben. Sie hätte es nicht beschwören können.

Mark, der schon nach wenigen Tagen wieder aus dem Krankenhaus entlassen worden war, sträubte sich dagegen, das Theater noch einmal aufzusuchen. Er war einem Zusammenbruch nahe. Mit großer Mühe nur bewog ihn Maria, selbst mit den Nerven fertig, zu einem Gespräch mit dem Intendanten.

Dr. Großmann, der sich im Krankenhaus nach Mark erkundigt und ihm sogar Blumen geschickt hatte, obwohl er wußte, daß er sich damit bei gewissen Leuten in der Verwaltung verdächtig machte, erwartete seinen jugendlichen Helden und Liebhaber mit großer Sorge. Was sollte er dem Mann mitteilen? Er hatte keinen Trost für ihn, so wie die Dinge standen, gab es nur eines: sich von ihm zu trennen.

Mark bemühte sich, die Situation mit Galgenhumor zu entkrampfen, es gelang ihm nicht. „Lassen Sie das, Löwenthal", sagte Dr. Großmann. Um seine Lippen spielte ein bitteres Lächeln. „Mir ist genauso hundeelend wie Ihnen. Ich weiß nicht, wie lange ich hier noch etwas zu sagen habe. Der einzige Rat, den ich Ihnen geben kann, ist, zu versuchen, an einem kleinen Theater unterzukommen, wo man Sie nicht kennt."

Mark schüttelte den Kopf. „Sie haben offen zu mir gesprochen, Herr Dr. Großmann, warum bleiben Sie nicht bei dieser Offenheit. Sie wissen genauso wie ich, daß kein Theater, auch wenn es noch so klein ist, mich jetzt nehmen wird."

Großmann senkte den Kopf. „Sie haben recht", sagte er. „Kein Theater wird Sie nehmen, besser, *kann* Sie nehmen. Wenn schon offen, dann ganz offen. Das einzige, was ich für Sie tun kann, Ihnen die Gage bis zum Ende der Spielzeit weiterzuzahlen. Mehr ist nicht drin. Daß es mir leid tut und daß ich Sie wirklich schätze, brauche ich Ihnen nicht zu sagen, das wissen Sie. Will Maria Rheine uns auch verlassen?"

„Sie hat die Absicht. Ich will versuchen, es ihr auszureden. Nach allem, was vorgefallen ist, wird es ihr natürlich schwerfallen, zu bleiben."

„Ich kann verstehen, daß sie Sie nicht allein lassen will. Der Verlust von zwei Hauptdarstellern wird für mich nicht einfach sein. Wenn sie wenigstens bis zum Ende der Spielzeit bliebe ..., aber ich werde ihr, wenn sie unbedingt gehen will, keine Steine in den Weg legen."

Maria wollte von Trennung nichts wissen. „Jetzt, wo du mich brauchst, soll ich dich allein lassen?"

Mark, der selbst Trost gebraucht hätte, versuchte sie zu trösten. Erst als er ihr seine Absicht mitteilte, zu den Eltern nach Berlin zu fahren, um zu erkunden, was dort los sei, willigte sie zögernd ein. In den Ferien dann wollten sie sich in Berlin treffen.

Löwenthals hatten einen Freund, den Chirurgen Professor Dr. Leo Buck, der die Familie nach dem Reichstagsbrand aufsuchte. Buck hatte bereits alles in die Wege geleitet, um Deutschland zu verlassen. „Ich warte nicht darauf, daß man mich vor die Tür setzt", sagte er, „ich gehe von selbst. Und ihr solltet es auch tun, Bob, solange es noch möglich ist. Der

Reichstagsbrand war das Signal, der Auftakt zu allem, was nachkommen wird."

Jakob Löwenthal wollte davon nichts wissen. „Der Reichstagsbrand ist das Werk von Kommunisten", behauptete er, „die damit den Generalstreik erzwingen wollten. Unter Hitler wird es viele Unannehmlichkeiten geben – aber immer noch besser als der Kommunismus. Deutschland ist immer noch Mitglied des Völkerbunds, in der Koalitionsregierung mit Hitler als Reichskanzler sitzen immerhin noch die Deutschnationalen, unter denen ich Freunde habe. Noch ist Hindenburg Reichspräsident. Er hat den deutschen Juden, wie du weißt, erst vor acht Monaten erneut die Bürgerrechte garantiert."

Alle Argumente Bucks prallten an Löwenthal ab. Er werde bleiben, komme, was da wolle. Er sei Deutscher, und Deutschland sei sein Vaterland.

Löwenthal machte Mark Vorwürfe, daß er das Theater verlassen habe. „Man wird dir Feigheit nachsagen, und gerade das dürfen wir uns jetzt nicht leisten."

Mark schwieg. Die Vorwürfe seines alten Herrn prallten an ihm ab. Wußte der Vater wirklich nicht, was vorging, oder wollte er es nicht wissen?

Mark selbst war auch nicht über alles informiert, aber einiges, was nicht im Rundfunk zu hören und nicht in den Zeitungen zu lesen war, erfuhr er durch Heinz Baumgart.

Der Zufall hatte sie zusammengebracht. Baumgarts Frau Ruthild war eine geborene Löwenthal. Sie arbeitete im Büro des Deutschen Theaters, und Anträge von Schauspielern auf verbilligte Steuerkarten liefen durch ihre Hände.

Als sie den Namen Mark Löwenthal las, der um Karten für Büchners „Woyzeck" nachgesucht hatte, stutzte sie. „Verzeihung, ist Ihr Herr Vater vielleicht der Rechtsanwalt Dr. Jakob Löwenthal?"

„Ja", antwortete Mark erstaunt. „Kennen Sie ihn?"

Ruthild Baumgart lächelte. „Ich heiße mit meinem Mädchennamen auch Löwenthal", sagte sie, „und mein Vater war ein Vetter Ihres Vaters. Besuchen Sie uns doch einmal."

Da Mark in seiner Situation keine Lust verspürte, Kontakte zu früheren Bekannten aufzunehmen, machte er von der überraschenden Einladung Gebrauch.

Baumgart war Werkzeugmacher, ein guter offensichtlich, denn er war trotz der großen Arbeitslosigkeit noch in einer Werkzeugmaschinenfabrik angestellt, die schwer zu kämpfen hatte, aber einen Stamm ihrer besten Leute behielt. Mark, der mit Arbeitern noch nie in persönlichen Kontakt gekommen war, staunte über die Klugheit, ja die Belesenheit des Mannes. Wenn er einen Arbeiter zu spielen gehabt hätte, würde er ihn mit rauher Stimme und wenig kultivierter Sprache verkörpert haben. Jetzt sah er, wie wenig seine globalen Vorstellungen von „dem Arbeiter" mit der Wirklichkeit zu tun gehabt hatten. Baumgart sprach ein dialektfreies Deutsch – er war aus der Umgebung Hannovers nach Berlin gekommen –, seine hohe Stirn und die hellen, wachen Augen hätten Mark eher einen geistigen Beruf bei ihm vermuten lassen. Dennoch, die geschmackvoll eingerichtete Zweizimmerwohnung des Ehepaars in Wilmersdorf schrieb er mehr Ruthild zu.

Bis 1932 war Baumgart, wie er Mark erzählte, Sozialdemokrat gewesen, erst nachdem Severing kapitulierte – „Ich weiche der Gewalt" –, trat er aus der Partei aus.

Sie saßen in der freundlichen Wohnküche des Ehepaars bei einem Glas Bier, und Mark wunderte sich über die politische Informiertheit des Mannes.

„Es war nicht allein die Kapitulation Severings", versicherte Baumgart, „es war die Haltung des SPD-Vorstands, die ich nicht begreifen konnte und begreifen kann. Wir SPD-Mitglieder warteten, waren bereit zum Kampf. In den großen Kundgebungen der Eisernen Front wurde von den Massen der Schwur abgelegt, für die Freiheit des Volkes zu kämpfen! Auch das Reichsbanner war ja nicht schlecht bewaffnet. Und was geschah? Am 31. Januar, Hitler war bereits Reichskanzler, erließ der Vorstand einen Aufruf: ‚Wir führen unseren Kampf auf dem Boden der Verfassung. Die politischen und sozialen Rechte des Volkes, die in Verfassung und Gesetz verankert sind, werden wir gegen jeden Angriff mit allen Mitteln verteidigen.'"

Baumgart machte eine Pause. „,... mit allen Mitteln', ‚auf dem Boden der Verfassung'." Er lachte kurz und hart auf, weil er in Marks Gesicht Staunen wahrnahm. „Du wunderst dich, daß ich diesen Aufruf auswendig weiß, ich sehe es dir an. Aber ich werde manche Aufrufe und Beteuerungen nicht vergessen. Die Eiserne Front löste sich selbst auf, und die Gewerkschaften kapitulierten, indem sie ihre Mitglieder aufforderten, sich an den Nazimaikundgebungen zu beteiligen. Der sozialdemokratische Pressedienst schämte sich nicht, zu behaupten, die neue Reichsregierung habe ihr Mandat von einer unbestreitbaren Mehrheit anvertraut bekommen, ihre Gesetzlichkeit liege damit auf der Hand. Mäßigung und Weisheit seien darum sowohl in der Außenpolitik als auch in der Innenpolitik nötig. Zur gleichen Zeit wurden bereits Hunderte von Sozialdemokraten in den Kerkern der SA gefoltert und ermordet."

Baumgart schwieg erschöpft, die Aufzählung der Geschehnisse, die ihn zum Austritt aus der Partei gebracht hatten, erregte ihn.

Ruthild prostete Mark zu. „Laß den Armen", wandte sie sich an ihren Mann, „du überfährst ihn. Er wird die Bekanntschaft mit seinen neuen Verwandten noch bedauern."

Mark gab zu, daß er von dem eben Gesagten wenig gewußt habe, daß es ihn aber gerade darum um so mehr beschäftige. „Ich glaubte, mit dem allen nichts zu tun zu haben, bis ich erlebte, wie sehr ich damit zu tun habe."

Baumgart nickte. „Keiner bleibt bei den Nazis ungeschoren. Die Judenfrage ist nur ein Teil ihres Programms, aber nicht der kleinste. Ruthild kann jeden Tag entlassen werden, auch wenn sie einen arischen Mann hat."

Theresa waren die Besuche ihres Sohnes bei „diesen Baumgarts" nicht angenehm. „Wie kommst du dazu, sie zu besuchen, wir haben doch nie so zu ihnen gestanden?"

Mark erzählte, wie er Ruthild kennengelernt hatte. „Es sind prächtige Menschen, Mutter“, sagte er. „Sie würden dir auch gefallen.“

„Vielleicht“, meinte Theresa skeptisch. „Der Mann ist Arbeiter, noch dazu Sozialdemokrat, glaubst du nicht, daß das Vater schaden kann, wenn man es erfährt?“

Mark ärgerte sich über das Verhalten der Mutter, obwohl er es verstand. „Vielleicht könnte es diesem Arbeiter schaden, wenn man erfährt, daß sein jüdischer Verwandter bei ihm verkehrt“, sagte er.

Theresa schwieg betroffen. „So gesehen magst du recht haben. Aber er ist Sozialdemokrat.“

„Nicht mehr“, stellte Mark richtig. „er ist aus der Partei ausgetreten.“

Theresa überlegte, ob sie ihrem Mann etwas über die Verbindung Marks zu diesen Verwandten sagen sollte. Sie wußte, wie er darauf reagieren würde, aber konnte sie es ihm verschweigen?

Er nahm es auf, wie sie es erwartet hatte, mit dem cholerischen Temperament, das ihm eigen war und das sich durch die von Tag zu Tag mehr zuspitzenden Verhältnisse steigerte. „Du wirst diesen Verkehr sofort abbrechen!“ fuhr er Mark an. „Weißt du, in was du mich da hineinbringst? Es wird mir angekreidet werden, wenn man es erfährt.“

Mark, der sah, wie ernst sein Vater die Angelegenheit nahm, versprach, Baumgarts zunächst nicht mehr zu besuchen.

Immer noch glaubte Jakob Löwenthal, daß Hitler, nun an der Macht, gezwungen sein werde, die „demokratischen Spielregeln“ einzuhalten. „Er wird gar nicht darum herum können“, belehrte er Theresa, „es braucht nur seine Zeit. Du wirst sehen, nach und nach wird sich alles wieder normalisieren. Die Judenfrage war ja nur der Köder für die Massen. Glaubst du, er kann alle Versprechungen, die er gemacht hat, halten? Die Verstaatlichung der Banken, die Schließung der Warenhäuser? Es wird nichts so heiß gegessen, wie es gekocht wird, man darf nur die Nerven nicht verlieren." Die antisemitischen Exzesse nach Hitlers Ernennung zum Reichskanzler nannte Jakob Löwenthal Einzelaktionen.

Als in der Nacht des Reichstagsbrandes die Verhaftungen begannen und neben Kommunisten, Sozialdemokraten, Gewerkschaftern auch Juden festgenommen wurden, darunter ein Berufskollege, mit dem Löwenthals verkehrt hatten, verbot Jakob seiner Frau, die Familie des Verhafteten zu besuchen. „Wir können ihnen nicht helfen, und wir wissen nicht, wessen er sich schuldig gemacht hat."

„Glaubst du, es muß sich jemand schuldig gemacht haben?" fragte Theresa entrüstet. „Daß sie Juden sind, ist Schuld genug."

„Wir wissen es nicht", beendete ihr Mann das Gespräch. „Sich mit ihnen zu solidarisieren wäre gefährlich."

Theresa suchte Ina Bantheim trotz Verbot auf. Eine Tochter Bantheims war etwa im Alter Manuelas, die beiden Mädchen hatten sich immer gut verstanden. Schon das war ein Grund, Ina Bantheim zu besuchen.

Ina Bantheim schloß Theresa in die Arme. „Sie sind die einzige, die den Mut aufgebracht hat, zu kommen, Theresa. Niemand wagt sich mehr her. Nirgends kann ich Auskunft über meinen Mann bekommen. Die SA hat ihn geholt. Warum, wird nicht mitgeteilt. Wie einen Schwerverbrecher haben sie ihn behandelt. Es war entsetzlich. Ich weiß nicht, wohin ich mich wenden soll, was ich noch unternehmen kann."

„Haben Sie eine Ahnung, warum man ihn verhaftete?" fragte Theresa.

Ina Bantheim schüttelte den Kopf. „Ich habe gegrübelt und gegrübelt, ich komme nicht darauf. Er hat einen Prozeß gehabt, in dem ein Nazi verurteilt wurde. Vielleicht hat der meinen Mann denunziert. Etwas anderes kann ich mir nicht vorstellen. Max ist ein zu korrekter Mensch, als daß er sich nur das geringste hätte zuschulden kommen lassen. Das schlimmste ist, daß sie Irma in der Schule als Tochter eines Verbrechers brandmarken. Die anderen Mädchen rücken von ihr ab. Irma weint dauernd."

„Schicken Sie sie zu uns", sagte Theresa kurz entschlossen. „Manuela wird sich freuen."

„Das werde ich Ihnen nie vergessen." Frau Bantheim hatte Tränen in den Augen. „Aber ich kann es nicht annehmen, man würde Ihnen das falsch auslegen. Vielleicht gelingt es mir, Irma zu Freunden ins Ausland zu bringen. Es wäre das beste."

„Am liebsten würde ich mit der Familie auch ins Ausland gehen", sagte Theresa bekümmert. „Aber mein Mann bildet sich ein, daß sich das Leben hier noch normalisieren wird."

Ina Bantheim hob die Hände zu einer beschwörenden Geste. „Gehn Sie ins Ausland, Theresa, solange Sie noch können. Tun Sie es. Wir hatten die Absicht, es ebenfalls zu tun, mein Mann wollte nur noch einige geschäftliche Angelegenheiten in Ordnung bringen. Jetzt ist es zu spät. Tun Sie es, solange Sie es noch können."

Theresa, die vorgehabt hatte, ihrem Mann den Besuch bei Frau Bantheim zu verheimlichen, entschloß sich, ihm doch davon zu erzählen. Sie erwartete einen Tobsuchtsanfall.

Bob blieb zu ihrer Überraschung ruhig. Er fragte nur: „Kannst du dir vorstellen, daß man ihn ohne Grund verhaftet hat?"

Theresa, erstaunt und froh, daß ihr Mann so reagierte, antwortete: „Bantheim wurde nicht ordnungsgemäß verhaftet, Bob. Ich meine, mit Haftbefehl. Ina Bantheim hat keinerlei Benachrichtigung erhalten, sie wurde nicht verständigt."

Bob, der aufgestanden war, ließ sich wieder schwer in den Sessel fallen. „‚Wo gehobelt wird, fallen Späne', sagen die Nazis. Es hat früher in Deutschland auch schon antisemitische Ausschreitungen gegeben, ich erinnere nur an Stoecker. Aber es ist wieder vorbeigegangen. Zu organisierten Judenverfolgungen wie in Rußland kam es nie. Ich kann mir nicht vorstellen, daß es diesmal anders sein wird. Es beruhigt sich wieder, glaube mir."

Theresa wußte nicht, ob ihr Mann das, was er sagte, wirklich glaubte.

„Von Ihrem Freund", sagte Frau Lorenzen, als sie ihrer Mieterin den Brief überbrachte. „Er hat schon lange nichts mehr von sich hören lassen. Hoffentlich geht es ihm gut. Es wird nicht einfach für ihn sein."

Wenn Frau Lorenzen erwartet hatte, daß ihre Mieterin sich in ein Gespräch mit ihr einlassen werde, hatte sie sich getäuscht. Maria dankte nur und zog sich in ihr Zimmer zurück.

Frau Lorenzen hatte recht, Mark hatte schon mindestens acht Wochen nicht mehr geschrieben. Nach dem 1. April befürchtete Maria das Schlimmste, erlebte sie ja in der Stadt, welche Auswirkungen der Boykott hatte. Sie erinnerte sich, wie entsetzt sie und Mark gewesen waren, als nach der Einsetzung Hitlers als Reichskanzler vor dem Schuhgeschäft SA-Leute Posten bezogen, um die Passanten daran zu hindern, das Geschäft zu betreten. Dabei war das harmlos gewesen gegen das, was nun offiziell geschah. Bereits am 10. März hatte Goebbels auf einer Massenkundgebung, die im Rundfunk übertragen wurde, die Anweisungen für den 1. April gegeben. Nach diesen Anweisungen begann Punkt zehn Uhr morgens in ganz Deutschland nach genau ausgearbeiteten Listen die Aufstellung der „Wachen", die Kennzeichnung aller jüdischen Geschäfte durch vorbereitete Plakate oder Tafeln mit gelbem Fleck auf schwarzem Grund. Spruchbänder, Parolen, Flugzettel überboten sich. „Kein Deutscher kauft bei einem Juden!" – „Bis Sonnabend früh zehn Uhr hat das Judentum Bedenkzeit! Dann beginnt der Kampf! Die Juden aller Welt wollen Deutschland vernichten! Deutsches Volk! Wehr Dich! Kauf nicht beim Juden!"

„Das ist erst der Anfang", sagte Jupp Kirstein, als Maria meinte, es sei nicht zu ertragen. „Wir werden lernen müssen, noch manches zu ertragen, fürchte ich."

Aber nach dem Boykott hatte Mark noch geschrieben, hatte geschildert, wie es in Berlin ausgesehen habe, wie entsetzt die Eltern gewesen seien und daß sein Vater trotzdem noch hoffe, es würde sich wieder einrenken. Dann hatte er geklagt, wie schwer es ihm falle, sich jetzt nicht mit ihr aussprechen zu können, und wie sehr er sich nach ihr sehne.

Kurz darauf war noch ein zweiter Brief gekommen, in dem Mark von dem Ehepaar Baumgart erzählte und daß vieles, was Baumgart vorhergesagt hatte, wirklich eingetroffen sei. Auch in diesem Brief wieder die Sehnsucht und das Warten auf Urlaub und Wiedersehen. Schließlich der Dank für ihre Briefe und das Versprechen, bald wieder zu schreiben. Danach acht Wochen nichts.

Marias Hände zitterten leicht, als sie den Brief öffnete.

„Maria, Liebste", schrieb Mark, „ich habe überlegt, ob ich Dir das, was ich Dir heute mitteile, zumuten kann. Aber ich kann Dich nicht verschonen, Du wirst es doch erfahren: Sie haben Vater verhaftet. Eine scheußliche und widerwärtige Intrige ging der Verhaftung voraus. Die Intrigantin oder Denunziantin, wie Du willst, ist Vaters langjährige Sekretärin, auf die er sich unbedingt verlassen zu können glaubte. Vielleicht hat man sie unter Druck gesetzt, kann sein. Vater hatte Geld in der Schweiz angelegt, das Erbe von Mutters Eltern, meinen spanischen Großeltern. Man konnte es seinerzeit ganz legal in die Schweiz bringen. Vaters Sekretärin fuhr damals eigens zu diesem Zweck nach Zürich. Das haben die Nazis nun zum Anlaß genommen, zu behaupten, Vater hätte es unerlaubt ins Ausland verschoben. Die Sekretärin hat Anzeige erstattet.

Vater kam völlig verstört heim. Verschiebung von Geld ins Ausland wird von den Nazis besonders hart bestraft.

Vater meldete sich beim Generaldirektor des Betriebes, er bildete sich ein, mit ihm gut zu stehen. Der Generaldirektor ließ ihn warten. Nach einer Stunde ließ er sich durch seine Sekretärin entschuldigen, er sei leider abberufen worden. Vater kam am nächsten und dann am übernächsten Tag wieder. Was diese Entwürdigung für ihn bedeutete, kannst Du Dir vorstellen. Am vierten Tag endlich wurde er empfangen. Vater bat darum, die Angelegenheit prüfen zu lassen, das Geld sei 1912 in die Schweiz transferiert worden, ein üblicher und zulässiger Vorgang damals. Vater betonte, daß er sich in den vielen Jahren seiner Zugehörigkeit zum Betrieb noch nie einer Unkorrektheit, geschweige denn eines Vergehens schuldig gemacht habe. Der Direktor ist kein Nazi, er meint es vielleicht wirklich gut mit Vater, aber er weiß, was ein Einwand gegen die Anschuldigung, in die er natürlich eingeweiht worden war, für ihn bedeuten würde. Er sagte Vater, so wie die Dinge stünden, sehe er keine Chance für ihn. Er riet ihm, alles, was er noch besitze, schleunigst zu Geld zu machen und ins Ausland zu gehen. Wahrscheinlich wäre da noch eine, vielleicht die letzte Möglichkeit gewesen. Aber ich habe Dir erzählt, wie eigensinnig, ja verbohrt mein Vater ist, wenn es um das geht, was er seine ‚Ehre' nennt. Er fragte, ob das der Rat sei, den ihm der Generaldirektor gebe. Du kannst Dir vorstellen, wie der Mann darauf reagierte. Er ärgerte sich über Vaters Starrsinn und sah die Schwierigkeiten, die Vater ihm bereitete. Ratschläge könne er ihm überhaupt nicht geben, fuhr er Vater darum an.

Zwei Wochen danach wurde das Haus von SA umstellt und Vater verhaftet. Mutter und Manuela waren glücklicherweise unterwegs. Ich hatte mir gerade ein Buch aus der Bibliothek geholt. Ich sah, wie sie ihn abführten. Ich werde es nie vergessen, Maria, nie. Ohne Kragen und Schlips, der peinlich adrette, akkurate Mann, mit blutverschmiertem Gesicht und hängenden Schultern. Sie hatten ihm ein Schild umgehängt: ‚Ich bin ein dreckiger Jude und habe deutsches Geld ins Ausland verschoben.'

Als kleiner Junge habe ich mich immer geschämt zu weinen, weil Vater sagte, das sei unmännlich. Jetzt weine ich, Maria, und ich schäme mich nicht. Ich umarme und küsse Dich, Du hörst von mir, wenn ich etwas ruhiger geworden bin,

Dein Mark"

Theresa hatte schon lange den Entschluß gefaßt, zu ihrem Bruder nach London zu emigrieren. Er war ein wohlhabender Geschäftsmann und hatte sie mit der ganzen Familie eingeladen.

„Wir fahren", sagte sie, „ich werde Leo telegrafieren."

Es wäre immer noch möglich gewesen, aber Jakob Löwenthal lehnte es ab. „Ich denke nicht daran, ich will mein Recht. Man kann mir doch nicht so ohne weiteres etwas anhängen. Ich bin Jurist. Das lasse ich nicht auf mir sitzen."

„Siehst du denn nicht, wer dir das anhängt, Bob?" fragte Theresa. „Sie wollen dich fertigmachen, und sie werden dich fertigmachen, wenn wir nicht fahren. Sie wollen deine Stellung, dein Geld, dein Vermögen. Genügt dir das Gespräch mit deinem Generaldirektor nicht?"

Auch Mark und Manuela versuchten den Vater umzustimmen, es gelang ihnen nicht. Er weigerte sich „auszureißen", wie er es nannte. Er lehnte alle Vorschläge ab.

An dem Tag, da Jakob Löwenthal verhaftet wurde, war Theresa mit Manuela in Paßangelegenheiten unterwegs. Sie wollte sich wenigstens erkundigen, welche Wege man gehen müsse, wenn man Deutschland verlassen wolle. Als sie heimkehrten, sprach eine Frau sie an, die sie nicht kannten. „Biegen Sie in die Gartenstraße ein, und warten Sie dort auf mich", flüsterte sie.

Als sie Theresas Erstaunen und ihre Unentschlossenheit sah, fügte sie schnell hinzu: „Sie können nicht in Ihr Haus. Die warten nur auf Sie." Ohne ein weiteres Wort ging sie an Mutter und Tochter vorbei.

Immer noch zögerte Theresa. Manuela zog sie weiter. „Die Frau will uns etwas mitteilen, Mutter. Etwas Wichtiges, glaube ich."

„Und wenn sie uns in eine Falle lockt?" fragte Theresa zweifelnd.

Manuela schüttelte den Kopf. „Das glaube ich nicht."

Sie bogen in die Gartenstraße ein, aber die Frau war nirgends zu erblicken. Erst in der halb geöffneten Tür eines zweistöckigen Hauses sahen sie sie im dunklen Flur. „Die haben Ihren Mann verhaftet", flüsterte sie, „Ihr Sohn hat es gesehen. Sie treffen ihn bei Baumgarts, soll ich sagen, hier ist die Adresse." Sie drückte Theresa einen Zettel in die Hand und sagte nur noch: „Gehen Sie weiter." Dann schloß sie die Tür.

Theresa war im Augenblick viel zu erregt, um zu ermessen, was diese Frau riskierte.

Ihr Mann verhaftet! War es nicht ihre Pflicht, nach Hause zu eilen, um ihm zu helfen? Aber konnte man ihm noch helfen? Er war doch gar nicht mehr zu Hause, und wo sie ihn hingebracht hatten, wußte sie nicht. Sie mußte mit Mark beraten. Warum er sie gerade zu Baumgarts bestellt hatte? So gut standen sie doch gar nicht mit diesen Verwandten. Aber das spielte jetzt alles keine Rolle mehr.

„Wo wohnen sie?" fragte Manuela in Theresas Gedanken hinein, und als die Mutter sie geistesabwesend anstarrte, fügte sie hinzu: „Baumgarts."

Mark erwartete sie. Er schloß Mutter und Schwester in die Arme, es war, als wolle er damit sagen: Nun sind nur wir noch da. Dann erzählte er, daß er gesehen habe, wie sie Vater holten. In welcher Verfassung er ihn gesehen hatte, erzählte er nicht. Die Frau, der er Baumgarts Adresse gegeben habe, hatte ihn gewarnt weiterzugehen, da das Haus umstellt sei.

„Weißt du, wer diese Frau ist?" fragte Manuela.

Mark schüttelte den Kopf: „Ich weiß es nicht, aber ich werde es nicht vergessen. Ohne diese Frau säßen wir nicht hier. Wir werden auch vorläufig hier bleiben müssen", fuhr er fort, „Baumgarts haben uns angeboten, zunächst bei ihnen zu schlafen, es wird nicht einfach sein für sie, die Wohnung ist klein, aber zur Not geht alles. Ich kenne niemand hier in Berlin, an den wir uns sonst wenden könnten. Weißt du jemand?"

„Wenn man hört, daß sie Vater verhaftet haben ...", antwortete Theresa kleinlaut.

„Eben. Baumgarts sind unbedingt zuverlässig."

Theresa überlegte lange, wie sie etwas über den Verbleib ihres Mannes erfahren könne. Davon, sich direkt bei den Behörden zu melden, riet Baumgart ihr dringend ab. Schließlich entschloß sie sich, Franz von Willerding, den Bob zu seinen Freunden zählte und der ihren Mann einige Male zum Essen eingeladen hatte, aufzusuchen. Theresa wußte von ihm nur, daß er Einfluß habe, Mitglied eines Aufsichtsrates sei und der Deutschnationalen Partei angehöre.

Franz von Willerding benahm sich nicht unfreundlich,

aber distanziert. „Es ist schwer, Ihnen zu raten“, sagte er. „Ich habe ihm zugeredet, ins Ausland zu gehen, als es noch Zeit war, aber er hörte nicht auf mich.“

„Und wenn ich mich offiziell erkundige?“ fragte Theresa.

„Das können Sie natürlich tun“, sagte Willerding zurückhaltend, „aber ich fürchte, Sie würden sein Schicksal teilen, und Ihre Kinder auch.“

„Sie vermuten also das Schlimmste?“

„Ich vermute gar nichts“, wehrte der Mann schroff ab. „Aber wenn Sie im Ausland wären, könnten Sie von dort aus vielleicht besser Nachforschungen anstellen.“

Die letzten Worte dieses Deutschnationalen wurden für Theresa ausschlaggebend. Sie beschloß, allein mit den Kindern zu fahren.

Manuela war sofort einverstanden. Man ließ sie in der Schule spüren, daß sie einem Volk angehöre, von dem man zwar nichts wußte, das aber von dem „Führer“ selbst in den Schlagzeilen der Zeitungen, im Rundfunk und auch in der Schule als schlimmster Feind des deutschen Volkes bezeichnet wurde. Selbst Manuelas beste Freundin, Annemarie, verhielt sich reserviert, obwohl sie für die Bergner und für Gitta Alpar, beides Jüdinnen, schwärmte. Wenn es sich erst in der Schule herumspräche, daß man Manuelas Vater verhaftet habe, würde es richtig losgehen gegen sie. „Hoffentlich können wir bald fahren, ich würde am liebsten gar nicht mehr in die Schule gehen“, sagte sie.

Mark aber wollte nicht emigrieren. „Was soll ich im Ausland, Mutter?“ fragte er. „Mein Handwerkszeug ist die Sprache, die deutsche Sprache.“

„Und was willst du mit der deutschen Sprache, wenn dich kein Theater engagiert?“ fragte Theresa bitter.

„Ich weiß es nicht, Mutter“, antwortete er gequält. „Ich möchte noch abwarten. Es kann sein, daß sich manches gibt.“ Er dachte an Maria, sprach es aber nicht aus.

„Warte nicht zu lange“, bat die Mutter.

Erstaunlicherweise hatten Theresa und ihre Tochter keine Schwierigkeiten bei der Ausreise, alles ging ordnungsgemäß.

Auch die Beschaffung der Visa dauerte nicht lange. Das Geld für die Reise hatte Theresas Bruder angewiesen. Bei der Ankunft in London holte er Schwester und Nichte ab.

Professor Rheine hatte von den Nazis nichts zu befürchten, im Gegenteil, sie bemühten sich, ihn für sich zu gewinnen. Seine Ahnen waren schon über Generationen nachweislich „einwandfrei". Er hatte in der Fachwelt, auch im Ausland, einen guten Ruf. Aber er moche die Nazis nicht. Nicht nur ihre Rassentheorien, auch ihre Blut-und-Boden-Mystik fand er primitiv und dumm. Den Judenboykott am 1. April und die Bücherverbrennung nannte er grauenhaft und verbrecherisch. Scheinbar hatte beides nichts miteinander zu tun, aber er sah einen Zusammenhang zwischen dieser Vernichtung von Menschen und der Vernichtung des Geistes.

Bei der Bücherverbrennung auf dem Opernplatz am 10. Mai war er zufällig Zeuge gewesen. Staunend hatte er einer kultischen Handlung beigewohnt, die ihm in ihrer Ungeheuerlichkeit einmalig schien. Bei den Zuschauermassen bewirkte sie offensichtlich eine psychoseartige Faszination. Studenten, in Uniformen ihrer Korporationen, zogen, Fackeln tragend, voran ein Musikkorps der SA, vom Brandenburger Tor her auf den Platz. Gegen dreiundzwanzig Uhr begann mit beschwörenden Sprüchen und Formeln ein Autodafé seltsamer Art. „Ich fühlte mich ins Mittelalter versetzt", erzählte Rheine später seiner Frau.

Mitten auf dem Platz ein Scheiterhaufen, mit Petroleum übergossen, um ihn herum postiert die Studenten, bereit, ihr makabres Werk zu vollziehen. Das flackernde Licht der Fakkeln, das plötzlich von der hellen Flamme des angezündeten Scheiterhaufens überstrahlt wurde. Dann begann das „Opfer". Buch um Buch wurde in die Flammen geworfen, zwanzigtausend Bücher verbrannten, Werke bedeutender Schriftsteller, Philosophen und Wissenschaftler.

Wo man nicht physisch vernichten konnte, wollte man den Geist töten.

Aber der Geist läßt sich nicht so leicht verbrennen wie

Menschen. Im In- und Ausland fragten sich viele besorgt, erschrocken, wohin diese Barbarei noch führen werde.

Wenn noch etwas gefehlt hatte, um Rheine in seiner Ablehnung des Nationalsozialismus zu bestätigen, war es die Bücherverbrennung auf dem Opernplatz. Er wollte mit diesen Leuten nichts zu tun haben. Er hielt sich, soweit er konnte, aus allem heraus und sagte zu seiner Frau: „Sie werden mich nicht zwingen, in die Partei einzutreten. Sollten sie es von mir verlangen, werden wir Deutschland verlassen, Anneliese. Auch wenn es uns schwerfallen wird."

Er hatte vorgehabt, mit Frau und Tochter in den Theaterferien nach Österreich zu reisen, um dem „lärmenden Ungeist" wenigstens für kurze Zeit zu entfliehen. Aber seine Pläne wurden hinfällig, als sich Maria ihm anvertraute. Er hatte nicht viel über ihre Beziehungen zu Mark gewußt, hatte das Ganze auch nicht ernst genommen, nun erst sah er, wie sehr sie an diesem Mann hing und wie tief sie alles, was ihn betraf, belastete. Sie war nicht sentimental, eher herb und verschlossen, darum war er froh, daß sie sich mit ihm aussprach. Hatte er die Hetze gegen die Juden in ihren widerlichen und oft perversen Formen mit Abscheu und Ironie beurteilt, so war er plötzlich selbst mitten in dem Hexenkessel des Irrsinns, und was Maria ihm über den Vater ihres Freundes Mark erzählte, ging ihn plötzlich an. Das Schicksal des Mannes, den er nicht kannte, war dadurch mit seinem eigenen verbunden, und er versprach seiner Tochter, einflußreiche Bekannte zu bewegen, etwas über den Aufenthalt dieses Jakob Löwenthal herauszubekommen. „Glaubst du, daß dein Freund bei diesen Baumgarts gefährdet ist?" fragte er Maria.

„Sehr gefährdet", antwortete sie. „Baumgart war Sozialdemokrat, das weiß man. Auch wenn er aus der Partei ausgetreten ist, da braucht ihm nur einer im Hause nicht gut gesinnt zu sein ..."

„Dann soll Mark zu uns kommen", entschied Rheine. „Ich werde ihn als meinen Neffen ausgeben."

„Und Anneliese?" fragte Maria.

„Du verkennst Anneliese, man kann sich auf sie verlassen, glaube mir. Ihr könntet die Ferien zunächst hier verbringen, dann werden wir weitersehen."

Maria umarmte ihren Vater. „Ich habe gewußt, daß du mir helfen wirst."

Sie lebten wie ein junges Ehepaar auf der Hochzeitsreise, nur daß hinter allem die Angst lauerte, wie es weitergehen werde.

Die Eltern hatten ihnen ihr Schlafzimmer überlassen und waren in das sogenannte Gästezimmer gezogen. Anneliese hatte das angeregt, und als Rheine fragte, ob das nicht etwas zu modern sei, antwortete Anneliese, sie habe das Bedürfnis, diese junge Liebe zu schützen, weil sie so schutzlos sei in dieser Zeit.

Maria sagte es mit anderen Worten: „So einschlafen, Mark, in deinen Armen, und nicht mehr erwachen. Es müßte schön sein."

„Es müßte schön sein!" Es war wie ein Echo.

Aber sie konnten nicht nur im Abseits leben. Der Tag verging, und jeder nächste war ungewiß.

Maria vermied es, vom Morgen zu reden, Mark fing davon an. „Gehst du nach München?" fragte er.

„Laß uns noch nicht darüber sprechen", bat sie. „Es ist noch Zeit."

Es war keine Zeit mehr, sie mußte sich entscheiden.

„Und du?" fragte sie. „Ich sage ab."

„Das darfst du nicht. Es ist die große Chance für dich, die ganz große. Mir kannst du nicht helfen, und ich werde ruhiger sein, wenn ich wenigstens um dich keine Sorgen zu haben brauche."

Rheine und seine Frau unterstützten Mark.

Schließlich gab Maria nach. Sie sollte in einem Stück des laufenden Spielplans gastieren, sie entschied sich für „Kabale und Liebe".

Da er nicht ins Theater gehen konnte, wollte er sie wenigstens begleiten und im Hotel auf sie warten. Sie bat ihn, es nicht zu tun. „Es wäre zu schmerzlich für mich, zu wissen, daß du da im Hotel bist und ich mit einem anderen spiele, Mark. Deine Luise mit einem anderen Ferdinand."

Er behauptete, sie zu verstehen, aber er verstand sie nicht. Er gestand es sich selbst nicht ein, aber insgeheim hoffte er, daß sie den Vertrag nicht abschließe.

Als er sie am nächsten Tage vom Bahnhof abholte, hörte er, daß sie es doch getan hatte. Nicht, wie ihr angeboten worden war, für zwei Jahre, aber für eins.

Sie war erfolgreich gewesen. Ohne daß sie es wollte, klang es aus allem, was sie erzählte, heraus. Der Direktor hatte mit ihr ein langes Gespräch geführt über die Rollen, die er für sie vorgesehen habe, und die Kollegen hatten sie beglückwünscht. Der Vertrag war ganzjährig, die Gage hoch.

Professor Rheine beobachtete, wieviel Mühe sich Mark gab, Maria glauben zu machen, daß er sich über ihren Erfolg freue, aber Rheine durchschaute ihn. Wie ein Kranker, dachte er, der sich bemüht, ganz gesund zu erscheinen. Rheine mochte diesen Jungen, der in einer Welt lebte, die er nicht zu verstehen vermochte. „Du weißt, daß Mark leidet, wenn du von dem Engagement und dem Erfolg sprichst?" fragte er seine Tochter. „Obwohl er dich liebt oder gerade weil er dich liebt."

Maria blickte ihren Vater ernst an. „Ich weiß es, Vater", antwortete sie. „Aber es ist besser, er glaubt, ich wüßte es nicht. Ich will es ihm nicht schwerer, sondern leichter machen. Nicht immer geht das auf geradem Wege."

„Ich glaubte, du wüßtest es nicht", sagte Rheine. Ein merkwürdiges Mädchen, dachte er, sie versteht ihn besser als er sich selbst.

„Gib acht auf ihn, Vater", bat Maria. „Er zeigt es nicht, aber er ist verzweifelt."

„Er ist mein Sohn", versicherte Rheine. Dann fügte er noch hinzu: „Unser Sohn. Anneliese mag ihn sehr."

Auch der Abschied von der Stadt, die ihr zwei Jahre Heimat gewesen war, wurde Maria nicht leicht.

Jupp Kirstein hatte kein Engagement gefunden. „Ich werde nach Berlin gehen und dort zu dem Heer von Künstlern gehören, die arbeitslos sind, nur, daß ich anders arbeiten werde. Im Untergrund."

„Sei vorsichtig", bat Maria. „Ich habe Angst um dich."

Er lächelte. „Dann wirst du um einen Kommunisten und um einen Juden Angst haben. Vielleicht kommen beide durch."

Der Souffleuse Hella Katzer war nicht gekündigt worden. „Ich trete ja nicht in Erscheinung", scherzte sie. Dann küßte sie die Freundin. „Ich weiß nicht, was ich dir wünschen soll. Glück für das neue Engagement? Glück in der Liebe? Es ist nicht leicht, beides übereinzubringen. Ich wünsche dir beides."

„Es ist schade, daß Sie uns verlassen, Fräulein Rheine, aber ich weiß auch nicht, wie lange es bei mir gehen wird", sagte der Intendant, als sie sich bei ihm verabschiedete. „Und ich weiß nicht, ob ich wünsche, daß es weitergeht."

Solange Mark bei Baumgarts wohnte, hatte er seine Untätigkeit nicht so empfunden, nun wußte er nicht, was er mit seiner Zeit anfangen sollte. Ihm fehlte die Arbeit. Er machte sich im Hause nützlich, aber man brauchte ihn nicht. Er las viel und grübelte über sein Leben nach, in dem ihm plötzlich das Kainsmal des Verbrechers aufgedrückt worden war, obwohl er sich nie eines Verbrechens schuldig gemacht hatte. Was man ihm vorwarf, war, Jude zu sein, ein Umstand, für den er nichts konnte. Dabei warf man den Juden nicht etwa ihre Religion vor, deren strenge Riten sie zusammenhielten, sondern angebliche Rassenmerkmale, die es selbst nach Ansicht reaktionärster Wissenschaftler so isoliert gar nicht gab.

Über hundert Jahre hatten Juden sich in Deutschland als Deutsche gefühlt, welcher Dichter hatte deutscher empfunden als der Jude Heinrich Heine, dessen Verse Volksgut geworden waren, welcher Komponist gab deutschen Empfindungen besser Ausdruck als Felix Mendelssohn Bartholdy in seinen Liedern? Wie sähe das deutsche Theater ohne Otto Brahms, Max Reinhardt oder Leopold Jessner aus? Und war er, Mark Löwenthal, ohne jede Überheblichkeit, mit seinen blonden Haaren, blauen Augen nicht arischer als ein Dr. Goebbels?

Mark las ausländische Zeitungen, die er durch Professor Rheine bekam. Die offenen Äußerungen darin über Inhaftierungen ohne Gerichtsurteil, über Foltern und Morde in SA-Kellern und ersten Konzentrationslagern ließen ihn hoffen, daß man diese Berichte in Nazi-Deutschland zumindest zur Kenntnis nehmen werde. Einige Zeitungen schätzten die Geschehnisse in Deutschland auch so ein, daß Hitler und seine Regierung dem Pöbel gestatteten, sich auszutoben, um dann wieder „in den Schoß der Kulturnationen zurückzukehren". So hatte sein Vater das auch gesehen, aber er hatte zu den ersten Opfern gehört. Man mußte durchhalten. Hätte Vater auf Mutters Rat gehört und wäre er ins Ausland gegangen, hätte er dort durchhalten und vielleicht einmal zurückkehren können.

Professor Rheine hatte über Jakob Löwenthal nichts in Erfahrung gebracht.

Obwohl Rheine, soweit das seine Zeit zuließ, sich sehr um Mark kümmerte und Anneliese ihn verwöhnte, fühlte Mark sich einsam. Seine Theaterbesuche hatte er aufgegeben.

Die Spielpläne hatten sich geändert. Dramatik mancher großen Dichter wurde als wesens- und artfremd eingestuft, während man die Erzeugnisse von Stückeschreibern mit nationalsozialistischer Gesinnung förderte.

Baumgarts waren die einzigen, mit denen sich Mark noch traf. Sie waren in eine andere Gegend gezogen, wo sie niemand kannte, trotzdem trafen sie sich nicht in ihrer Wohnung, sondern in Kneipen und Kaffeehäusern, die sie öfter wechselten. Manchmal kam Ruthild mit, und Mark erfuhr durch sie, was der Boykott in den Theatern ausgelöst hatte. Ein bekannter Schauspieler hatte seinem Leben zusammen mit seiner jüdischen Ehefrau ein Ende gemacht, weil man ihn zwingen wollte, sich von ihr zu trennen. Andere Schauspieler, Sänger, Regisseure, deren Namen Weltruf hatten und die es sich darum leisten konnten, verließen Deutschland oder bereiteten ihre Abreise vor. Die Masse jüdischer Künstler aber hatte keine Möglichkeit, ins Ausland zu gehen, schon aus finanziellen Gründen. „Einige sind im Jüdischen Theater untergekommen", erzählte Ruthild.

„Im Jüdischen Theater?" fragte Mark erstaunt. „Ich habe nicht gewußt, daß es so etwas heute noch gibt."

Baumgart stellte sein Bierglas mit einem Ruck auf den Tisch. „Das ist die Idee", sagte er eifrig, „daß wir nicht schon eher daraufgekommen sind. Dieses Theater existiert nicht *noch*, sondern erst jetzt. Warum solltest du es nicht versuchen, dort unterzukommen, Mark?"

Mark konnte sich noch immer nichts unter diesem Theater vorstellen. „Spielen dort nur jüdische Künstler?" fragte er.

Ruthild antwortete für ihren Mann. „Auch die Besucher sind Juden", erklärte sie. „Man muß sich als Jude ausweisen, wenn man es besuchen will. Selbst die Beleuchter, Bühnenarbeiter, Bühnenmaler, der Requisiteur, der Inspizient, sogar die Platzanweiserinnen, alle Mitarbeiter müssen Juden sein."

„Ein Ghettotheater also", sagte Mark ablehnend. „Wollen die Nazis damit beweisen, daß sie sich loyal zu den Juden verhalten?"

Baumgart nickte. „Genau. Die Theater gehören zum jüdischen Kulturbund, einer Organisation, deren Intitiatoren sich darum bemühen, innerhalb ihrer geringen Möglichkeiten jüdischen Menschen, die um alles gekommen sind, zu helfen, wenigstens Reste ihres Menschtums, ihrer Würde zu bewahren. Es ist also eine gute Sache, auch wenn die Leiter manchmal, gerade durch ihre Tätigkeit, würdelos sein müssen."

Mark bewunderte diesen einfachen Mann, der es oft verstand, hinter die Dinge zu schauen und sie in ihrer schwer durchschaubaren Gegensätzlichkeit zu erkennen. „Ich weiß auch von diesem Kulturbund nichts, aber ich muß mich darüber informieren. Er geht schließlich auch mich an", sagte Mark. „Und auch über das Theater. Es ist ein Ghettotheater, aber habe ich eine Wahl? Vielleicht sollte ich es wirklich versuchen ..."

Noch nie hatte Mark jüdische Zeitschriften oder Zeitungen in der Hand gehabt. Hätte man ihm gesagt, daß es so etwas gibt, wäre er überzeugt gewesen, sie seien in hebräischer Sprache, aber sie waren in einwandfreiem Deutsch geschrieben, nur die Ansichten, die sie vertraten, schienen Mark sehr verschieden. So setzte zum Beispiel die „Jüdische Rundschau“, eine zweimal in der Woche erscheinende Zeitschrift der „Zionistischen Vereinigung für Deutschland“, dem deutschen Rassismus die Notwendigkeit eines „jüdischen Rassebewußtseins“ entgegen: „Der 1. April kann ein Tag des jüdischen Erwachens und der jüdischen Wiedergeburt werden, wenn die Juden wollen. Wenn die Juden reif genug sind und innere Größe besitzen“, stand da. „Es ist nicht wahr, daß die Juden Deutschland verraten haben, wenn sie etwas verraten haben, so haben sie sich selbst, das Judentum, verraten ...“

Das war eine Auffassung, mit der Mark sich nicht identifizieren konnte, ja die ihm absurd vorkam. Dem deutschen Rassismus einen anderen Rassismus entgegensetzen, quasi nach dem Prinzip der Homöopathie, Gleiches mit Gleichem heilen.

Aber noch weniger war er mit solchen Juden einverstanden, die, strammer und verbohrter als die Nationalsozialisten selbst, Orden und Ehrenabzeichen aus dem Krieg hervorholten und sich als besonders zuverlässige Deutsche anpriesen. Sein Vater hatte das getan. Wahrscheinlich hätte er sich auch an die Regeln gehalten, die die Zeitung des „Zentralvereins deutscher Staatsbürger jüdischen Glaubens“ forderte: „... die Pflege deutscher Gesinnung in unseren Reihen unbeirrt fortsetzen! Unseren zahllosen Freunden in Stadt und Land Mut machen, sie stärken und sie lehren, daß Deutschland Deutschland bleibt und daß uns niemand unsere Heimaterde und unser Vaterland rauben kann.“

Angesichts der Vorkommnisse am 1. April und in der Zeit danach wirkten solche Erklärungen geradezu abstoßend und beschämend. Und noch übler, beschämender empfand er das, was er fast zur gleichen Zeit im „Schild“, der Zeitschrift des „Reichsbundes jüdischer Frontsoldaten", die soldatische Tradition fördern und wahren sollte, las: „Als ich einst die hohe Ehre hatte, unserem von uns allen hochverehrten Generalfeldmarschall, unserem Führer in Krieg und Frieden, zu seinem 80. Geburtstag die Wünsche und das Gelöbnis der Treue des RJF zu überbringen, da machte es auf uns alle einen unauslöschlichen Eindruck, als er beim Abschied dieses Gelöbnis der Treue mit besonderem Nachdruck bestätigte. In dieser Treue stehen wir auch heute noch zu ihm und dem von ihm erschlossenen Deutschen Reich!" Geschrieben worden waren diese Zeilen von dem „Bundespräsidenten" dieses „Reichsbundes".

Wäre der kein Jude, er wäre ein guter Nationalsozialist, dachte Mark angewidert.

Nein, zu diesen Juden gehörte er nicht. Er gehörte zu jenen, die sich weder dem Judentum noch dem Deutschtum zugehörig fühlten, die einfach als Deutsche unter Deutschen gelebt hatten, ohne um eine Andersartigkeit zu wissen, von orthodoxen Juden als „Assimilatsche" beschimpft. Jetzt wurden sie mit ihrer Situation nicht fertig.

Mark überlegte, ob er sich wirklich an diesem Jüdischen Theater bewerben sollte. Einerseits widerstrebte ihm der Ghettocharakter, andererseits mußte er irgend etwas unternehmen. Seit über einem halben Jahre wohnte er nun bei Marias Vater. So freundschaftlich sich dieser zu ihm verhielt, ewig konnte er da nicht wohnen bleiben. Auch begannen die Leute zu reden. Überdies konnte er Rheines auch sonst nicht weiter zur Last fallen, obwohl sie immer wieder versicherten, er solle sich darum keine Sorgen machen, Geld spiele keine Rolle. Stempeln gehn aber wollte er nicht, er fürchtete sich vor Fragen, vor allem vor der, wo er bis dahin gewohnt hatte.

Oft fragte er sich, ob er nicht doch zu Mutter und Schwester nach England fahren solle. Die Mutter bot es ihm immer wieder an. Aber was tun in England? Er dachte an Elisabeth Bergner, die Englisch gelernt hatte und in dieser Sprache auch

Theater spielte. Sie war sogar von der Königin empfangen worden. Auch andere große Schauspieler waren ins Ausland gegangen und hatten dort zu tun, aber er war noch nichts, ein Anfänger, ein Anfangender. Er schrieb Maria und bat sie, ihm zu raten.

„Versuch es mit dem Jüdischen Theater", antwortete sie. „Hast du mit meinem Vater gesprochen? Was meint er?"

Rheine stimmte ebenfalls zu. „Versuch es, Mark, Schauspielern werden sie doch nichts tun."

Mark sah sich die Hefte des jüdischen Kulturbundes an. Eine Menge Menschen waren da untergekommen, nicht nur Theaterleute. Offensichtlich versuchten viele, eine Existenzmöglichkeit zu finden, schon der Verwaltungsapparat ließ das erkennen. Der Bund war gegliedert in Vorstand, Verwaltungsrat, Verwaltungsleitung, Künstlerische Gestaltung. Es folgten Namen bedeutender Regisseure, Schauspieler und Sänger. Es war sehr zweifelhaft, ob er überhaupt Aussicht hatte, da anzukommen.

Voller Hemmungen, Ängste und auch Vorurteile bewarb er sich. Die Antwort kam schneller, als er erwartet hatte. Man lud ihn zu einem Gespräch ein.

Die Sekretärin führte ihn zu Dr. Laumann, der ihn höflich, aber zurückhaltend empfing. Er wollte alles von ihm wissen, über Großeltern, Eltern, stutzte kurz, als er hörte, daß man Marks Vater verhaftet habe, und fragte, als er erfuhr, daß die Mutter in England sei, warum Mark nicht auch ins Ausland gehe. Marks Antwort, daß er den Verwandten nicht auch noch zur Last fallen wolle, nahm er hin, aber sie schien ihn nicht zu befriedigen. Er ließ sich schließlich das Theater nennen, an dem Mark zuletzt gearbeitet hatte, obwohl er es aus der Bewerbung wissen mußte, fragte nach den Rollen, in denen er aufgetreten war, und wollte wissen, ob Mark bereit sei, etwas vorzusprechen. „Auf der Bühne kann man Sie ja leider nicht ansehn, Herr Löwenthal."

Es kostete Mark große Überwindung, zu versichern, daß er natürlich dazu bereit sei. Er haßte das Vorsprechen, weil man dabei leicht versagen kann, aber ohne ihn gesehen oder gehört zu haben, konnte man ihn natürlich nicht engagieren. Er wählte die Rollen, von denen er glaubte, daß sie ihm besonders gut lagen und mit denen er die größten Erfolge gehabt hatte, den Mortimer in „Maria Stuart“, den Ferdinand in „Kabale und Liebe“, den Kosinsky in den „Räubern“. Dann stand er auf der Bühne des ehemaligen Berliner Theaters, nun Theater des jüdischen Kulturbundes, und riß sich zusammen. Aber schon bei den ersten Worten fühlte er, daß alles äußerlich blieb, daß seine Gedanken abschweiften, daß er die Leute unten im Zuschauerraum wahrnahm, den Direktor, Herrn Dr. Laumann, einige andere, wahrscheinlich Mitglieder des Ensembles. Er zwang sich, diesen schizophrenen Zustand zu überwinden, aber es gelang ihm nicht. Er hatte versagt, zu vieles bewegte ihn bei diesem Vorsprechen. Aus dem dunklen Zuschauerraum hörte er die Stimme Dr. Laumanns: „Wir danken Ihnen, Herr Löwenthal. Sie bekommen Nachricht.“

Durchgefallen, dachte er verstört, ich bin bestimmt durchgefallen.

Aber nach einigen Tagen erhielt er ein Schreiben, daß er zur Erfüllung der Formalitäten, die mit der Unterzeichnung des Vertrages in Verbindung stünden, in das Theater kommen solle.

Diesmal war Dr. Laumann viel freundlicher, er behandelte Mark, als gehöre er bereits zum Ensemble. Er führte ihn durch das Haus, machte ihn mit zwei Regisseuren bekannt, die zufällig noch anwesend waren, weil sie an einer Spielplanbesprechung teilgenommen hatten. Dr. Laumann erzählte Mark, wie wichtig diese Spielplanbesprechungen seien, weil man ja nicht einfach nach Geschmack und Eignung der Schauspieler entscheiden könne, sondern auf vieles zu achten habe, was dem Theater vorgeschrieben sei. „Nicht nur die Auswahl unserer Stücke unterliegt einer Zensur, sondern oft sind es Stellen, die den Zensoren ungeeignet erscheinen und die wir streichen müssen. Das verändert manchmal den Charakter eines Stücks.“

Mark wunderte sich, daß Dr. Laumann so offen mit ihm sprach, aber mit dem Vertrag gehörte man, wie Mark später feststellte, nicht nur zum Ensemble, sondern gewissermaßen zur Familie des Theaters. Es gab einen Einheitsvertrag mit geringen Varianten. Er erhielt 315 Mark monatlich, es war das Spitzengehalt bei Solopartien im Schauspiel.

„Nicht viel“, sagte Dr. Laumann, als Mark unterschrieb, „aber immer noch besser als das Stempelgeld. Und Sie brauchen Ihren Beruf nicht aufzugeben. Ich habe mich übrigens mit Ihrem Intendaten, Dr. Großmann, in Verbindung gesetzt. Er schätzt Sie sehr. Also: Toi, toi, toi!“ Dr. Laumann blickte Mark wohlwollend an. „Sehen aus wie zehn Gojims, aber Sie haben Pech, Sie sind Jude.“

Durch Vermittlung Dr. Laumanns bekam Mark in der Wohnung eines jüdischen Musikers, der jetzt ebenfalls beim Kulturbund arbeitete, ein Zimmer. Nicht komfortabel, aber sauber und billig.

Maria lernte von München wenig kennen, ihr fehlte Jupp Kirstein, der ihr die Schönheiten der Stadt erschlossen, die Geschichte lebendig gemacht hätte. Sie hatte aber auch die Lust und die Freude an Entdeckungen nicht mehr, zumal ihr die vielen Uniformen der SA und SS, die man überall in den Straßen sah, alles verleideten. Die tägliche Fahrt ins Theater und zurück genügte ihr.

Das Zimmer in Schwabing bei dem alten Malermeister Gersdorf bekommen zu haben war ein Glücksfall. Sein Holzhaus sah seltsam romantisch aus zwischen den nüchternen, steinernen Nachbarn, und der etwas verwilderte Garten verstärkte diesen Eindruck noch. Gersdorf war ein biederer Zimmermaler, aber er malte, vielleicht durch den Geist Schwabings beeinflußt, auch Bilder. Er hatte sich auf dem Dachboden des Hauses ein Atelier eingerichtet, und da standen und hingen sie dicht nebeneinander: Stilleben, Porträts, geschichtliche und religiöse Darstellungen. Maria fiel es schwer, als der alte Herr ihr seine Schätze zeigte, sich angesichts von so viel Kitsch ein paar lobende Worte abzuringen, aber Gersdorf schien sie durchschaut zu haben, denn er lächelte gutmütig und meinte: „Sie können ruhig lachen über mich. Mir macht's nix. Ich verkauf eh nix, macht mir halt ein bissel Freud. Aber wenn S' ein Bild für Ihr Zimmer haben wollen, nehmen S' es mit."

Um ihn nicht zu kränken, suchte Maria wirklich eines aus, Blumen in einer mattschimmernden, gläsernen Vase, und es machte sich nicht einmal schlecht.

Von dem Zimmer aber war sie begeistert. Alles paßte zueinander: die holzgetäfelte Decke, die weinumrankten Fenster, die hellen Bauernmöbel und das breite Doppelbett aus Kirschbaum. „Ich stelle mir immer vor, daß wir beide hier wohnen", schrieb sie in einem ihrer vielen Briefe an Mark. „Es wäre herrlich! Aber solche Vorstellungen tun mir nicht gut."

„Wann S' wollen, dann macht Ihnen die Frau Schweigl vom Haus nebenan sauber. Frühstück können S' auch von ihr haben. Der Mann war früher Briefträger, jetzt ist er pensioniert, und sie verdient sich ganz gern was dazu. Ich selber kann Ihnen leider nicht helfen, das kommt nicht mehr in Frage", erklärte Herr Gersdorf.

Maria versicherte, daß alles in Ordnung sei, mit der Frau Schweigl würde sie reden, er brauche sich ihretwegen keine Sorge zu machen.

Der Malermeister nickte zufrieden, die neue Mieterin schien ihm zu gefallen. „Die Kuchl können S' benutzen, ich kümmer mich nicht drum. Auch wann S' kommen und gehn, wann S' Besuch haben, dös stört mich alles net." Er schwieg, schaute Maria aufmerksam an, schmunzelte und fügte hinzu: „So was wie Sie hab ich schon lang nicht mehr gesehn. Sie wärn was für den Finstermeyer oder den Kramplinger, zwei Maler hier aus Schwabing, die was ich kenn. So was Schönes kommt denen nicht so leicht in den Weg. Sie brauchen nicht rot zu werden, das hören S' gewiß oft genug. Ja, so vor vierzig, fünfzig Jahren, da hätten S' Ihna in acht nehmen müssen vor mir, i war schon ein Hallodri, aber heut ... Na ja, nix für ungut."

Die Redseligkeit des alten Mannes schrieb Maria, wie bei ihrer Wirtin in Magdeburg, seiner Einsamkeit zu, denn obwohl er sich regelmäßig zweimal in der Woche beim Stammtisch einfand, war er doch sehr allein. Die Frau war schon vor langer Zeit gestorben, der einzige Sohn im Kriege 1917 gefallen. Sympathisch war ihr seine Einstellung zu den Nationalsozialisten. „Ich bin ein unpolitischer Mensch, aber wenn man einen Liebermann oder einen Barlach verunglimpft, also nein, da mach ich nicht mit."

Es war jedenfalls beruhigend, daß der Mann kein Nazi war.

Maria versuchte sich ganz auf die Arbeit zu konzentrieren. Mit der Solveig in Ibsens „Peer Gynt" hatte sie ihren ersten großen Erfolg. In Magdeburg hatte sie die Grüne gespielt. Die Rolle wäre ihr auch hier viel lieber gewesen, aber der Intendant bestand darauf, daß sie die Solveig spiele, und die Begeisterung, die sie mit dieser „Wurzen", wie sie sie früher immer genannt hatte, erzielte, gab ihm recht. Die Zeitungen feierten sie als die Verkörperung der „nordischen Frau". Ein Kritiker verstieg sich sogar so weit, zu schwärmen, sie sei die „Inkarnation des Deutschtums in seiner Vollendung". Da sie wirklich singen konnte – sie sang die Solveig selbst –, wurde auch das gelobt. Die Lobeshymnen waren erstaunlich vielfältig.

Der Schauspieler Heinz Reingruber, der den Peer spielte, ein ausgezeichneter erster Held, den Maria bereits bei den Proben bewunderte, gratulierte ihr, etwas ironisch, wie ihr schien: „Damit hätten Sie's geschafft."

„Ich hoffe, daß ich es in anderen Rollen schaffe. Ich hab früher die Grüne gespielt, die ich interessanter finde."

Heinz Reingruber sah sie etwas überrascht an. „Sie haben etwas viel Wichtigeres getan, als eine interessante Rolle zu spielen. Sie haben einen Typ verkörpert, den man dringend braucht."

Er hatte es plötzlich sehr eilig und verabschiedete sich.

Später hatte sie den Eindruck, daß er ihr gegenüber zurückhaltend, ja mißtrauisch sei. Auch bei einigen anderen glaubte sie so etwas zu beobachten.

Einer von den Kollegen machte eine Ausnahme. Er spielte kleine und kleinste Rollen, aber er fiel in ihnen auf. Die Schauspieler nannten ihn scherzend „den Snob" oder „den Hochstapler", er war keines von beiden. Er hatte nur eine Art, wenn er in ein Lokal, ein Hotel, eine Dienststelle, welcher Art auch immer, trat, daß er wie jemand Besonderer behandelt wurde. Die Kellner flitzten, die Pförtner katzbuckelten, die Stubenmädchen waren zu jeder Auskunft bereit. Irgendwo war der Gedanke aufgetaucht, daß er einem bekannten italienischen Adelsgeschlecht angehöre. Er zuckte die Achseln. Natürlich stimmte das nicht, aber der Ruf hielt sich hartnäckig. Vielleicht trug auch sein merkwürdiger Name dazu bei, das Gerücht zu erhalten, er hieß Mario Montegasso, und er nannte sich nicht nur so, es war sein richtiger Name. Er war von Beruf eigentlich Fotograf, aber das brachte ihm nicht viel ein. Er wurde Schriftsteller, und es gelang ihm, eine Zeitlang mit Abenteuerromanen gut zu verdienen. Er sah seine Laufbahn bereits gesichert, da mußte der Verlag Konkurs anmelden, und kein anderer Verlag wollte seine Bücher haben. Da er schon immer Rollen im Leben gespielt hatte und es ihm Spaß machte, versuchte er es mit dem Theater. Und siehe da, er wurde angenommen und war bereits das sechste Jahr am Schauspielhaus, als Maria engagiert wurde. Er erzählte Maria über diese Etappen seines Lebens heiter, sich selbst kritisch einschätzend, ohne sich dabei allzu wichtig zu nehmen.

Seine kameradschaftliche Art flößte Maria Vertrauen ein. Sie fragte ihn vieles, weil er die Stadt und das Theater ja aus jahrelanger Erfahrung kannte, und sie war erstaunt, wie er sofort verstand, warum sie fragte. Er lächelte, als sie ihm von der merkwürdigen Haltung einiger Kollegen berichtete, die sie nicht verstünde.

„Da wundern Sie sich? Das ist doch einfach zu verstehen", sagte er. „Der Intendant hat was übrig für Sie, das müssen Sie gemerkt haben. Wissen Sie, was er gesagt haben soll, als er sie engagiert hat? ‚Ich werde den Münchnern das Idealbild einer deutschen Frau zeigen.' Warum lächeln Sie? Mit Ihrer Solveig hat er ja die Bestätigung."

„Ich weiß nicht, ob Sie recht haben mit dem Intendanten. Aber was hat das mit der Haltung der Kollegen zu tun?"

Mario Montegasso schüttelte den Kopf. „Aber Maria, Karl Fürbringer ist nicht nur Intendant, er ist ein Freund von Ministerialrat Otto Laubinger, dem Präsidenten der Reichstheaterkammer. Er ist eine wichtige Erscheinung im nationalsozialistischen Theaterleben. Keiner der Kollegen will es sich mit ihm verderben."

Maria blickte Montegasso überrascht an. „Ach, so meinen Sie, ist das?"

„Ja, so ist das!"

Das Ensemble des Jüdischen Theaters unterschied sich in keiner Weise von anderen, die Mark kennengelernt hatte. Es gab angenehme und weniger angenehme Kollegen, solche, zu denen man sofort Kontakt bekam, und solche, die einem gleichgültig oder sogar unsympathisch waren. Was sie alle bis zu einem gewissen Grade verband, war der Zwang des gemeinsamen Schicksals.

Als erstes mußte Mark eine Rolle in einem Stück übernehmen, das schon seit Eröffnung des Theaters auf dem Spielplan stand und von Zeit zu Zeit wieder aufgeführt wurde, den Tempelherrn in „Nathan der Weise". Der Schauspieler, der die Rolle gespielt hatte, war ausgeschieden. Kollegen behaupteten, ihm sei die Ausreise genehmigt worden, andere tuschelten, man habe ihn abgeholt. Seltsamerweise wußte niemand Genaueres. Dr. Laumann sprach nicht darüber. Die Fluktuation unter den Schauspielern war groß, das erschwerte die Spielplangestaltung zusätzlich.

Mark hatte den Tempelherrn schon in Magdeburg gespielt, es war keine große und auch keine besonders interessante Aufgabe, aber er freute sich, endlich wieder arbeiten zu können, endlich wieder unter Schauspielern zu sein.

Die Recha hatte damals Maria gespielt. Die Schauspielerin, die sie hier spielte und die Mark bei der Umbesetzungsprobe kennenlernte, hieß Judith Baumann. Durch sie erfuhr er, daß das Stück bei seiner Premiere 1933 ein großer Erfolg gewesen sei, daß es aber im Theater selbst und im Kulturbund heftige Auseinandersetzungen gegeben habe.

„Auseinandersetzungen?“ fragte Mark erstaunt. „Beim ‚Nathan‘? Ich kann mir vorstellen, daß die Nazis etwas dagegen hatten, zu Lessings Zeiten konnte es ja auch nicht aufgeführt werden. Aber wir? Es ist *das* Stück, in unserer Situation!“

Judith Baumann blickte den neuen Kollegen mit ihren großen dunklen Augen prüfend an. „Gerade in einer so extremen Situation wie der unseren kommt man leicht zu extremen Auffassungen, Auslegungen. Laumann, der das Stück inszenierte, ließ die ganze Verwandtschaft am Schluß in gehobener Stimmung abgehen, Nathan aber blieb einsam zurück und ging dann langsam, wie gebrochen in sein Haus. In diesem Abgang, meinte die ‚Jüdische Rundschau‘ damals, sei etwas vom jüdischen Schicksal angedeutet.“

„Ganz gegen die Absichten Lessings“, ereiferte sich Mark. „Man kann ihm doch nicht unterstellen, was er nicht beabsichtigte.“

Judith Baumann lächelte. „Siehst du, und du fragst, was es da für Auseinandersetzungen geben könne. Übrigens hat man Autoren schon oft unterstellt, was sie nicht beabsichtigten. Aber es gab in der Presse auch andere Auffassungen über die Inszenierung. Der ‚Schild‘ schrieb, dieser ‚Nathan‘ sei das ‚Evangelium der Toleranz‘, und eine andere Zeitung war der Ansicht, daß das Jüdische Theater berufen sei, ‚Schätze deutscher Geisteskultur in liebevolle Obhut zu nehmen‘.“

Jetzt lächelte auch Mark. „Hat man das durchgelassen? Es klingt etwas anmaßend.“

„Es klingt anmaßend, und die Zeitung wurde verwarnt“, gab Judith Baumann zu. „Aber es ist doch so.“

Judith Baumann gefiel Mark. Er verglich sie mit Maria. Maria war schön. Judith war in landläufigem Sinne eher häßlich. Auf einem schlanken Körper saß ein beinahe viereckiger

Kopf mit hoher Stirn, schmaler, etwas zu großer Nase, blutleeren, blassen Lippen und markantem Kinn. Nur die Augen waren schön, so schön, daß sie einen anderes vergessen ließen.

Sie beschäftigte Mark, obwohl er sich das nicht eingestehen wollte. Als Frau kommt sie für mich überhaupt nicht in Frage, redete er sich ein. Sie ist eine nette Kollegin, und ich unterhalte mich gern mit ihr.

Sie wohnten beide in Wilmersdorf, und von dem Haus, in dem er wohnte, war es ein Katzensprung zu dem ihren. So ergab es sich von selbst, daß er sie morgens abholte und sie zusammen zum Theater fuhren.

Sie war mit einem Arzt verheiratet gewesen, über den zu reden ihr offensichtlich schwerfiel. Er war Arier, und man hatte ihn in dem Krankenhaus, in dem er arbeitete, vor die Alternative gestellt, sich von ihr zu trennen oder das Krankenhaus zu verlassen. Sie wußte, wie sehr er an seinem Beruf hing, aber mit ihr hätte man ihn als Arzt nirgends eingestellt. Er wollte sich von ihr nicht trennen, er hing auch sehr an dem achtjährigen Sohn. Er sprach davon, ins Ausland zu gehen und sich eine neue Existenz aufzubauen. Aber sie wußte von ihren Eltern, daß man sich ohne das nötige Geld keine Existenz aufbauen konnte. Ihr Vater, ein in Breslau angesehener Gynäkologe, hatte in Brüssel alles versucht, Arbeit zu finden. Aber die Gesetze waren streng, und sie verboten Ausländern jegliche Tätigkeit. Nur der Mutter war es gelungen, als Sprechstundenhilfe unterzukommen, doch auch das mußte geheimgehalten werden. Judith wollte ihrem Mann das nicht antun, sie bestand auf Scheidung. Den Sohn konnten sie bei ihrer Schwester in Kanada unterbringen, der es anscheinend recht gut ging. „Ich bin froh, daß der Junge fort ist", sagte sie zu Mark, und ihre Stimme war heiser, „doch die Trennung ist das schwerste für mich."

Ein Alltagsschicksal heute, dachte er.

Er sprach nicht über sich, nur von seinem Vater erzählte er und daß er den Augenblick nicht vergessen könne, dieses Ausgeliefertsein eines Menschen, für den Gesetze Lebensinhalt gewesen.

Judith Baumann wohnte bei einem jüdischen Ehepaar in Untermiete, das sich nicht um sie kümmerte, die Leute hatten genug eigene Sorgen. Mark hatte Judith schon einige Male besucht, sie hingegen war nie zu ihm gekommen.

„Bist du eigentlich verheiratet?" fragte sie ihn eines Tages geradezu.

Diese direkte Frage war ihm unangenehm. „Meine Frau ist nicht in Berlin", wich er aus.

„Ich will mich nicht in deine Geheimnisse mischen", entschuldigte sie sich.

Er ging darauf nicht ein. Einige Tage vermied er, zu ihr zu kommen, aber die Besuche bei ihr waren ihm zum Bedürfnis geworden. Sie las viel und regte ihn an, manches zu lesen, was er noch nicht kannte. „Das können sie uns nicht nehmen", sagte sie. „Vielleicht ist es eine Flucht, aber auch das Theater ist eine Flucht."

Auch über manches, was draußen, außerhalb ihrer Enklave, geschah, berichtete sie ihm. Daß Hitler München zur „Hauptstadt der Bewegung" erklärt hatte. Oder daß der Stahlhelm aufgelöst worden war, wegen seiner Konkurrenz zur SA. Er mußte an Baumgart denken, für den solche Meldungen auch immer irgendwelche konkrete Bedeutung hatten, ihm sagten sie nicht viel. Nur die sich ständig verschärfenden Judengesetze gingen ihn an, mußten ihn angehen, und das Theater. Das in erste Linie.

Der „Sommernachtstraum" in der Inszenierung von Friedrich Rüster wurde zu einem großen Erfolg des Theaters. Sicher war er von der Reinhardtschen Aufführung stark beeinflußt, aber was schadete das. Rüster, selbst ein ausgezeichneter Schauspieler, konnte mit Schauspielern umgehen, wußte bei jedem, wie er ihn anzufassen hatte, womit er ihn bekommen konnte.

Mark spielte den Lysander und Judith die Hermia.

Das Publikum, froh, daß es in einer Zeit, in der es nichts zu lachen gab, lachen konnte, applaudierte stürmisch.

Nach einer kurzen Premierenfeier, die im Theater stattfand, fragte Judith, ob Mark noch zu ihr kommen wolle. Sie habe eine Flasche Wein, die sie zusammen trinken könnten.

Vieles in Mark wehrte sich, dieser Einladung zu folgen. Aber konnte er absagen? Wollte er absagen? Sie schien zu erraten, was in ihm vorging. „Aber wenn du zu müde bist …", sagte sie.

Hatte da nicht auch ein wenig Spott mitgeklungen? „Ich bin nicht müde", antwortete er. „Natürlich komme ich mit."

Das alte Ehepaar schlief schon. Sie bemühten sich, keinen Lärm zu machen.

Judith goß ein. „Auf was trinken wir?" fragte sie. Sie stand vor ihm, schmal, fast zerbrechlich, mit dunklen brennenden Augen. „Auf alles, was wir lieben", sagte er.

„Auf alles, was wir lieben", wiederholte sie.

Langsam, ganz langsam, legte sie ihre Arme um seinen Hals. „Du liebst sie sehr?" fragte sie.

„Ich liebe sie sehr", antwortete er.

Sie schloß die Augen. „Ich liebe meinen Mann auch sehr." Dann küßte sie ihn.

Er sträubte sich nicht mehr. Er war schon zu lange allein. Ich nehme ihr ja nichts, dachte er. Ich liebe sie ja.

In Judiths Umarmung dachte er an Maria.

Der Hinweis Montegassos war ein wichtiger Fingerzeig für Maria. Möglich, daß der Intendant, wie Montegasso sagte, etwas für sie übrig hatte, aber viel wichtiger war, daß er sie als Pluspunkt für seine nationalsozialistischen Zwecke einsetzte. Das wollte sie ausnützen. Und sie beschloß, für eine Zeit die Rolle der „deutschen Frau" zu spielen.

Sie weihte Mario, wie sie ihn bald nannte, in ihr Vorhaben ein. Er war Feuer und Flamme. Dieses Spiel im Leben kam seinen Neigungen, seinem ganzen Wesen entgegen. Wie ein Regisseur legte er Schachzug um Schachzug mit ihr fest. „Wenn der Gauleiter von Bayern, Wagner heißt er, verlangt, daß du ihm nach der Vorstellung vorgestellt wirst, weigerst du dich zuerst, du hättest Hemmungen. Fürbringer wird darauf bestehen, dann sagst du ihm, mit niedergeschlagenen

Augen, du verstündest nicht, daß gerade er darauf dringe. Das wird ihm schmeicheln, andererseits kann er es sich mit dem Gauleiter nicht verderben. Du spielst die Gekränkte und begegnest dem Gauleiter mit kühler Höflichkeit. Das ist er nicht gewohnt, und es wird ihn verblüffen. Ich arbeite dir einen Text aus und studiere ihn mit dir ein."

Es funktionierte, wie es nicht besser hätte funktionieren können. Fürbringer, der annahm, Maria, die ihm offensichtlich Gefühle entgegenbrachte, tief enttäuscht zu haben, bemühte sich, sie wieder zu versöhnen. Der Gauleiter, von der Zurückhaltung der jungen Schauspielerin eher angetan als gekränkt, sprach von ihr nur noch als von der „kühlen Blonden", was bei ihm, dem Biertrinker, doppelte Bedeutung hatte.

Ganz anders benahm sie sich bei Dr. Dietrich, dem Reichspressechef. Auch er hatte gewünscht, daß sie ihm vorgestellt werde.

„Wie fühlen Sie sich in München?" fragte er. „Sie haben es, wie ich von allen Seiten höre, im Fluge erobert."

„Sie sind zu freundlich, Herr Doktor, aber München, verzeihen Sie, kann man nicht im Fluge ‚erobern'! Man muß seine Gunst erringen und immer von neuem erringen!"

„Gut geantwortet, aber noch nicht auf meine Frage", sagte der Reichspressechef wohlwollend. „Ich wollte wissen, wie Sie sich fühlen, und möchte erweiternd fragen, wie Sie sich in dem Theater fühlen."

„Das Theater gibt mir Rollen, Herr Dr. Dietrich, wie eine junge Schauspielerin sie früher kaum zu erträumen gewagt hätte. Aber", sie machte eine Pause und sah den Intendanten an, „ich möchte nicht unterlassen zu vermerken, daß das Theater unter Herrn Fürbringer Stücke auf die Bühne bringt, die lange Zeit nicht gespielt werden konnten, weil sie nicht in die Richtung paßten, und die uns Schauspielern Rollen bieten, die zu verkörpern wir endlich Gelegenheit haben."

„Gut, sehr gut", sagte der Reichspressechef zufrieden und nickte dem Intendanten zu. „Sie greifen hier einen wichtigen

Aspekt auf. Sie haben die Käthe in den ‚Bauern' gespielt. Auch einer Ihrer großen Erfolge. Wie stehen Sie zu dem Stück?"

Auf diese Frage hatte Maria sich besonders vorbereitet. Mario hatte sie auf die Kritik eines unbedeutenden Rezensenten in einer ebenso unbedeutenden Zeitung hingewiesen, und sie hatte den Schwulst auswendig gelernt. „Es ist ein Stück von lächelnder Wehmut und erschütternder Schicksalsgebundenheit. Es atmet den Duft der deutschen Heimatscholle und wurzelt in heiligem, mit Herzblut genährtem Bauerntum."

Herrgott, er muß doch merken, daß das nicht auf meinem Mist gewachsen ist, dachte Maria. Das Zeug kann doch kein Mensch menschlich sprechen.

Aber der Reichspressechef schien nichts gemerkt zu haben. „Wie schön Sie das gesagt haben", lobte er. „Ich habe mich gefreut, Sie kennengelernt zu haben, Fräulein Rheine."

„Das haben Sie sehr geschickt gemacht, Maria", sagte Fürbringer, als der Reichspressechef gegangen war. „Ich danke Ihnen. Dr. Dietrich hat großen Einfluß."

Sogar den Führer selbst lernte Maria kennen. Im Bürgerbräuhaus fand zur Erinnerung an den Hitlerschen Putsch am 9. November eine Feier statt. Nur Auserwählte wurden dazu geladen. Vom Theater außer dem Intendanten nur der erste Held Heinz Reingruber und sie.

„Ob ich diesmal nicht krank werde?" fragte sie Mario Montegasso. „Es gefällt mir nicht ..."

„Aber warum denn, es ist bestimmt ganz interessant für dich, diesen Mann kennenzulernen."

Maria sträubte sich. „Alles an ihm ist mir widerlich. Sein komisches Bärtchen, seine angeklatschten Haare, seine hektische, ekstatische Art, seine scheußliche Sprache, die weder österreichisch noch deutsch ist."

Maria wußte inzwischen, daß sie mit Montegasso so reden konnte.

„Du springst ja nicht schlecht mit ihm um", sagte er belustigt. „Hast du ihn schon reden gehört?"

„Na hör mal. Natürlich. Weißt du, wie ihn ein Kollege in Magdeburg genannt hat? Den erigierten Spießer."

Jetzt lachte Mario. „Nicht schlecht. Aber im Leben ist er anders. Man muß alles kennenlernen, um sich ein Urteil bilden zu können. Außerdem wäre es sinnlos, sich krank zu melden. Und absagen kannst du nicht."

„Dieser Zwang ist schrecklich", seufzte Maria. „Er würde es doch gar nicht bemerken. Da kommen so viele hin."

„Vielleicht doch, das weißt du nicht. Aber wenn auch, Fürbringer würde es übelnehmen. Du bist schließlich sein Paradepferd."

Sie überlegte lange, was sie anziehen solle, die Frauen dieser „Persönlichkeiten" kleideten sich gewiß sehr elegant. Sie entschied sich für ein ganz schlicht wirkendes Kleid, zeitlos, aus stumpfem Samt, als einzigen Schmuck eine rote Rose. Die Haare flocht sie in Zöpfen und legte sie um den Kopf. „Wie findest du mich?" fragte sie Mario.

„Du siehst wunderbar aus." In seiner Stimme klang mehr als bloße Bewunderung mit. „Unkonventionell und doch feierlich. So kannst nur du aussehen."

Sie lächelte dankbar. „Mir ist ganz scheußlich zumute."

„Schade, daß ich dich nicht begleiten kann."

„Ja, schade. Ich wäre sehr viel ruhiger."

Heinz Reingruber erwartete sie vor dem Eingang. Maria hatte ihn darum gebeten. Sie hatte eine unerklärliche Scheu, allein hineinzugehen. Reingruber war in vielen Stücken ihr Partner, und sie hatten mit der Zeit einen kameradschaftlichen Ton zueinander gefunden. Er hatte ihr einmal anvertraut, welche Sorgen er sich mache, weil seine Frau Halbjüdin sei und er nicht wisse, ob sie zusammenbleiben könnten. „Wir haben ein Kind", sagte er. „Es ist vieles so verworren und unbegreiflich, du kannst dir das bestimmt nicht vorstellen."

„Ich kann es mir vorstellen", sagte sie. „Ich würde nicht an Scheidung denken, ehe es nicht unbedingt notwendig wird. Aber vielleicht wird es nicht notwendig."

Er hatte ihr gesagt, daß er froh sei, von ihr verstanden zu werden. Gerade von ihr.

„Ich bin eine Frau", hatte sie nur bemerkt.

„Du siehst blendend aus", sagte er ihr jetzt, „da kommt der Intendant, um dich zu begrüßen. Vielleicht sehen wir uns nachher noch."

Sie kam nicht dazu, ihm zu antworten. Fürbringer hatte sich durch die hereinströmenden Gäste zu ihr durchgedrängt. Er schien aufgeregt. „Der Führer hat den Wunsch geäußert, Sie kennenzulernen, Maria. Er hat Sie neulich in ‚Maria Stuart' gesehen. Ich bringe Sie zu ihm."

Er machte ihr den Weg frei zu einem separierten Raum, in dem Adolf Hitler in Gesellschaft einiger Größen der Partei stand. Als er sie bemerkte, wandte er sich ihr zu. Es ist die ekelhafteste Rolle, die ich in meinem Leben gespielt habe, dachte sie. Mit erhobenem, gestrecktem Arm sagte sie ihr stereotypes „Heil Hitler". Er nickte nur. Seine militärische Forschheit schien er abgelegt zu haben. Er betrachtete sie ohne Hemmungen und sagte anerkennend: „Sie haben Stilgefühl. Ich habe Sie vergangenen Mittwoch in der ‚Maria Stuart' gesehen."

Wie genau er noch den Tag wußte, da er im Theater war. „Sie haben die Maria richtig gespielt, verstehen Sie, was ich damit sagen will?"

„Ich weiß nicht, mein Führer ..."

Er unterbrach sie, wie ihr schien, etwas ärgerlich. „Reden Sie nicht drumherum. Sie verstehen nicht. Ihre Maria war von Anfang an verloren. Sie hatte aufgegeben, sie glaubte nicht mehr an sich. Sie haßt die Elisabeth, aber sie hat ihr außer dem Haß nichts entgegenzusetzen. So verspielt sie, so muß sie verspielen. Wer sich selbst aufgibt, ist verloren. Das haben Sie gezeigt, auch wenn Sie's vielleicht nicht beabsichtigt haben."

„Vielleicht, mein Führer, aber ich werde es von nun an absichtlich so spielen."

Er schien ihre Worte ganz selbstverständlich zu finden. Kurz erkundigte er sich nach ihren weiteren Absichten, wünschte ihr weiterhin viel Glück und große Erfolge und verabschiedete sich. Über seine Worte zu ihrer „Maria" mußte sie noch lange nachdenken.

In einem Brief an Mark schrieb sie: „... er ist anders als auf den Versammlungen oder im Rundfunk. Wenn ich sage, menschlicher, so stelle ich damit vielleicht nur den Grad der Unmenschlichkeit fest – mir fällt kein besserer Ausdruck ein –, den er immer bei mir hinterließ. Seine Worte über meine ‚Maria' zeigen, wie sehr er alles von dem einen Standpunkt aus sieht: dem der Autorität. Er ist im Grunde allein, Mark, und nur durch die ständige Willensanstrengung macht er die Menschen glauben, daß er Wunder wirken kann. Ich vereinfache sicher, aber etwas von meinem Eindruck, glaube ich, trifft zu."

Keinem, auch nicht Montegasso, hatte Maria etwas von ihren Beziehungen zu Mark gesagt. Mario verstand Maria nicht. Eine junge, schöne Frau und lebte ganz allein. Oder? Er verstand sich auch selbst nicht. Es war etwas geschehen, was er nicht für möglich gehalten hätte, er, der mit leichten Mädchen immer zufrieden gewesen war, der eine ständige Freundin beim Ballett des Opernhauses hatte, verliebte sich in die junge Kollegin, er verfiel ihr. Daß sie seine Huldigungen nicht ernst nahm, ihm, dem um fünfzehn Jahre Älteren, aber mit einem freundlichen Lächeln dankte, wenn er ihr kleine Aufmerksamkeiten erwies, schwächte seine Liebe nicht, sondern verstärkte sie. Ein einziges Mal, als er eine Andeutung machte, was sie ihm bedeute, wurde sie ernst und sagte: „Wir können Freunde sein, Mario, nicht mehr. Wenn dir das nicht genügt, müssen wir Schluß machen. Nicht, daß du mir nicht gefällst, aber da ist etwas in meinem Leben, worüber ich nicht reden möchte. Wenn du das akzeptierst, ist es gut, wenn nicht ..."

„Ich akzeptiere es", sagte er, „ich würde alles akzeptieren, Maria."

Manchmal stellte sie ihm sonderbare Fragen. „Weißt du eigentlich, daß es bei uns ein jüdisches Theater gibt?"

„Ich weiß es", antwortete er. „Ich weiß es sogar von einem Mann, der Hinkel selbst gut kennt."

„Hinkel?" fragte sie. „Wer ist das?"

„Er war schon 1921 Nationalsozialist", erklärte Montegasso. „Aber seine politische Karriere soll zunächst trotz goldenem Parteiabzeichen und niedriger Parteinummer nicht so gewesen sein, wie er es erwartet hatte. Er gründete zwar 1923 den Kampfbund für deutsche Kultur, setzte aber später auf das falsche Pferd."

„Wieso auf das falsche Pferd?"

„Interessiert dich das denn?" fragte Montegasso verwundert.

„Natürlich, das ist doch interessant."

„Er setzte auf Rosenberg und verärgerte Goebbels. Für kurze Zeit verschwand er von der Bildfläche, ab 1929 aber arbeitete er in der Berliner Redaktion des ‚Völkischen Beobachters'. Seit 1933 ist er Staatskommissar im preußischen Ministerium für Wissenschaft, Kultur und Volksbildung und wurde etwas später Leiter des Theaterausschusses. In dieser Eigenschaft unterstehen ihm auch die jüdischen Kulturbünde und die jüdischen Theater."

„Daß du das alles weißt", sagte Maria anerkennend. „Kannst du dir vorstellen, warum die Nazis das dulden, ja warum sie es sogar fördern? Einen jüdischen Kulturbund? Jüdische Theater?"

„Dafür sind wahrscheinlich unterschiedliche Gründe maßgebend", antwortete Montegasso. „Bei verschiedenen Nazigrößen und Nazigruppen ist man der Ansicht, daß es falsch sei, die jüdische Kultur zu unterstützen, andere befürworten es. Die Sache ist noch nicht ausgetragen. Hinkel gehört zu den Befürwortern. Er hat wirklich etwas übrig fürs Theater, hat auch manches darüber geschrieben. Persönlicher Ehrgeiz scheint aber auch eine Rolle zu spielen."

„Persönlicher Ehrgeiz?"

„Diese jüdischen Kulturbünde gehören zu Hinkels Bereich. Er hat allein darüber zu bestimmen. Aber es gibt natürlich auch andere, allgemeinpolitische Motive. Der jüdische Kulturbund soll der Welt zeigen, wieviel Freiheit der nationalsozialistische Staat den Juden läßt, solange sie sich in ihrer eigenen Sphäre bewegen. Diese außenpolitischen Absichten klingen in allen Veröffentlichungen der Nazis durch."

„Und du glaubst nicht, daß sie den Juden wirklich allmählich gewisse Freiräume lassen wollen?"

Montegasso überlegte. „Gewisse Freiräume?" Er nickte. „Ja, so kann man es auch nennen. Die Betonung liegt bei ‚gewisse'. Ich weiß zufällig durch einen Bekannten von einem Schreiben der Kreisleitung der NSDAP, Parteistelle Dortmund, an Hinkel, in dem man Auskunft über die Funktion und Notwendigkeit des jüdischen Kulturbunds verlangte. Hinkel antwortete, damit sei der Zusammenschluß der Juden in einer von der Staatspolizei und den übrigen Parteistellen überwachten Organisation gegeben. Maßgebend sei hierfür neben außenpolitischen Absichten die einfache Möglichkeit, das geistig-künstlerische Judentum in einem Verband zusammenzufassen, in dem von Juden nur für Juden Kunst gemacht wird."

„Unwahrscheinlich", sagte Maria, und Montegasso wußte nicht, ob sie das anerkennend oder ablehnend gesagt hatte. „Was du für merkwürdige Bekannte hast."

Es waren unterschiedliche Beweggründe gewesen, die Maria dazu gebracht hatten, auch im Leben Theater zu spielen. Sie hatte geglaubt, durch die Stellung, die sie sich aufbaute, für Mark etwas erreichen zu können. Sie wußte von einigen bekannten Schauspielerinnen, die sich für jüdische Kollegen eingesetzt und für diese Sonderbedingungen erreicht hatten. Bald aber sah sie, daß sie sich verrechnet hatte. Die Nazis bemühten sich, sie viel mehr als bisher in ihren Kulturbereich einzubeziehen. Sie versuchte sich bei den verschiedensten Gelegenheiten mit Arbeitsüberlastung herauszureden, aber es gelang ihr nicht immer. Während einer Kulturkonferenz, bei der sie anwesend sein mußte, traf sie auf der Treppe mit Needer zusammen. Sie erschrak.

Er begrüßte sie, als sei nie etwas zwischen ihnen gewesen.

„Meinen Glückwunsch, Maria. Ich war immer schon überzeugt, daß du es zu etwas bringen wirst. Du hast es erreicht. Nun hast du dich ja doch von deinem Juden getrennt."

Sie mußte sich zusammennehmen, aber es gelang ihr, sich zu beherrschen. „Manches ändert sich mit der Zeit und mit der Erkenntnis", sagte sie betont freundlich. „Als Mitglied der KPD hättest du dir ja auch nicht träumen lassen, einmal der NSDAP anzugehören, und noch dazu der SS."

Needers Lippen wurden zu einem Strich, dann lachte er auf. „Gut gebrüllt, Löwe. Man lernt dazu. Man lernt um. Weiterhin Glück auf den Weg."

Was Montegasso ihr über den Zweck der jüdischen Kulturbünde gesagt hatte, war auch nicht dazu angetan, ihre Hoffnungen, daß die Nazis sich doch eines Tages mit den Juden arrangieren würden, zu bestätigen.

Fürbringer drang darauf, mit ihr einen neuen Vertrag für das Jahr neunzehnhundertfünfunddreißig abzuschließen. Eigentlich wollte er sie vertraglich für drei Jahre binden. Sein Angebot sei ehrenvoll, sagte sie, aber es widerstrebe ihr, sich für so lange Zeit festzulegen, sie sei überzeugt, daß er das verstehe.

Das Jahr neunzehnhundertvierunddreißig ging zu Ende. Weihnachten gelang es ihr, für zwei Tage frei zu bekommen. Eine Kollegin erklärte sich bereit, sie an diesen Tagen in einem Märchenspiel zu vertreten. Fürbringer war mit dieser Lösung einverstanden. Sie hatte ihm erklärt, daß sie unbedingt ausspannen müsse und daß sie ihren Vater, an dem sie sehr hänge, gern sehen wolle.

„Spannen Sie aus, Maria", sagte er und behielt ihre Hand in der seinen. „Erholen Sie sich, Sie werden Ihre Kraft brauchen. Es sind keine kleinen Aufgaben, die im kommenden Jahr vor Ihnen stehen."

Sie sollte in Ibsens „Nora", in Schillers „Maria Stuart" und in der „Jungfrau von Orleans" die Titelrollen spielen. Die „Heilige Johanna" von Shaw, die man zuerst bringen wollte, war „unerwünscht".

„Ich freue mich sehr auf die Arbeit", sagte Maria, „und ich

wäre froh, wenn Sie die Stücke, in denen ich spiele, selbst inszenierten."

Das war keine bloße Schmeichelei, Fürbringer wußte das. Er zog ihre Hand an seine Lippen, und Maria ließ sie ihm. Aber sie war erleichtert, als die Sekretärin anrief und ihm mitteilte, daß Herr Kaiser, der Regisseur, den Intendanten gern einen Augenblick sprechen wolle. Es sei wichtig.

„Daß man niemals seine Ruhe hat", seufzte Fürbringer verärgert und bat den Regisseur herein.

Mark sah dem Besuch Marias mit zwiespältigem Gefühl entgegen. Sosehr er sich freute, sie wiederzusehen, belastete ihn doch ein Schuldgefühl, das er nicht abzuschütteln vermochte. Es war lächerlich, in seiner Beziehung zu ihr hatte sich nichts geändert, er liebte sie, er liebte nur sie, aber er konnte gegen dieses Relikt einer veralteten Moral nicht an. Auch Judith gegenüber fühlte er sich schuldig, wenngleich er sie über seine Gefühle zu Maria nie im unklaren gelassen hatte. Er fragte sich, ob er Maria seine Beziehung zu Judith nicht beichten sollte, aber er verwarf diesen Gedanken wieder. Wozu? Er hätte Maria weh getan und keinem genützt.

Er hatte sich nur für einen Tag frei machen können. Sie wohnten beide wieder bei Marias Vater, der sich freute, seine Kinder bei sich zu haben.

Weihnachtsabend unter dem Lichterbaum. Das Radio spielte Weihnachtslieder, es gab Geschenke, und man bemühte sich krampfhaft, nicht auf Politik zu kommen. Aber wie konnte man das, war doch das Leben in all seinen Erscheinungsformen politisiert.

Die Hoffnungen, daß Hitler abwirtschaften werde, schienen nicht in Erfüllung zu gehen. Das Ausland begann sich auf Hitler einzustellen, man schien seinen Friedensbeteuerungen sogar Glauben zu schenken. Die Konjunktur, die nach der schwersten Krise der letzten Jahre eingesetzt hatte, die Tatsache, daß immer mehr Arbeitslose in den Arbeitsprozeß eingegliedert wurden, ließen manchen an einen Aufschwung glauben. Es war alles unerfreulich und bedrückend.

Maria versuchte die Stimmung zu lockern, indem sie von ihren Begegnungen mit den Nazigrößen erzählte, von ihrer Rolle nicht nur im Theater, auch von ihren Erfolgen, die sie zu einem großen Teil ihrem Typ verdanke, aber diese Erzählungen weckten in diesem Kreis nur geteilte Empfindungen, auch wenn Mark meinte, es sei trotzdem ein Glück, daß sie in der Arbeit Erfüllung finde. In den Theatern des jüdischen Kulturbundes sagte er, seien die deutschen Romantiker in der nächsten Spielzeit von Aufführungen ausgeschlossen, um deutsche Nationaldichtung nicht durch jüdische Interpretation entstellen zu lassen. Goethe falle vorderhand noch nicht unter dieses Verbot. Ausländische Dramatiker dürften nur aufgeführt werden, wenn sie mehr als fünfzig Jahre tot seien, also nicht mehr tantiemepflichtig. Einige Autoren wie JB Priestley und Franz Molnár hatten auf ihre Honorare verzichtet, sie konnten gespielt werden, aber andere, die ebenfalls verzichten wollten, wurden von der Zensur abgelehnt, weil das Ministerium etwas gegen ihre Person einzuwenden hatte. „Er hat es nicht einfach mit der Zensur, der jüdische Kulturbund“, sagte Mark mit komischem Bedauern, „selbst Worte wie ‚deutsch‘ oder ‚blond‘ müssen gestrichen werden.“

Sie lachten über diese Zensur, die jene der alten Preußenzeit noch übertraf, aber es war ein freudloses, hilfloses Lachen. Anneliese fragte, ob man von Mark nicht verlange, daß er seine blonden Haare färbe, wenn schon das Wort „blond“ der Zensur unterliege.

Maria fand Mark verändert. Er schien gealtert. Immer noch war er ein gutaussehender Mann, aber das Jugendlich-Strahlende war fort. Er schien reifer, ernster, in sich gekehrt. Sie glaubte, ihn so nur noch mehr zu lieben. Trotzdem war ihr etwas fremd an ihm.

„Was hast du?“ fragte sie nachts in seinen Armen. „Du bist anders, Liebster. Liegt es an mir?“

Er verschloß ihr den Mund mit seinen Küssen. „Ich liebe dich, und du warst so lange fort. Ich liebe dich!“

Am nächsten Tag erzählte sie, daß sie Needer getroffen und was er ihr gesagt hatte.

Mark stutzte, sah sie forschend an und fragte: „Glaubt Needer, jetzt bei dir ankommen zu können?"

Maria schüttelte den Kopf. „Er weiß, daß er keine Aussichten hat." Nach einer kurzen Pause sagte sie: „Wir sollten heiraten, Mark. Dann wissen alle, wie sie mit uns dran sind."

Professor Rheine riet von einer überstürzten Heirat ab. Vielleicht ändere sich doch noch manches, so wie es jetzt sei, könne es nicht weitergehen, er wenigstens könne sich das nicht vorstellen. Heiraten könnten sie jederzeit, aber eine Chance, wie Maria sie als junge Schauspielerin in München habe, würde sie so bald nicht wieder bekommen.

Mark war einverstanden. Er dachte an Judith, aber er befürchtete auch, daß man es als Egoismus auslegen könnte, wenn er auf Marias Vorschlag einging.

Maria selbst befand sich in einem Zwiespalt: Einerseits spürte sie, daß Mark sie brauchte und daß die ständige Trennung sich nicht günstig auf ihre Beziehungen auswirkte, andererseits war sie zu sehr Künstlerin, als daß die Rollen, die sie in der kommenden Saison spielen sollte, sie nicht gereizt hätten.

Sie beschlossen, zumindest das laufende Jahr noch abzuwarten. Maria versprach, jeden freien Tag in Berlin zu verbringen. Aber es gab wenig freie Tage, und Maria war zu sehr im Spielplan. Morgens Proben, nachmittags Lernen der Rollen, abends Vorstellungen, es blieb kaum Zeit für die notwendigen Besorgungen.

Als Maria in den Sommerferien endlich vier Wochen nach Hause fahren konnte – wie hatte sie sich auf diese Tage gefreut –, entsprach die Wirklichkeit nicht mehr ihren Erwartungen. Warum, hätte sie nicht sagen können. Sie wehrte sich gegen solche Gedanken. Wir dürfen uns nicht fremd werden. Ich liebe Mark, und er liebt mich, aber es ist etwas Verzweifeltes in seiner Liebe, etwas, daß ich mir nicht erklären kann, grübelte sie. Er ist stolz auf mich und meine Erfolge, doch gleichzeitig demütigen sie ihn. Er würde das nie zugeben, er gesteht es sich selbst nicht ein, aber sicher ist es so. Wenn wir heiraten, wird das anders werden. Vielleicht sehe ich das auch falsch, aber irgend etwas ist mit ihm geschehen, geschieht mit ihm. Ich muß ihm helfen. Nur noch dieses Jahr.

Die „Jungfrau von Orleans" im September 1935 wurde Marias größter Erfolg. Es war nicht mehr Schillers Heldenmädchen, auch nicht die kindlich-jungfräuliche Johanna von Shaw, in der die Bergner so unnachahmlich gewesen, es war die Johanna ihrer Zeit, fanatisiert, mit dem krankhaft überhöhten Glauben an sich. Es hätte ein BDM-Mädchen sein können, nur daß es anstelle von „Führer" „Jesus Christus" setzte.

Diese Johanna riß die Franzosen mit, in einer Zeit, in der sie aufgehört hatten, an sich selbst zu glauben. Sie riß den schwächlichen König mit, daß er wieder zum König wurde. Sie riß seine Gefolgsleute mit, von denen einige an ihr zweifelten. Aber die Erfolge gaben ihr recht.

Auch die Kirche bediente sich ihrer, solange sie ihr nützlich erschien. Aber Johanna scheiterte an einem menschlichen Gefühl, der Liebe. Sie verlor ihre suggestive Kraft. Die Kirche gab sie auf, sie blieb auf der Strecke, weil man im Alleingang Geschichte nicht verändern kann.

Das war die Konzeption, die Maria sich zurechtgelegt hatte. Nur mit Montegasso sprach sie darüber, mit keinem sonst. Auch nicht mit Fürbringer, dem Regisseur, der überzeugt war, daß sie seinen Intentionen folgte, daß er sie formte, wie er sie haben wollte, als ekstatisches Gewissen ihres Volkes. In gewisser Weise stimmten sie da auch überein.

Das Publikum hörte nicht auf zu klatschen. Maria mußte wieder und wieder vor den Vorhang, zuletzt sogar allein.

„Das war ein Triumph", sagte die Garderobiere, die Maria beim Auskleiden half. „So was hab ich nur beim Gastspiel der Bergner erlebt." Sie erinnerte sich plötzlich, daß sie eben gut von einer Jüdin gesprochen hatte, und schwieg betroffen.

Da sie das Gespräch aber gern fortsetzen wollte, fragte sie nach einer Weile: „Haben Sie die heutige Zeitung schon gelesen? Weil ich grad von der Bergner gesprochen hab. Jüdinnen dürfen keine Arier mehr heiraten und Juden keine Arierinnen."

Maria blickte auf, als habe sie eben etwas ganz Abwegiges gehört. „Das hat in der Zeitung gestanden?" fragte sie schließlich.

Die Garderobiere, froh, daß sie Gehör gefunden hatte, nickte stolz. Sie kramte die Zeitung aus einem Einkaufsbeutel und hielt sie Maria hin. „Hier steht es. Ist ja auch richtig", setzte sie noch hinzu. „Es ist wirklich ein denkwürdiger Tag heute."

„Ein denkwürdiger Tag", wiederholte Maria die Worte der Garderobiere. Sie mußte sich beherrschen, um sich ihre Erregung nicht anmerken zu lassen. „Darf ich die Zeitung mitnehmen?" fragte sie.

Sie mußte bei der Premierenfeier dabeisein, da konnte sie nicht fehlen. Sie mußte sogar zufrieden, ja glücklich aussehen. Der Bürgermeister war gekommen, der Reichspressechef und einige andere prominente Nationalsozialisten. Der Intendant hielt eine kurze Ansprache, in der er das Ensemble lobte und Maria besonders hervorhob. Sie empfing Glückwünsche, man prostete ihr zu. Sie fühlte sich einer Ohnmacht nahe, aber sie hielt durch. Es war weit nach Mitternacht, als Fürbringer sie fragte, ob er sie nach Hause bringen solle. Sie bedankte sich, aber Montegasso, der in der Nähe wohne, wolle sie heimbringen. Außerdem sei sie so erschöpft, daß sie keine zwei Worte mehr reden könne.

Fürbringer, ein wenig verletzt, gab sich zufrieden. „Sie sehen wirklich sehr müde aus, Maria", sagte er besorgt, als er sah, daß sie taumelte. „Ruhen Sie sich aus, freuen Sie sich, über Ihren Erfolg. Ich habe Ihnen noch eine erfreuliche Mitteilung zu machen, aber nicht heute. Gute Nacht."

„Hast du etwas?" fragte Montegasso, „so hab ich dich noch nicht gesehen. Soll ich dich hinaufbringen?"

„Danke, Mario. Ich brauche Ruhe, nichts als Ruhe. Gute Nacht. Und vielen Dank, daß du mich nichts weiter gefragt hast."

Erst als sie todmüde und zerschlagen in ihrem Zimmer war, nahm sie sich die Zeitung vor. „Gesetz zum Schutz des deutschen Blutes und der deutschen Ehre" war die Überschrift.

„Durchdrungen von der Erkenntnis, daß die Rettung des deutschen Blutes die Voraussetzung für den Fortbestand des deutschen Volkes ist, und beseelt von dem unbeugsamen Willen, die deutsche Nation für alle Zukunft zu sichern, hat der Reichstag einstimmig das folgende Gesetz beschlossen, das hiermit verkündet wird:

§ 1 (1) Eheschließung zwischen Juden und Staatsangehörigen deutschen oder artverwandten Blutes sind verboten. Trotzdem geschlossene Ehen sind nichtig, auch wenn sie zur Umgehung dieses Gesetzes im Ausland geschlossen sind:

(2) Die Nichtigkeitsklage kann nur der Staatsanwalt erheben.

§ 2 Außerehelicher Verkehr zwischen Juden und Staatsangehörigen deutschen oder artverwandten Blutes ist verboten.

§ 3 Juden dürfen weibliche Staatsangehörige deutschen oder artverwandten Blutes unter 45 Jahren in ihrem Haushalt nicht beschäftigen.

§ 4 (1) Juden ist das Hissen der Reichs- und Nationalflagge und das Zeigen der Reichsfarben verboten.

(2) Dagegen ist ihnen das Zeigen der jüdischen Farben gestattet. Die Ausübung dieser Befugnis steht unter staatlichem Schutz."

Maria ließ die Zeitung sinken. Wenn es nicht so entsetzlich wäre, müßte man lachen, dachte sie. Wie dumm, wie primitiv, wie ekelhaft das ist. Ich mache mich also strafbar, wenn ich mit Mark schlafe. Diese Leute wollen mir vorschreiben, mit wem ich zu schlafen habe, wen ich heiraten darf. Sie erinnerte sich, wie ihr Vater sich über die „Rassen- und Vererbungslehre" lustig gemacht hatte. Aber das war nicht zum

Lachen. Diese Leute waren bösartig und gefährlich, auch in ihren Gesetzen zur „Rettung deutschen Blutes". Ich lasse mich nicht zwingen, ich gebe Mark nicht auf. Er muß das Land verlassen, ich fahre mit ihm, dachte sie.

Aber was noch in den Jahren dreiunddreißig und vierunddreißig möglich gewesen war, war im Jahre fünfunddreißig mit mancherlei Risiken verbunden.

„Ich würde Ihnen abraten, jetzt ins Ausland zu fahren, wo diese Gesetze herausgekommen sind. Warten Sie noch etwas ab", sagte Dr. Laumann zu Mark. Er betreute Mark ein wenig, weil er merkte, wie verloren sich der junge Mann in seiner Situation vorkam. „Sie müßten genau angeben, wo Sie, seit Sie das Theater in Magdeburg verlassen haben, gewesen sind. Bei wem. Wer Sie aufgenommen hat. Die Tatsache, daß Ihr Vater verhaftet wurde und, zu Recht oder zu Unrecht, beschuldigt wird, Geld veruntreut zu haben, könnten Sie auch nicht verheimlichen. Uns ist es gelungen, einige Beziehungen, die wir haben, auszunutzen und manchen Fragen über Sie auszuweichen. Warten Sie noch eine Zeit ab, manchmal können sich die Ereignisse sehr schnell ändern. Kann man's voraussehen? Sie haben im Theater gut eingeschlagen. Sie können hier viel lernen, Löwenthal."

Mark schrieb Maria, was Dr. Laumann gesagt hatte.

„Willst Du, daß wir uns trennen?" schrieb sie zurück.

„Nein", antwortete Mark. „Aber was sollen wir tun?"

„Einen Ausweg finden. Es muß einen Ausweg geben."

Die Schauspielerin Maria Rheine war vollauf beschäftigt. Sie war ein Publikumsliebling. Der nationalsozialistische Staat hatte sie ausgezeichnet. Das war die Mitteilung gewesen, die Intendant Fürbringer ihr am Premierenabend der „Jungfrau von Orleans" bereits andeutete. Aber sie grübelte über einen Ausweg nach. Sie entwarf Plan um Plan und verwarf ihn wieder. Es war schwer, Auswege zu finden in dieser Zeit der Ausweglosigkeit. Aber je länger sie grübelte, desto mehr wehrte sich alles in ihr gegen den Zwang.

Der Entschluß, den sie schließlich faßte, war abenteuerlich. Sie wußte das.

Aber nur abenteuerliche Entschlüsse konnten in dem Zuchthaus, in dem sie zu leben gezwungen war, Erfolg haben. Sie fuhr zu ihrem Vater und teilte sich ihm mit.

Professor Rheine erschrak. „Um Gottes willen, Kind“, warnte er. „Was du vorhast, ist ein Kolportageroman, so etwas kann man nicht verwirklichen.“

„Wenn man irre Rassengesetze verkündet und diejenigen, die dagegen verstoßen, mit Gefängnis bedroht, dann kann man nur, nein, dann muß man mit irren Gegenmaßnahmen antworten“, sagte Maria ruhig.

Sie war nicht ruhig. Sie wußte, was sie riskierte. Sie wußte, daß sie Mark hineinziehen konnte, sie wußte, womit sie zu rechnen hatte, wenn ihr Plan entdeckt wurde, ehe er zur Ausführung kam, aber das hielt sie alles nicht ab. Sie sprach so lange auf den Vater ein, bis er sich schweren Herzens bereit erklärte, ihr zu helfen.

Der Mann, der ihr außerdem helfen sollte, ihren Plan zu verwirklichen, war Mario Montegasso.

„Willst du mir helfen, Mario?“ fragte sie. „Es ist keine Kleinigkeit, um die ich dich bitte. Es kann für dich schwerwiegende Folgen haben.“

Ihre Worte machten ihn glücklich. Sie fielen überdies auf guten Boden bei ihm, der zu allem neigte, was außergewöhnlich, was abenteuerlich war. „Was du auch verlangst, Maria“, antwortete er, „ich bin bereit, alles für dich zu tun.“

Maria hatte so eine Antwort erwartet. Sie wußte, daß Mario sich in den feinsten Gaststätten bewegte, sie wußte auch, daß er sich in verrufenen Lokalen mit Leuten herumtrieb, deren Existenz zwielichtig, deren Einkommen nicht nachzuweisen war.

Zwar hatten die Nazis mit den Lokalen, in denen solche Leute verkehrten, aufgeräumt, und diese mieden sie auch, trafen sich dessenungeachtet aber an immer anderen Orten, und Maria hatte gehört, daß von ihnen ein schwunghafter Handel mit gefälschten Papieren, mit Dokumenten der verschiedensten Art, mit Devisen betrieben wurde. „Ich brauche einen Paß, Mario", sagte sie.

„Einen Paß?"

Maria nickte. „Ausgestellt auf den Namen Manja Löwenthal, verheiratet, geborene Manja Weinstein."

Mario starrte sie an. „Den Paß kann ich besorgen, aber Manja Löwenthal ...? Welcher Nationalität?"

„Jüdin", sagte Maria. „Geboren am 17. Mai 1912."

„Das ist dein Geburtstag, Maria, was hast du vor?"

„Frag mich nicht, Mario", antwortete sie. „Wenn du es nicht kannst, lassen wir es. Ich werde keine Fragen beantworten."

„Du wirst den Paß bekommen", versprach Montegasso. „Geburtsort?"

„Podwolotschiska, Polen. Und dann noch eins: Haarfarbe schwarz."

Niemand wollte es glauben, daß Maria Rheine, diese schöne junge Frau, Schauspielerin, aufgehender Stern am Münchner Theaterhimmel, ihrem Leben selbst ein Ende gesetzt hatte.

Wie die Sache vor sich gegangen war, konnte nicht mehr festgestellt werden. Einzelne Kleidungsstücke, die man in der Isar fand, unterhalb Deggendorf, wo der Fluß in die Donau mündet, ließen darauf schließen, daß sie ins Wasser gegangen war. Die Suche nach der Leiche aber blieb ergebnislos, obwohl der Suchdienst viele Stunden im Einsatz war.

Man erfuhr von einem Brief, in dem die junge Künstlerin ihren Intendanten gebeten hatte, ihr diesen Abgang zu verzeihen, aber seit sie wisse, daß es sich bei der Wucherung, deretwegen sie einen Arzt aufgesucht habe, um eine bösartige Geschwulst handle, wolle sie ihr Leben lieber selbst beenden, als das Ende abzuwarten. Sie wisse von ihrer Mutter, die am Krebs jung gestorben sei, von den furchtbaren Schmerzen, die das Ende begleiten. Da sie nicht die Kraft habe, ihrem Vater, der sehr an ihr hänge, ihren Entschluß mitzuteilen, bitte sie den Intendanten, es für sie zu tun.

Die Zeitungen brachten das Ende Maria Rheines in großer

Aufmachung, mit Fotos und Erinnerungen an die von ihr gespielten Rollen, wobei das Deutschtum im Aussehen wie im Spiel der Künstlerin betont wurde.

Fürbringer, dem Marias Tod wirklich naheging, schrieb in seinem Brief an Professor Rheine: „... ich kann Ihnen nur versichern, verehrter Herr Professor, daß uns alle, vom künstlerischen bis zum technischen Personal, das furchtbare Schicksal Ihres Fräulein Tochter sehr erschüttert hat und wir Ihnen unser tief empfundenes Beileid aussprechen. Da die Leiche nicht gefunden wurde und es darum kein Grab geben kann, hat das Theater den Schwabinger Bildhauer Heinrich Ressel beauftragt, einen schlichten, aber würdigen Gedenkstein herzustellen, vor dem eine kleine Trauerfeier stattfinden wird. Wir würden uns über Ihre Anwesenheit sehr freuen."

In einem Nachsatz bat er Professor Rheine, die zurückgelassenen Sachen seiner Tochter bei dem Malermeister Gersdorf, der das Unglück auch noch nicht fassen könne, abzuholen.

Montegasso hatte an alles gedacht. Das Gasthaus, in dem er zwei Zimmer gemietet hatte, lag einsam auf dem Hang, außerhalb des Dorfes. Um diese Jahreszeit waren sie die einzigen Gäste. Um Marias Kopf war ein Tuch geschlungen, Montegasso hatte den Wirtsleuten gesagt, seine Frau sei krank und er bitte darum, sie möglichst nicht anzusprechen. Das Essen brachte er ihr aufs Zimmer.

Sie hatte ihn gebeten, ihr die Haare abzuschneiden, es war zu riskant, damit zu einem Friseur zu gehen. Es kostete ihn große Überwindung, aber er tat es. Sie fand sich furchtbar mit den kurz geschnittenen Haaren, doch es mußte sein.

„Brauchst du sie?" Mario hielt die Haare hoch.

Sie mußte lachen. Kolportage, hatte ihr Vater gesagt. „Willst du sie als Andenken aufheben? Aber noch lebe ich."

Er lachte mit. Es klang gezwungen. „Hoffentlich lange."

Die Farbe hatte sie schon vorher besorgt. Sie las die Anweisung und hielt sich an die Vorschrift, aber es gelang dennoch nicht. Immerhin konnte man nicht mehr erkennen, welche Farbe ihre Haare gehabt hatten. Nun konnten sie noch einmal fachgemäß vom Friseur gefärbt werden.

„Wer hat denn das gemacht?“ fragte der Mann in dem Friseurladen des kleinen Landstädtchens entrüstet. „Das war ja ein Pfuscher. So etwas kommt bei uns nicht vor.“

„Deshalb komme ich ja zu Ihnen“, sagte Maria mit ihrem bezauberndsten Lächeln. „Man hat mir gesagt, daß Sie besonders gut arbeiten.“ Der Mann blickte sie mißtrauisch an, aber er fühlte sich doch geschmeichelt.

„Niemand wird dich erkennen“, sagte Montegasso, sie betrachtend. „Du müßtest die Brille gar nicht aufsetzen.“

„Besser ist besser“, meinte sie.

„Werde ich noch von dir hören?“

„Ich weiß es nicht.“ Sie sah ihn lange an, dann küßte sie ihn. „Ich danke dir, für alles. Für alles!“

Er hielt sie fest, ganz fest. Es war das erstemal, daß sie sich geküßt hatten. Es war auch das erstemal, daß seine Beziehungen zu einer Frau so endeten. Aber vielleicht war das das schönste daran.

„Warum haben Sie mir denn nicht gesagt, Löwenthal, daß Sie verheiratet sind?“ fragte Dr. Laumann, als Mark wissen wollte, ob man seine Frau nicht auch engagieren könne.

„Ich hatte befürchtet, daß Sie mich dann auch nicht nehmen“, antwortete Mark. „Sie ist übrigens noch sehr jung und war erst ein Jahr an einem Provinztheater.“

„Dann bringen Sie sie mal her“, sagte Dr. Laumann gnädig.

Noch nie hatte Maria solches Lampenfieber gehabt wie vor diesem Vorsprechen. Sowohl der Intendant wie der Regisseur waren anwesend.

„Was können wir von Ihnen hören?“ klang die Stimme des Regisseurs aus dem dunklen Zuschauerraum.

Maria hatte die Brille abgenommen. Ihr schwarzes Haar, das sich in weichem Bogen um ihren Kopf legte und in einer Nackenrolle endete, umschloß ihr feines, schmales Gesicht und ließ ihre Haut fast durchsichtig erscheinen.

„Das Gretchen", schlug sie vor, „oder die Luise oder auch die Johanna." Sie hatte sich einen leichten Dialektanklang zurechtgelegt, der ihr geeignet schien, sie glaubwürdiger zu machen, da sie ja aus Galizien kam. Es war etwas gewagt, denn sie hatte den Dialekt, den man dort sprach, nie gehört, er geriet bei ihr leicht ins Wienerische. Aber er kam an und gab ihr etwas Kindlich-Mädchenhaftes.

„Sie meinen die ‚Heilige Johanna' von Shaw?" fragte der Regisseur.

„Ich meine die Johanna aus der ‚Jungfrau von Orleans'", antwortete sie. „Ich habe sie nicht gespielt, aber ich habe sie gelernt."

„Beginnen Sie bitte mit der Johanna", hörte sie diesmal die Stimme des Theaterdirektors.

Im Dunkel des Zuschauerraums entdeckte sie jetzt auch andere Besucher, wahrscheinlich Kollegen. Wenn jemand dabei war, der sie in München gesehen hatte, war alles aus. Aber wer von den hier Anwesenden konnte sie schon gesehen haben. In den Münchner Theatern waren Juden ebenso „unerwünscht" wie in Berlin.

Sie spielte die Szene mit dem König, die in München immer sehr gewirkt hatte.

„Eine eigenartige Auffassung", hörte sie jetzt wieder den Regisseur. „Interessant. Und Sie haben die Rolle nie gespielt?"

„Leider nein." Hatte sie eben noch ekstatisch, ja fanatisch ausgesehen, so wirkte sie jetzt unsicher und verlegen.

Man ließ sie noch die Luise und das Gretchen vorsprechen, aber die Entscheidung war bereits nach der Johanna gefallen. Alle, der Intendant, der Regisseur und Dr. Laumann, waren der Ansicht, daß man hier ein großes Talent entdeckt hatte. Außerdem war diese Manja Löwenthal nicht nur schön, sie hatte auch eine besondere Ausstrahlung.

Die erste Rolle, die man ihr anvertraute, war die Jungfrau in Shaws „Heiliger Johanna". Das Jüdische Theater durfte Shaw noch spielen.

Als Maria den Vertrag mit „Manja Löwenthal“ unterschrieb, zitterte ihre Hand.

Der Musiker, bei dem Mark in Untermiete wohnte, hieß Ernst Freund. Er spielte Geige am ersten Pult im Orchester des jüdischen Kulturbundes. Davor war er in Königsberg gewesen, eine Zeit, von der er noch schwärmte. Außerdem komponierte er. Meist Lieder nach Gedichten bekannter Lyriker. Eines dieser Lieder hatte Tauber gesungen und es damit berühmt gemacht.

Freund hatte ein hübsches Haus in Königsberg besessen, verkaufte es noch rechtzeitig, mit der Absicht, nach Amerika auszuwandern. Dann war seine Frau erkrankt. Sie war Solotänzerin am Opernhaus. Er mußte sie ins Krankenhaus bringen. Ein ganzes Jahr fürchtete er um ihr Leben, wohnte bei einem Bekannten und verbrachte seine Tage an ihrem Bett. Sie starb trotz Bluttransfusionen, medikamentöser Behandlung und jeder erdenklichen Pflege an einer perniziösen Anämie.

Ernst Freund, am Ende seiner Kräfte, verließ Königsberg und zog nach Berlin. Da sein Geld aufgezehrt war und er als Jude keine Anstellung mehr bekommen konnte, meldete er sich beim jüdischen Kulturbund und wurde mit Freuden aufgenommen, denn an guten Orchestermusikern fehlte es. Er mietete sich in Berlin eine Wohnung und richtete sie mit wenigen billigen Möbeln ein. Das war die Geschichte, die er Mark erzählte, als dieser bei ihm einzog. Überall an den Wänden in der Wohnung, auch in Marks Zimmer, hingen Fotos einer jungen, schönen Frau, in Ballettröckchen und verschiedenen Tanzposen.

„Soll ich die Fotos wegnehmen?“ hatte Freund gefragt. Und Mark hatte geantwortet: „Warum denn? Es ist schön, sie anzusehen.“

„Nicht wahr?“ hatte Freund geantwortet. Seitdem mochte er Mark.

Er kaufte ein zweites Bett und stellte es in Marks Zimmer. Außerdem überließ er den Eheleuten eine Abstellkammer, die man zu einem kleinen Arbeitsraum umfunktionieren konnte. „Hoffentlich kommt ihr zurecht", sagte er. „Ja, wenn ihr in mein Haus in Königsberg gekommen wäret, aber hier ... Komfortabel ist es nicht. Kann man beim besten Willen nicht sagen." Er hob seine Hände in einer hilflosen Geste und ließ sie wieder fallen.

„Das spielt keine Rolle", beruhigte ihn Mark. „Wir sind dir wirklich sehr dankbar. Manja wird sich schon eingewöhnen. Es ist alles nicht schlimm, wenn man zusammen ist."

Ernst Freund nickte trübe: „Wem sagst du das!"

Mark hatte Judith nicht verheimlicht, daß seine Frau kommen werde. Er sah, wie sie litt, aber er konnte ihr nicht helfen. Sie tat ihm leid. Vielleicht war es sogar mehr als Mitleid.

„Einmal mußte es ja kommen, ich wußte es", sagte sie. Die letzten Nächte mit ihr waren schön, jede Nacht eine Abschiedsnacht.

Er mußte an Goethes Jugenddrama „Stella" denken, in dem der junge Goethe ein Leben zu dritt vorschlug. Ein tollkühner Gedanke für Goethes Epoche, tollkühn aber auch für jede nachfolgende Zeit. Keine der beiden Frauen würde damit einverstanden sein. Schon so etwas auszusprechen wäre unmöglich.

Als Maria kam, dachte Mark zunächst nicht mehr an Judith. Dann war ihm der Gedanke an sie bedrückend. Er wich ihr aus und vermied es, mit ihr allein zusammenzutreffen.

An einem Nachmittag, er hatte noch eine Umbesetzungsprobe, begegnete er ihr im Treppenhaus des Theaters. Sie hatte auf ihn gewartet. Er wurde verlegen und wußte nicht, wie er sich verhalten sollte.

„Hast du noch im Haus zu tun?" fragte sie.

„Nein", antwortete er. Es wäre dumm gewesen, ihr etwas vorzuschwindeln.

„Dann können wir ja zusammen gehen. Oder erwartest du deine Frau?"

„Nein."

Sie gingen nebeneinanderher, stumm.

„Sie ist schön", brach sie endlich das Schweigen. „Schöner, als ich sie mir vorgestellt hatte."

„Ich konnte nicht mehr mit dir reden", sagte er. „Es kam alles etwas überstürzt."

„Du bist mir keine Rechenschaft schuldig", wehrte sie ab. Erst nach einer ganzen Weile fragte sie: „Weiß sie etwas von mir?"

„Nein ..., ich habe es nicht über mich gebracht ..."

„Ich habe es mir gedacht", sagte sie. In ihren Worten klang leiser, fraulich-verstehender Spott. „Und wie soll ich mich verhalten? So, als kenne ich dich nur flüchtig? Oder als bestehe zwischen uns ein kameradschaftliches Verhältnis?"

Wie sie so vor ihm stand, hilflos, zerbrechlich, überkam ihn wieder Mitleid, und er wehrte sich dagegen. „Ich habe dir nichts vorgemacht, du wußtest von Anfang an, daß ich sie liebe."

„Ich wußte es. Ich weiß es. Ich werde es schon überwinden."

Als die bekannte Tänzerin Valeska Gert, aus dem Londoner Exil kommend, einmal im Jüdischen Theater des Kulturbundes gastierte und ihren arischen Mann zur Vorstellung mitbringen wollte, wurde ihr das untersagt.

„Ghetto", sagte Valeska Gert. „Aber Ghetto ist etwas Gewordenes. Das Ghetto der Juden in Hitlerdeutschland ist über viele hereingebrochen, sie haben das Wachsen nicht mitbekommen."

Auch die Schauspieler des Jüdischen Theaters hatten dieses Wachsen nicht mitbekommen. Jetzt gehörten sie zu einer Welt, die nicht ihre Welt war. Die Kunst war für sie Heimat geworden, das Theater ihr Heim. Wenn sie es verließen, befanden sie sich in Feindesland, im Faschismus.

Maria hatte sich gegen den Zwang zur Wehr gesetzt. Nicht mit ihrem Verstand, sondern mit der ganzen Kraft ihres Gefühls. Nun erkannte sie, daß der eine Zwang nur durch andere Zwänge abgelöst wurde, Zwänge, die ebenso unmenschlich waren wie der, der ihr verbot, mit jemand zu schlafen, jemand zu heiraten, den sie liebte.

Sie bereute nicht, was sie getan hatte, aber vieles war schwer zu ertragen. Im Mittelalter, hatte sie einmal gelesen, setzte man Leprakranke aus. Sie durften mit Gesunden nicht in Berührung kommen, sie steckten an, „Aussätzige". Die Juden hatte man für aussätzig erklärt, ohne daß sie krank gewesen wären. Ein ganzes Volk „aussätzig".

Sie hatte sich als angeblich Gesunde zu diesen angeblich Kranken gesellt. Man würde sie, wenn man es herausbekäme, wie diese behandeln. Nein, schlimmer noch, eine, die sich freiwillig aussetzte. Und die Menschen in Deutschland machten das mit. Manche nur gezwungen, andere gleichgültig, als ginge es sie nichts an, wieder andere fanatisch. Man hatte ihnen die Chance gegeben, etwas Besseres zu sein als Juden und die meisten anderen Völker, nur durch ihr arisches Blut. Über arische Rasse, arisches Blut wurden dicke Bücher verfaßt. In einem Artikel mit der Überschrift „Impregnation" stellte Gauleiter Streicher, der Herausgeber des „Stürmer", die Höherwertigkeit arischen Samens fest: „Artfremdes Eiweiß ist der Samen eines Mannes von anderer Rasse. Der männliche Samen wird bei der Begattung ganz oder teilweise von dem weiblichen Mutterboden aufgesaugt und geht in das Blut über. Ein einziger Beischlaf eines Juden mit einer arischen Frau genügt, um deren Blut für immer zu vergiften. Sie hat mit dem artfremden Eiweiß auch die fremde Seele in sich aufgenommen. Sie kann nie mehr, auch wenn sie einen arischen Mann heiratet, rein arische Kinder bekommen, sondern nur Bastarde, in deren Brust zwei Seelen wohnen und denen man körperlich die Mischrasse ansieht. Auch deren Kinder werden wieder Mischlinge sein, das heißt, häßliche Menschen von unstetem Charakter und mit Neigung zu körperlichen Leiden. Man nennt diesen Vorgang Impregnation."

Und solch haarsträubender Unsinn wurde gedruckt, wurde gelesen, wurde unwidersprochen gelassen, in einem Deutschland, in dem die Wissenschaft eimal ganz groß gewesen ist, in einem Deutschland, das allein auf dem Gebiet der Physik Nobelpreisträger wie Born, Braun, Einstein, Heisenberg, Hertz, Planck und Röntgen hervorgebracht hatte. Vielleicht war der Zwang, in diesem Deutschland leben zu müssen, noch schlimmer als der in der Isolierung, im Ghetto.

Sie flüchtete sich in die Liebe. Sie war das wichtigste. Beinahe ebenso wichtig aber war die Arbeit.

Die Arbeit mußte zeitweise unterbrochen werden, weil die baupolizeiliche Genehmigung für das Gebäude ablief. Es war Eigentum der Stadt Berlin.

Von Karl Georg Ascher erfuhr Mark, daß es eines der ältesten Theater Berlins war. Man hatte es ursprünglich für den Zirkus Renz erbaut, später war es zu einer Varieté- und Operettenbühne umgestaltet worden und hieß Walhalla-Theater. Den Namen „Berliner Theater" hatte es erst mit der Übernahme der Direktion durch Ludwig Barnay erhalten.

„Jetzt will man es abreißen und an seiner Stelle Großgaragen errichten. Das bringt mehr ein", sagte Ascher.

„Und was geschieht mit uns?" fragte Mark.

„Die Leitung bemüht sich, ein anderes Haus zu finden", antwortete Ascher. „Es wird nicht einfach sein."

Es war nicht einfach. Nur wenige Theater in Berlin waren verfügbar, und die wurden nicht an Juden verpachtet. Ein Abschluß mit dem Lessing-Theater kam nicht zustande, weil die Theaterkammer Einspruch erhob. Die Bewilligung dürfe nicht erteilt werden, hieß es, solange noch ein arischer Reflektant vorhanden sei. Als einzige Möglichkeit blieb schließlich die ehemalige Herrenfeldbühne in der Kommandantenstraße. Sie hatte nicht den besten Ruf, das Haus faßte ein Drittel weniger Zuschauer, und es mußten 25 000 Mark für Umbauten investiert werden. Aber es gab keine andere Wahl. Ein Darlehn in der verlangten Höhe wurde aufgebracht, und der Umbau begann.

Die Schauspieler wurden zusammengerufen und über alle Vorkommnisse unterrichtet. Von dem Streit um die Spielplangestaltung, der nicht nur im Theater selbst, sondern in verschiedenen Gremien des Kulturbunds geführt wurde, erfuhren sie weniger.

Seltsamerweise wußte Ernst Freund manches. „Es gibt in der Hauptsache zwei Richtungen“, erklärte er seinen beiden Untermietern. „Die Orthodoxie, die verlangt, daß das Theater endlich den jüdischen Belangen gerecht werde, mit jüdischer Thematik, jüdischen Problemen, jüdischem Geist – im Theater ist sie hauptsächlich durch Barski vertreten –, und eine andere, die ein Theater deutscher Juden verlangt, das den Anteil des Jüdischen in der deutschen Kultur zum Ausdruck bringt, weil das nicht voneinander zu trennen sei. Diese Richtung vertritt auch der Dramaturg. Und dann gibt es noch Leute, die glauben, man müsse die traurige Tatsache eines Ghettotheaters dazu nutzen, in nie dagewesener Weise zu einem Experimentiertheater zu kommen.“

„Ich halte die letzte Variante für die interessanteste“, meinte Maria.

Als sie auch mit Dr. Laumann über diese „Variante“ sprach, schüttelte er den Kopf. „Experimentiertheater? Ja, wir experimentieren, aber wahrlich nicht aus Freude am Experiment. Haben Sie eine Ahnung, von welchen Gesichtspunkten wir bei der Spielplangestaltung ausgehen müssen? Wir sind abhängig von den Überwachungsorganen und der Zensur, vom Geschmack des Publikums, der nicht einheitlich ist, von den Darstellern, die wir für ein Stück zur Verfügung haben. Und schließlich muß noch an die notwendigen Mittel für Dekorationen gedacht werden. Das alles ist maßgebend bei der Wahl eines Stücks. Hinzu kommt, daß die Stücke für die gesamte Spielzeit eingereicht werden müssen, jedoch sechs Wochen vor einer Aufführung das aufzuführende Stück noch einmal vorgelegt werden muß. Dabei kommt es vor, daß eine bereits erteilte Genehmigung zurückgezogen wird. Schön, was? Und unter solchen Umständen wirft man uns falsche Spielplangestaltung vor.“

Schon lange hatte man vorgehabt, „Othello“ in den Spielplan aufzunehmen. Auch hier gingen heftige Diskussionen der Aufführung voraus. Argumenten, daß der jüdische Zuschauer für das Wort „Mohr“ das Wort „Jude“ setzen werde, wurde entgegengehalten, Shakespeare habe es bestimmt nicht so gemeint, er wollte nur eine individuelle Tragödie schreiben, und man müsse sich vor solchen Parallelen hüten. Schließlich entschloß man sich zu einer Aufführung.

Maria wurde mit der Desdemona, Mark mit dem Cassio, Judith mit der Emilia besetzt.

Keiner der Kollegen wußte etwas Konkretes über die Beziehungen Judiths zu Mark, aber man hatte natürlich festgestellt, daß die beiden eine Zeitlang immer zusammen gekommen waren und daß sie das Theater häufig zusammen verließen. Das genügte, um Vermutungen anzustellen. Es wurde getuschelt und gemunkelt, denn die Besetzung der beiden Frauenrollen schien pikant.

Maria ahnte nichts. Sie fand Judith Baumann sympathisch, den Kollegen, der den Othello spielte, einen Schauspieler, der Kortner ein wenig ähnelte, ausgezeichnet, den Jago-Darsteller, Gerrit Barski, ausgesprochen unangenehm. Sie fragte sich, ob sie nicht einfach die Rolle auf den Menschen übertrage, aber dieser Mann war ihr schon vorher unsympathisch gewesen. Er war Zionist, betonte das, machte offen abfällige Bemerkungen über die Leitung des Kulturbunds, einzelne Mitglieder der Leitung, den Regisseur und den Dramaturgen, einen feinen, kultivierten Schriftsteller und Kritiker, von dem Maria in den Blättern des Kulturbunds einige Bemerkungen gelesen hatte, die ihr gefielen: „Die äußere Form der Abgeschlossenheit, die man uns aufzwingt, müssen wir als tragische Tatsache hinnehmen, aber Ghetto im Sinne einer beklemmenden jüdischen Weltabgeschlossenheit, das ist keine Sache der äußeren Form, sondern der Gesinnung und des inneren Willens." Und in der „Jüdischen Rundschau" hatte über ihn gestanden: „... als Deutscher zu schaffen, ist sein Ziel und aller anderen, die mit ihm arbeiten. Vielleicht, wahrscheinlich, kann solche entschiedene Haltung dazu führen, daß der Kulturbund aus den Kreisen der Zionisten an Mitgliedern verliert, aber er muß diesen Verlust dann durch erhöhten Einsatz der Kräfte innerhalb der deutsch-jüdischen Gruppen wettmachen."

Gegen solche Einstellungen kämpfte Barski, wo er nur konnte. Nach seiner Auffassung war es die Aufgabe des jüdischen Kulturbundes, also auch des Theaters, jüdische Art und jüdisches Wesen wieder lebendig zu machen oder lebendig zu erhalten. All das hätte Maria vielleicht noch nicht gegen ihn eingenommen, auch nicht die Gerüchte, die ihr zugetragen wurden und die sie nicht nachprüfen konnte, daß ein Verwandter von ihm, als der Kulturbund gegründet wurde, versucht hatte, die Leitung an sich zu reißen, um sie in zionistische Bahnen zu lenken, wobei er sich sogar der Gestapo bediente. Man konnte, was dieser Verwandte getan hatte, nicht Barski anlasten. Aber daß er über den Komiker Isaak Stengele schlecht sprach, ihn sogar verächtlich behandelte, weil er ein Ostjude war, empörte sie. Sie konnte nicht begreifen, daß dieser das einfach hinnahm.

„Was haben Sie gegen Ostjuden, Herr Barski?" fuhr sie den Mann an. Mit den meisten Kollegen duzte sie sich, bei Barski kam ihr das nicht in den Sinn.

Barski blickte erstaunt auf. „Ach so, Sie sind ja auch aus dem Osten", sagte er dann. „Entschuldigen Sie, daß ich das vergessen habe." Er musterte sie interessiert und aufmerksam. „Aus welchem Ort sind Sie, wenn ich fragen darf?"

Maria hatte sich den Ort, der in ihrem Paß stand, zwar gut eingeprägt, aber sie dachte nicht daran, Barski Auskunft zu geben. „Warum interessiert Sie das?" fragte sie abweisend. Fast im gleichen Augenblick aber durchfuhr es sie, daß es vielleicht falsch sei, mit diesem Mann so zu reden. „Kennen Sie den Osten?" fragte sie einlenkend.

Die Art, wie er sie anstarrte, war ihr lästig.

„Ja", sagte er. „Ich kenne den Osten ganz gut. Aber es ist mir dort noch nie ein Mensch begegnet, der das Deutsche so gut spricht wie Sie, und auch, der so aussieht wie Sie."

Sie bemühte sich, freundlich zu bleiben. „Soll das ein Kompliment oder das Gegenteil sein?"

„Keines von beidem", sagte er unbestimmt, „nur eine Feststellung."

„Du solltest dich mit Barski nicht anlegen", warnte Isaak

Stengele, als er sie allein traf. „Schon gar nicht meinetwegen. Er hat merkwürdige Verbindungen, frag mich nicht, was für welche. Genaues kann ich dir auch nicht sagen."

„Warum behandelt er dich so, und warum läßt du dir das gefallen?" fragte Maria entrüstet.

Stengele zuckte die Achseln. „Er meint es nicht so. Er ist aus einer reichen Familie, wir wären früher nicht in das Haus eingelassen worden. Und ich bin nebbich aus dem Osten."

„Gerade dann müßte er anders sein. Er wird als Jude verfolgt, und dich behandelt er so, weil du aus dem Osten bist. Das verstehe ich nicht."

„Du müßtest es verstehen, weil du auch aus dem Osten bist", sagte Stengele mit feinem Lächeln.

Maria erzählte Mark, daß Stengele sie vor Barski gewarnt hatte. „Weißt du, warum?" fragte sie.

„Man spricht davon, daß Barski Verbindungen zur Gestapo habe", erwiderte Mark. „Dem widerspricht aber, daß er einige Male zu Hinkel gerufen wurde. Angeblich soll die Gestapo etwas gegen Hinkel haben. Auf jeden Fall ist sie die einzige Instanz, die dem Staatskommissar bei seiner sogenannten Kulturarbeit dreinreden kann. In der Leitung des Kulturbundes ist man sich auch nicht klar über Barskis Rolle, deshalb überhört man vieles bei ihm. Lege dich mit ihm nicht an, Stengele hat recht, irgend etwas stimmt bei ihm nicht."

„Ich habe mich hinreißen lassen", gab Maria zu. „Ich finde es traurig, wenn Juden solche Unterschiede zwischen Juden und Juden machen. In dieser Zeit."

Mark nickte besorgt. „Ich verstehe dich gut, aber wir müssen vorsichtig sein."

Rüster, der Regisseur, konnte nicht begreifen, warum Manja Löwenthal, die er als Schauspielerin besonders schätzte, sich so hartnäckig weigerte, als Desdemona eine blonde Perücke zu tragen. „Sie wird Sie besonders gut kleiden", versuchte er sie zu überreden.

„Ich trage keine Perücke", beharrte sie.

Rüster gab schließlich nach. Mit ihrer Leistung war er

nicht nur zufrieden, was sie aus dieser Rolle mache, sei überwältigend, behauptete er in einer Leitungssitzung.

Judith und Maria, die die beiden großen Frauenrollen in dem Stück spielten, teilten sich die Garderobe. Sie verstanden sich gut, wenngleich Judith zurückhaltend war und wenig sprach. Maria führte das auf die Rolle der Emilia zurück, mit der Judith wenig anzufangen wußte.

Maria hingegen identifizierte sich mit ihrer Rolle. Sie war Desdemona, die den Mohren liebt und ihn gegen den Willen des Vaters, der Gesellschaft zum Gatten nimmt. Bei Heinrich Heine fand sie eine Auffassung der Rolle, die sie begeisterte und die sich mit ihrer eigenen Auffassung weitgehend deckte. „Vergleicht man Julia mit Desdemona", hieß es bei ihm, „so wird in jener ein nordisches Element bemerkbar, bei aller Gewalt ihrer Leidenschaft bleibt sie doch immer ihrer selbst bewußt und im klarsten Selbstbewußtsein Herrin ihrer Tat. Desdemona liebt und fühlt und gehorcht nicht dem eigenen Willen, sondern dem stärkeren Antrieb. Ihre Vortrefflichkeit besteht darin, daß das Schlechte auf ihre edle Natur keine solche Zwangsmacht ausüben kann wie das Gute. Sie wäre gewiß immer im Palazzo ihres Vaters geblieben, ein schüchternes Kind, den häuslichen Geschäften obliegend; aber die Stimme des Mohren drang in ihr Ohr, und obgleich sie die Augen niederschlug, sah sie doch sein Antlitz in seinen Worten, in seinen Erzählungen oder, wie sie sagt: ‚In seiner Seele ...'; dieses leidende, großmütige, schöne, weiße Seelenantlitz übte auf ihr Herz den unwiderstehlich hinreißenden Zauber aus. Ja, er hat recht, ihr Vater, seine Wohlweisheit der Herr Senator Brabantio, eine mächtige Magie war schuld daran, daß sich das bange, zarte Kind zu dem Mohren hingezogen fühlte und jene häßliche schwarze Larve nicht fürchtete, welche der große Haufe für das wirkliche Gesicht Othellos hielt ..."

Das „Seelenantlitz" des Menschen, welcher Hautfarbe, welcher Rasse auch immer, war das nicht auch ihr Anliegen?

Was kümmerte es sie, ob Shakespeare wirklich nur eine individuelle Tragödie schreiben wollte, in ihrem Munde wurden seine Worte zur unüberhörbaren Anklage. Selbst im Tode begriff sie den Geliebten nur als ein Opfer des Rassenwahns.

Die Proben verlangten Maria alles ab, aber sie erfüllten sie ganz. Karl Georg Ascher, der den Othello spielte, mitgerissen von ihrer Intensität, machte sich ihre Auffassung zu eigen. Othello, der Mohr, der Fremde, den die Gesellschaft nur duldet, weil sie ihn braucht, weil er ihr Dienste leistet, ist im Grunde allein und mißtrauisch auch da, wo er echtem Gefühl begegnet. Die Intrige des Jago wird so ungewollt zur gesellschaftlichen Intrige.

Die Bemühungen des Regisseurs, die allgemeine Umdeutung des Stücks durch das ganze Ensemble zurückzunehmen, zu objektivieren, wurden nicht wirksam. Rüster selbst wurde mitgerissen.

Maria bemerkte einmal, daß Judith Baumann, auch in den Szenen, in denen sie nicht beschäftigt war, hinter der Bühne stand und zuhörte.

„Wolltest du die Desdemona spielen?“ fragte sie Judith in der Pause. „Soll ich vorschlagen, daß wir sie alternierend spielen?“

Judith erschrak. „Wie kommst du darauf?“

Maria hatte ihren Vorschlag ohne Hintergedanken gemacht. „Weil du dich interessierst, wie ich sie spiele“, antwortete sie. Sie konnte nicht begreifen, warum Judith plötzlich in Tränen ausbrach. Bestürzt legte sie den Arm um ihre Schultern. „Was hast du? Habe ich dich gekränkt? Hast du mit der Rolle gerechnet?“

Judith schüttelte den Kopf. „Du bist großartig, Manja. Entschuldige, es hat mich ergriffen. Ich hätte die Rolle nie so gespielt, ich hätte sie nicht so spielen können.“

Die Aufführung wurde ein Erfolg, der Maria an die großen Erfolge in München erinnerte. Ascher und sie mußten immer wieder auf die Bühne, das Stück, das meist nur „Othello“ hieß, wurde in dieser Inszenierung zu „Othello und Desdemona“.

Unter den Leuten, die Maria gratulierten, war auch Barski. Dabei war er dagegen gewesen, daß das Stück überhaupt so aufgeführt werde. „Sie haben es zwar auf den Kopf gestellt, aber Sie waren gut", sagte er.

„Sie haben als Jago auch Ihren Anteil an dem Erfolg des Stücks", stellte Maria betont freundlich fest. „Der Intrigant liegt Ihnen."

Barski reagierte nicht, nur seine Augen waren starr auf sie gerichtet. „Wissen Sie, daß Hinkel heute drin war?" fragte er. „Mit Begleitung. Sie sollen sehr angetan gewesen sein. Besonders einem seiner Mitarbeiter, einem neuen, Dr. Strehler, haben Sie gefallen."

Maria war kurz zusammengezuckt, dann sagte sie mit ironischem Lächeln: „Woher wissen Sie das?"

„Irgend jemand hat es erzählt."

„Wie freundlich, daß dieser Irgendjemand es irgend jemandem mitgeteilt hat", sagte Maria trocken.

Bei der Premierenfeier versuchte sie die Gedanken an den Besuch Hinkels und an diesen Dr. Strehler zu verdrängen, aber es gelang ihr nicht ganz. Immer wieder mußte sie daran denken.

Sie war froh, als sie endlich aufbrechen konnten. Judith Baumann, die auf der gegenüberliegenden Seite des Tisches saß, war auch aufgestanden. Maria fiel das Gespräch ein, das sie mit ihr gehabt hatte. „Wollen wir Judith mitnehmen?" fragte sie. „Sie soll ganz in unserer Nähe wohnen."

Mark schien ihr Vorschlag nicht angenehm. „Ich möchte mit dir allein sein", sagte er.

„Wußtest du eigentlich, daß Hinkel heute in der Vorstellung gewesen ist?" fragte Maria zu Hause, während sie sich auszog.

„Man hat es mir gesagt", antwortete er, „aber ich wollte nicht, daß man es dir mitteilt, weil es dich aufgeregt hätte. Man hat es also doch getan."

„Ich habe es erst nach der Vorstellung von Barski erfahren", erklärte sie. „Er behauptete, bei Hinkels Leuten sei ein Neuer gewesen, ein Dr. Strehler. Weißt du, wer das ist?"

Mark wußte es nicht. „Warum fragst du nach ihm?"

„Und wenn dieser Strehler aus München ist?"

Mark wurde ungeduldig. „Komm, laß das jetzt. Warum sollte er aus München sein?"

Sie fühlte, wie er sie erwartete. Nicht denken, dachte sie, nicht mehr denken. Sie schmiegte sich an ihn und barg ihren Kopf an seiner Brust. „Es war ein Erfolg, Mark", flüsterte sie.

„Es war dein Erfolg, dein großer Tag."

„Es war unser Stück. Als Ascher mich küßte, sah ich dich. Verstehst du das? Kannst du das verstehn?"

Sie sah sein Gesicht im Dunkel nicht. Er mußte plötzlich an Judith denken. Als er Judith umarmt hatte, sah er Maria. „Ich verstehe dich, ich verstehe dich gut."

Wenn Maria ihren Vater treffen wollte, besuchte sie eine Freundin Annelieses, eine Frau Gräfenberg in Charlottenburg. Die rief bei Rheines an und fragte, ob das Ehepaar nicht Lust habe, an diesem oder jenem Tag zum Abendessen zu ihr zu kommen. Rheine litt sehr darunter, daß er seine Tochter nur selten und dann erst nach solchen Vorsichtsmaßnahmen treffen konnte. Daß sie in Berlin Theater spielte und er sie dort nicht sehen durfte, war besonders schmerzlich für ihn.

Von Malermeister Gersdorf war ein Brief gekommen, wenn der Herr Professor am Todestage seiner Tochter in München sein wolle, könne er gern bei ihm übernachten. Er, Gersdorf, habe die Gedenkstätte regelmäßig besucht, das glaube er nicht nur dem Andenken seiner Mieterin, sondern der Künstlerin Maria Rheine schuldig zu sein.

Aus dem Brief klang unverhohlene Mißbilligung, daß der Vater sich weniger um das Andenken seiner Tochter gekümmert habe als er.

Rheine blieb nichts anderes übrig, als die Komödie weiterzuspielen. Er dankte Gersdorf, er wohnte bei ihm, er legte Blumen am Gedenkstein nieder. Auch das Theater hatte des Tages mit Blumen gedacht.

In dem wissenschaftlichen Institut, in dem Rheine arbeitete, gab es Ärger. Zwar konnte man ihm auf seinem Forschungsgebiet nicht dreinreden, schon weil die Ergebnisse seiner Arbeit dem nationalsozialistischen Staat zugute kamen. Aber man erwartete zumindest ein Bekenntnis von ihm, und das lehnte er ab. Er sei kein Politiker und könne darum keine politischen Erklärungen abgeben. Als man ihm vorwarf, daß er der Akademie angehöre, erwiderte er, daß er die Akademie immer nur als wissenschaftliche und nie als politische Institution angesehen habe und bereit sei, auszutreten, wenn das von ihm verlangt werde.

Die Angelegenheit fing an kritisch für ihn zu werden, und er würde Deutschland bestimmt verlassen haben, wenn er damit die Verbindung zu Maria nicht verloren hätte. Sie redete ihm zu, auf sie keine Rücksicht zu nehmen, auch Anneliese war für Ausreise, aber er weigerte sich.

„Noch ist es nicht soweit. Ich werde abwarten“, sagte er.

Ruth Baumgart war entlassen worden. Baumgarts hatten es schon lange erwartet, nun war es soweit. Es handelte sich um keine Existenzfrage bei ihnen, Ruthilds Mann verdiente ja, und sie bekam Stempelgeld, aber untätig zu sein, das lag ihr nicht. Von Zeit zu Zeit besuchte sie Löwenthals, immer auf die Gefahr hin, sie nicht anzutreffen, denn oft hatten sie Proben, und abends spielten sie. Wenn sie sie traf, gab es viel zu erzählen. Sie brachte die letzten Neuigkeiten mit, und Löwenthals hörten ihr gern zu. Daß Strauss als Reichsmusikkammerpräsident zurückgetreten und ein gewisser Raabe sein Nachfolger geworden sei, daß man Johst zum Präsidenten der Reichsschrifttumskammer gemacht hatte, daß sich trotz eines Reichsdramaturgen die erwünschten Theaterstücke nicht einstellten oder so schlecht waren, daß man sie gar nicht oder nur sehr selten aufführen konnte. Ruthild war in diesen zum Kulturbereich gehörenden Dingen besser unterrichtet als ihr Mann, der nur über Politisches Bescheid wußte.

„Du hast mir einmal den Rat gegeben, im Kulturbund zu

arbeiten", bemerkte Mark bei einem ihrer Besuche. „Willst du es nicht selbst dort versuchen? Ich bin überzeugt, daß sie Leute wie dich brauchen. Vielleicht vorerst in der Verwaltung."

Ruthild schaute Mark überrascht an. „Komisch, daß mir dieser Gedanke nicht selbst gekommen ist. Ich werde es versuchen."

Sie hatte Glück. Die Sekretärin Laumanns hatte gekündigt. Nach vielen vergeblichen Bemühungen war es ihr gelungen, die Ausreise zu erhalten. Ihr Mann, ein tüchtiger Zahntechniker, arbeitete bereits in Mexiko. Dr. Laumann war froh, für sie eine versierte Kraft zu bekommen. „Auch eine geborene Löwenthal", sagte er, als er Ruthilds Papiere prüfte. „Das wird hier allmählich ein Löwenthal-Theater. Die ganze Mischpoche kommt zu uns. Aber wenn sie gut ist, warum nicht."

Als Dr. Jörg Strehler sich erkundigte, ob er die Schauspielerin Frau Manja Löwenthal sprechen könne, war er in Zivil. Ein gutaussehender Mann mit vorzüglichem Benehmen.

„Frau Löwenthal ist in der Probe", sagte Ruthild. „In welcher Angelegenheit bitte?"

Strehler lächelte. „Ich würde sie gern privat sprechen, sagen Sie ihr bitte, ich bin nur vorübergehend in Berlin, einer der Mitarbeiter vom Staatskommissar Hinkel."

Ruthild erschrak. „Kommen Sie in amtlicher Eigenschaft?"

„Ich sagte eingangs schon, ich komme privat."

„Soll ich Frau Löwenthal von der Probe holen?"

„Nein. Wenn Sie gestatten, warte ich hier."

Was kann dieser Mann von Maria wollen? dachte Ruthild besorgt. Ich müßte sie vorbereiten, damit sie nicht erschrickt. „Ich werde mal hören, wie lange die Probe noch dauert", sagte sie und nahm, ehe Strehler etwas einwenden konnte, den Telefonhörer zur Hand. Da man es ihr nicht sagen konnte, überlegte sie, wie sie Maria Nachricht zukommen lassen könne. Sie tat, als arbeite sie weiter an der Akte, die aufgeschlagen vor ihr gelegen hatte, als Strehler eintrat. Dabei schrieb sie auf einen Zettel: „Ein Dr. Strehler will dich sprechen, arbeitet bei Hinkel. Er sagt, nur privat zu kommen."

Sie legte den Zettel in die Mappe, arbeitete scheinbar weiter, schloß die Mappe schließlich und sagte: „Ich muß nur einen Augenblick zum Chef, ich bin gleich wieder da." Auf der Treppe drückte sie einem Beleuchter das gefaltete Papier in die Hand und bat ihn: „Würden Sie so freundlich sein, das Frau Löwenthal zu bringen? Sie ist auf der Probe." Dann erst klopfte sie bei Dr. Laumann und betrat auf sein ärgerliches „Herein" sein Zimmer.

„Ja?" fragte Laumann nervös. „Ist etwas? Ich bin mitten in der Arbeit."

Mit wenigen Worten berichtete Ruthild von dem Besuch. „Kennen Sie diesen Mann?" fragte sie.

„Strehler? Strehler ...", antwortete Laumann mit einemmal interessiert. „Nie gehört. Und ich kenne alle Leute von Hinkel. Haben Sie Frau Löwenthal verständigt?"

„Er wollte warten, bis die Probe zu Ende ist. Ich habe sie trotzdem benachrichtigt."

Laumann nickte. „In Ordnung. Mit diesen Leuten darf man sich's nicht verderben. Vielleicht sollte man sie allein miteinander sprechen lassen? Sie können sich ins Zimmer von Fräulein Hanspach setzen, sie ist erkrankt."

„Können wir für heute Schluß machen?" fragte Maria den Regisseur, nachdem sie Ruthilds Mitteilung gelesen hatte. „Da will mich jemand von Hinkels Leuten sprechen, ein Dr. Strehler." Man sah ihr die Unruhe nicht an, es war gut, daß Ruthild sie vorbereitet hatte.

„Von Hinkel?" fragte Rüster erstaunt, „was will er von Ihnen?"

„Ich weiß nicht, aber ich werde es ja gleich erfahren", antwortete Maria. „Darf ich gehen?"

Rüster war sofort einverstanden. „Also, bis morgen, meine Herrschaften."

Schade, daß Mark heute bei der Probe nicht zu tun hatte,

dachte Maria unruhig. Mir wäre leichter, wenn ich vorher mit ihm sprechen könnte. Was will dieser Mann nur von mir?

Sie setzte die Brille auf und zupfte die Haare zurecht. Sorgsam zog sie die Lippen nach, wischte sich das Rot aber gleich wieder ab. Wie einem das in Fleisch und Blut saß, dieses Sichschönmachen. Dabei war es gar nicht angebracht diesem Mann gegenüber.

„Sie wollten mich sprechen?" fragte sie eintretend und Ruthild kurz zunickend. Ihre Stimme war ruhig und höflich.

Strehler war aufgesprungen. „Strehler", stellte er sich vor. Ruthilds Anwesenheit schien ihn zu stören.

„Sie kommen im Auftrag des Staatskommissars?" begann Maria die Unterhaltung.

„Ich komme privat und darum auch nicht in Uniform", antwortete er. „Ich habe das auch sofort gesagt."

„Wenn Sie sich unterhalten wollen, darf ich Sie vielleicht ins Zimmer nebenan bitten. Die Kollegin ist krank", unterbrach Ruthild das Gespräch.

Maria warf ihr einen hilflosen Blick zu, aber sie konnte nicht widersprechen.

Es war ein kleiner, dürftig eingerichteter Büroraum. „Bitte, nehmen Sie Platz", forderte sie den Mann auf.

Es gab nur zwei Stühle in dem Zimmer, Maria setzte sich auf den Stuhl hinter dem Schreibtisch, so daß er vor dem Schreibtisch Platz nehmen mußte. Das Groteske dieser Situation wurde ihm sofort bewußt, aber er nahm es mit einem gewissen Humor zur Kenntnis. Überhaupt schien er, seit sie allein waren, aufgelockerter.

Diesmal begann er die Unterhaltung. „Sie möchten wissen, warum ich gekommen bin? Ich wollte Berlin nicht verlassen, ohne Ihnen gesagt zu haben, daß ich Sie für eine große Künstlerin halte, Manja Löwenthal."

Seine Worte klangen echt und aufrichtig, aber konnten solche Leute überhaupt aufrichtig sein? „Und nur um mir das zu sagen, sind Sie gekommen?" fragte sie.

„Nur, um Ihnen das zu sagen. Finden Sie das so unmöglich?"

„Unmöglich ...?“ Maria dehnte das Wort. „In der augenblicklichen Lage seltsam. Oder finden Sie nicht?“

Darauf reagierte er nicht. Er beugte sich plötzlich zu ihr vor und sagte in einem Ton, der sie aufhorchen ließ: „Würden Sie mir einen Gefallen tun, Manja?“

Sie schaute ihn fragend an. Was will dieser Mann von mir, dachte sie. Er sieht blendend aus, ist kultiviert, ist überhaupt anders als die Leute, die ich in Hinkels Begleitung gesehen habe. Aber warum kommt er her?

Er schien ihre Gedanken zu erraten. „Es ist nur ein harmloser Wunsch, den Sie mir erfüllen sollen. Würden Sie die Brille abnehmen? Nur für einen kurzen Augenblick. Bitte.“

Das war es, was sie befürchtet hatte. Sie fühlte ihr Herz im Halse pochen. Er wußte etwas von ihr. Gleich würde er sagen, das habe er nur gewollt, deshalb sei er gekommen, jetzt erkenne er sie. Aber sie konnte ihm seinen Wunsch, die Brille abzunehmen, nicht abschlagen. Mit einer schnellen Bewegung tat sie es. Die Erwartung dessen, was jetzt kommen mußte, war so groß, daß sie es schwer hatte, sich auf das, was wirklich erfolgte, umzustellen.

„Sie sind schön, Manja“, sagte Strehler. „Das haben Ihnen bestimmt schon viele gesagt. Aber Sie sind nicht nur schön. Sie sind eine echte Künstlerin und haben etwas, das selten ist, eine eigene, unverwechselbare Note.“

„Danke“, sagte Maria. Sie wußte nicht, wie sie das Gespräch weiterführen sollte. „Sie haben mich als Desdemona gesehen?“

„Nicht nur als Desdemona. Auch als Johanna und in ‚Spiel im Schloß‘.“

„Ach, davon wußte ich nichts. Und wie ist Ihnen zumute, Herr Strehler, wenn Sie Theater im Ghetto sehen?“ Sie hatte nicht vorgehabt, den Mann zu provozieren, es war ihr unwillkürlich herausgerutscht.

Er runzelte die Stirn. „Sie kommen da auf ein heikles Thema. Ich bin mir, bei den Stücken, die ich gesehen habe, nie bewußt gewesen, in einem Ghettotheater zu sein.“

„Nein?“

„Nein. Sie haben übrigens alle merkwürdige Ansichten von uns."

„Wer hat merkwürdige Ansichten von wem, Herr Strehler?" Sie wollte nicht weitergehen und verstrickte sich immer mehr.

„Die Juden", antwortete er, „von uns Nationalsozialisten."

„Glauben Sie, die Juden sollten genauso auf die Nürnberger Gesetze reagieren wie die Nationalsozialisten?" Jetzt konnte sie nicht mehr zurück.

Er sah nachdenklich vor sich hin. „Schließen Sie Nationalsozialisten aus, die andere Ansichten über die Juden haben als solche, wie sie in den Nürnberger Gesetzen festgelegt sind?"

Maria starrte Strehler ungläubig an. „Würden Sie das, was Sie eben gesagt haben, auch an anderer Stelle wiederholen?" fragte sie.

„Natürlich nicht", antwortete er, ohne eine Sekunde zu überlegen.

„Und wenn ich das wiederholte, was Sie gesagt haben?"

Er lächelte. „Dann würde ich erklären, daß Sie die Unwahrheit sagen."

„Sie sind wenigstens ehrlich", sagte sie beinahe bewundernd.

„Ich habe die Karten auf den Tisch gelegt", bemerkte er sachlich. „Sie wissen nun, wie Sie mit mir dran sind. Jetzt sollen Sie erfahren, warum ich gekommen bin. Ich bedaure, daß ein Talent wie das Ihre hier verkümmert. In einem Ghettotheater, wie Sie selbst gesagt haben. Unter Umständen kann ich es vielleicht durchsetzen, Sie hier herauszubekommen. Sagen wir, an das deutsche Theater in Zürich. Einige bekannte Schauspieler hat man dort bereits engagiert."

Maria starrte ihn ungläubig an. „Mein Gott", flüsterte sie, „in Zürich?"

„In Zürich", wiederholte er.

Ihr war wie einer Ertrinkenden, der man einen Rettungsring zuwirft. Plötzlich aber durchlief es sie kalt. Und Mark? „Und mein Mann?" fragte sie.

Strehlers Züge wurden hart. „Das liegt leider nicht in meinen Möglichkeiten."

Ihr Blick, eben noch hell, erlosch. „Ohne meinen Mann gehe ich nicht."

Er war aufgestanden und trat zu ihr hinter den Schreibtisch. „Manja, überlegen Sie sich das gut. Sie helfen Ihrem Mann nicht, wenn Sie hierbleiben. Vielleicht können Sie ihm umgekehrt eher helfen, wenn Sie draußen sind. Man weiß nicht, wie sich alles hier entwickelt. Sie haben ein kostbares Gut zu retten, Ihr Talent."

Hatte sie ihm anfänglich atemlos zugehört, so ernüchterten sie die letzten Worte, die pathetisch wirkten.

Sie erhob sich ebenfalls und stand ihm gegenüber.

Herrgott, hat die Frau schöne Augen, mußte er denken. Aber sie hängt an diesem Mann.

„Es gibt viele Talente in dieser Zeit, die vor die Hunde gehen, Herr Strehler. Warum nicht auch meines? Ich habe mich über die gute Meinung gefreut, die Sie von mir haben, aber seien Sie ehrlich, hätten Sie sie noch, wenn ich meinen Mann einfach im Stich ließe?"

Sie hat recht, dachte Strehler. „Überdenken Sie es noch einmal, Manja", sagte er. „Überlegen Sie es. Ich fahre morgen nach München und weiß nicht, wie lange ich dort zu tun haben werde. Aber ich komme wieder, und ich melde mich wieder bei Ihnen."

„Du hättest zugreifen sollen", meinte Mark niedergeschlagen, als sie ihm von ihrem Gespräch mit Strehler berichtete. „Wir wissen wirklich nicht, wie es hier weitergeht. Du hast hier keine Aussichten."

„Ich lasse dich nicht allein", antwortete sie entschlossen. „Glaubst du, ich habe alles auf mich genommen, um jetzt aufzugeben? Ich liebe dich, Mark." Sie küßte ihn. „Mich beunruhigt nur, daß dieser Mann jetzt nach München geht", sagte sie, ihre Gedanken weiterführend. „Irgendwie ist er mir unheimlich."

Bei Baumgarts hatte eine Haussuchung stattgefunden, bei der ein paar alte kommunistische Broschüren beschlagnahmt wurden. Baumgart hatte alles irgendwie belastende Material weggebracht, an die Broschüren hatte er nicht gedacht. Es wäre nicht so aufregend gewesen, wenn er sich da nicht in eine dumme Sache eingelassen hätte. Eine Frau aus dem Hause, in dem er wohnte und die er nur flüchtig kannte, war weinend zu ihm gekommen, ob er ihr nicht einen Rat geben könne. Warum sie gerade zu ihm gekommen war, wußte er nicht. Er hatte sie auch nicht danach gefragt, erst später war ihm eingefallen, daß er sie danach hätte fragen müssen.

Die Frau hatte ihm erzählt, ihre neunjährige Tochter habe in der Schule ein Diktat schreiben müssen, gegen das sie, die Mutter, als gläubige Katholikin, etwas einzuwenden habe.

„Wie Jesus Christus die Menschen von der Sünde und Hölle befreite", las Baumgart in der kindlichen Schrift des Mädchens, „so rettete Adolf Hitler das deutsche Volk vor dem Verderben. Jesus und Hitler wurden verfolgt, aber während Jesus gekreuzigt wurde, wurde Hitler zum Kanzler erhoben. Während die Jünger Jesu ihren Meister verleugneten und ihn im Stiche ließen, fielen die sechzehn Kameraden für ihren Führer. Die Apostel vollendeten das Werk ihres Herrn. Wir hoffen, daß Adolf Hitler sein Werk selbst zu Ende führen darf. Jesus baute für den Himmel, Hitler für die deutsche Erde."

„Was sagen Sie dazu, Herr Baumgart?" fragte die Frau. „Ich bin zum Lehrer gegangen und habe ihm gesagt, ich sei für Hitler, und die Stellung von uns Katholiken ist ja im Reichskonkordat festgelegt. Aber Hitler mit Jesus gleichzusetzen, das ginge doch etwas zu weit. Aber statt das einzusehen, haben sie mich beschuldigt, ich hätte eine merkwürdige Einstellung zu unserem Staat und erziehe meine Tochter nicht richtig. Jetzt wird das Kind in der Schule schikaniert, und dabei weiß das Mädel gar nicht, um was es geht. Wie soll ich mich jetzt verhalten, Herr Baumgart? Was sagen Sie überhaupt zu dem Diktat?"

„Ich kann Ihnen da leider keinen Rat geben, Frau Richter", antwortete Baumgart, „obwohl ich Sie verstehe. Und zu dem Diktat? Ja, was soll man dazu sagen? Der Führer ist bestimmt ein guter Mann, aber ihn mit Jesus zu vergleichen, scheint mir Gotteslästerung."

Die Frau hatte nichts Eiligeres zu tun, als dem Schuldirektor, vor den sie zitiert worden war, mitzuteilen, daß auch ein Mieter in ihrem Hause ihr recht gegeben habe; sie wiederholte Baumgarts Worte.

„Daraufhin hat mich die Gestapo vernommen", erzählte Baumgart weiter, als er den Freunden von dem Vorfall berichtete. „Sie haben mich zuerst nur zur Sache befragt, dabei kam nicht viel heraus, aber ich merkte gleich, daß sie Auskünfte eingeholt hatten und ich ihnen verdächtig bin. Meine größte Sorge war, daß sie etwas von meiner politischen Arbeit wüßten, aber das scheint nicht der Fall zu sein. Trotzdem werde ich mich jetzt eine Zeitlang zurückziehen müssen."

„Du meinst, daß sie durch dich auf eine Spur kommen könnten?"

„So etwas ist nie auszuschließen, wenn sie erst mal auf einen aufmerksam geworden sind", antwortete Baumgart. „Übrigens habe ich vor kurzem einen Genossen getroffen", wandte er sich an Maria, „den du gut gekannt haben mußt. Er hält dich für tot, hat die Nachrufe in den Zeitungen gelesen. Dein Tod muß ihm sehr nahe gegangen sein. Ich habe ihn natürlich dabei gelassen. Er heißt Kirstein."

Maria fuhr auf. „Jupp?" fragte sie aufgeregt. „Jupp Kirstein?"

Baumgart nickte. „Er hat mir viel von dir erzählt, von deiner Begabung, aber auch von deiner Schönheit."

„Er war mein Freund", sagte Maria. „Du brauchst Mark nicht anzusehen, er weiß um diese Freundschaft. Ich habe viel von ihm gelernt. Schade, daß ich ihn nicht treffen kann, aber es ist vielleicht auch besser so."

Die meisten Schauspieler in diesem durch äußere Zwänge

zusammengewürfelten Ensemble waren keine orthodoxen Juden. Sie wußten wenig von der jüdischen Geschichte und von jüdischen Bräuchen. Isaak Stengele jedoch kam aus einem frommen jüdischen Hause. Er war Komiker, aber bei ihm gab es keinen Klamauk, seine Komik hatte etwas Rührendes, im Lachen schwang immer leises Weinen mit.

Mark und Maria mochten den kleinen Stengele, er gehörte zu den wenigen Kollegen, zu denen sie auch persönlichen Kontakt hatten. Daß Maria ihn vor Barski in Schutz genommen hatte, vergaß Isaak ihr nicht.

Er lud die beiden zur Chanukkafeier ein. Er freute sich über ihr Staunen. „Ihr Assimilatsches", scherzte er, „ihr wollt Juden sein?"

Mark wußte ebensowenig wie Maria. Was bedeutete diese Feier, warum fand sie statt? Als Kind kannte er nur den Weihnachtsbaum, aber keine Chanukkaleuchter.

Durch Stengeles hörten Mark und Maria von der Geschichte des jüdischen Volks, der Priesterherrschaft, die abgelöst wurde von einem großen Königreich; von den großen Königen Saul, David und Salomon; von dem Verfall und der Teilung des Reichs; von vielen Kämpfen und schließlich der Zerstörung Jerusalems durch Rom, durch Titus. Stengeles schien diese Geschichte, die über tausend Jahre zurücklag, durchaus gegenwärtig, während Mark und Maria sich weder die Namen noch die Orte, noch die Ursachen der Kriege, der Aufstände, der Zwistigkeiten merken konnten, um die es gegangen war. Erstaunlich war für sie nur, daß das jüdische Volk, das kein Land mehr hatte, keine eigene Sprache, durch seine Riten zusammengehalten wurde.

Stengele hatte eine Frau, Ruth, und zwei Kinder. Um die Kinder machten sie sich Sorgen. Der Große, Sami, war in der Schule manchen Beschimpfungen und Erniedrigungen ausgesetzt. Er war ein sensibler Junge und nahm sich alles sehr zu Herzen.

„Was wird werden aus den Kindern?" klagte Ruth Stengele und legte die Hände auf den Bauch, wo sich das dritte anmeldete.

Stengeles hatten Verwandte in Palästina. „Ist kein Honiglecken dort", sagte Isaak, „sie arbeiten auf dem Felde, alles muß dem Boden abgerungen werden. Aber wenn England wahrmacht ..., werden wir wahrscheinlich auswandern, schon der Kinder wegen. Ich hab gedacht, das hier wird nicht so lange dauern, die ganze Welt hat das geglaubt. Aber wenn es so weitergeht ..."

Es ging weiter. Von Tag zu Tag, von Woche zu Woche, von Monat zu Monat. Zwangsarisierungen von Betrieben, Betätigungsverbote, Verhaftungen ohne Verfahren zerstörten immer mehr jüdische Existenzen. Im Anzeigenteil der Blätter des jüdischen Kulturbundes aber fand Mark eine Annonce, die geradezu makaber wirkte: „Keine Angst vor morgen! FS-Familienschutz bietet Ihnen: Familienversicherung, Kinderversicherung, Altersschutz. Gemeinnütziger Verein für Hinterbliebenenfürsorge der Mitglieder jüdischer Gemeinden e. V. Berlin W 8, Taubenstraße 35."

Zur gleichen Zeit erschienen in denselben Blättern Veröffentlichungen neuer, diskriminierender Gesetze gegen Juden, die einander überboten.

Im „Stürmer" gab es Fratzen jüdischer Menschen, Karikaturen von so abgrundtiefer Widerwärtigkeit und Primitivität, daß auch kultiviertere Nationalsozialisten sich angeekelt abwandten.

Die Masse der kleinbürgerlichen Nazis und die der Mitläufer jedoch war bereit, wozu man sie mit solcher Hetze bereit machen wollte. Schon Kinder wurden in gleicher Weise verhetzt.

Als Mark eines Tages von der Probe heimkehrte, wurde er Zeuge eines Vorfalls, der sich vor dem Hause ereignete, in dem er wohnte. Zwei Jugendliche im Alter von dreizehn, vierzehn Jahren bewarfen einen älteren, schwer behinderten Mann mit Äpfeln. Sie warfen geschickt und schrien vor Lachen, wenn der Behinderte Verrenkungen machte, um den Apfelgeschossen zu entgehen.

Mit wenigen Schritten war Mark bei einem der Jungen, der

sein Opfer gerade ins Ziel gefaßt hatte. „Schämst du dich nicht“, fuhr er ihn an, „einen alten kranken Menschen so zu quälen?“

Der Junge, einen Augenblick verblüfft, grinste. „Det ist keen Mensch“, sagte er. „Det is'n Jude!“

„Jude! Jude!“ schrie der zweite Junge, bereit, wieder zu werfen.

Mark starrte die frischen Kindergesichter an und verlor die Beherrschung. „Und ihr seid keine Kinder“, schrie er, „sondern Bestien! Macht, daß ihr fortkommt, sonst kriegt ihr eins hinter die Löffel!“

Die Jungs hatten sich ein paar Schritte entfernt und glaubten, so sicher zu sein. „Mir könn Se nich schlagen“, brüllte der eine, „ick sag's meinem Vater!“

Mark tat, als wolle er seine Drohung wahrmachen, und die Jungs liefen davon.

„Das hätten Sie nicht tun dürfen, Herr Löwenthal“, sagte der ältere Herr besorgt und blickte den Jungen nach. „Der Vater von dem einen ist nämlich bei der SA.“

„Sie kennen meinen Namen?“ fragte Mark erstaunt.

„Ich wohne in dem Haus nebenan, Herr Löwenthal, aber das würde nichts besagen. Ich kannte Ihren Herrn Vater.“

„Sie kannten meinen Vater?“ fragte Mark erregt. Nach langer Zeit sprach er wieder mit jemandem, der seinen Vater gekannt hatte.

Der ältere Herr nickte. „Wir waren Kollegen. Ich heiße Caden, Dr. Caden.“

„Sie wissen, was mit meinem Vater geschehen ist?“ fragte Mark.

„Ich weiß es“, antwortete Caden. „Aber wollen Sie nicht einen Augenblick zu mir heraufkommen? Es ist besser.“

Mark folgte dem Mann. Er wohnte im dritten Stock. Das Treppenhaus machte da oben keinen guten Eindruck. „Juden“, sagte Caden mit einer Bewegung, die alles erklärte.

In dem kleinen, engen Raum, in dem Caden zur Untermiete wohnte, bat er Mark, Platz zu nehmen. „Haben Sie etwas von Ihrem Herrn Vater erfahren?“

„Nichts", antwortete Mark niedergeschlagen. „Trotz aller Bemühungen meiner Mutter, die in England lebt."

„Ich wurde beinahe zur gleichen Zeit wie Ihr Herr Vater verhaftet", erzählte Caden. „Fast zwei Jahre KZ, nur wer das erlebt hat, kann sich eine Vorstellung machen, was das bedeutet. Sie haben mich früher nicht gekannt ..., aber lassen wir das. Meine Familie ist Gott sei Dank auch im Ausland. Ich warte auf mein Visum. Sie haben Tausende entlassen, aber sie alle warten auf ein Visum. Sie drängen sich vor den Auswanderungsbüros und Auswanderungslokalen. Das ist auch meine tägliche Arbeit. Fort, nur fort, ehe sie einen wieder holen. Ich habe alles, was ich besaß, verkauft, zu Schleuderpreisen. So vegetiere ich. Ich warte. Es geht langsam, sehr langsam. Ob ich es noch erlebe ... Entschuldigen Sie, ich mache Ihnen das Herz schwer. Vielleicht hören Sie doch noch etwas von Ihrem Herrn Vater. Viele haben sie in andere Lager verschleppt, es entstehen ja immer neue. Bevor man da eine Nachricht erhält ... Übrigens, das wollte ich Ihnen noch sagen. Es ist vielleicht ganz unerheblich, aber kann man's wissen? Der Vater dieses Jungen, ich sagte schon, er ist bei der SA, war kürzlich bei Ihrem Hauswart und hat sich nach Ihnen erkundigt."

„Nach mir?" fragte Mark bestürzt. „Woher wissen Sie das?"

„Die Nachbarin, die mir hie und da etwas hilft, wohnt in Ihrem Hause. Und die ist mit der Frau des Hauswarts befreundet." Dr. Caden lächelte. „Komische Verbindungen."

„Und die Frau hat Ihnen gesagt, daß dieser SA-Mann sich nach mir erkundigt hat?"

„Eigentlich nicht nach Ihnen, sondern nur nach Ihrer Frau Gemahlin. Eine großartige Künstlerin übrigens, ich habe sie im Theater in der Kommandantenstraße gesehen. Er wollte nur wissen, seit wann sie hier wohnt. Aber erzählen Sie ihr bitte nichts, die Sache kann ganz harmlos sein, und sie würde sich vielleicht Gedanken machen."

„Hat er noch etwas über meine Frau wissen wollen?"

„Nein, soviel ich weiß, nur, seit wann sie hier wohnt."

Mark bedankte sich bei Dr. Caden. Er lud ihn ein, sie einmal zu besuchen. „Aber hoffentlich bekommen Sie Ihr Visum bald, ich wünsche es Ihnen von Herzen", verabschiedete er sich.

Die Nachricht, daß dieser SA-Mann nach Maria gefragt hatte, beunruhigte Mark. Aber Dr. Caden hatte recht, wozu sollte er sie verunsichern. Er mußte auf andere Weise herausbekommen, warum sich dieser Nazi erkundigt hatte.

Daß die Nachfrage irgend etwas mit Barski zu tun hatte, schien Mark unwahrscheinlich, wenngleich die Duplizität eigenartig war. Barski fragte Maria nach einer Vorstellung, ohne jeden Anlaß, wann sie nach Berlin gekommen sei. Als Maria ihn überrascht ansah und sich erkundigte, warum er das wissen wolle und weshalb er sich für ihre Angelegenheiten interessiere, antwortete er, ihn interessiere das Leben und das Schicksal aller Mitglieder des Jüdischen Theaters.

„Haben Sie die Absicht, ein Buch über die Mitglieder des Jüdischen Theaters zu schreiben, oder brauchen Sie die Informationen zu anderen Zwecken?" fragte Maria. Sie war sich der Bedeutung ihrer letzten Frage nicht ganz bewußt, aber Barski reagierte eindeutig. „Sie halten mich also für einen Spitzel? Sehr schmeichelhaft für mich, aber als assimilierte Jüdin können Sie wahrscheinlich gar nicht anders denken. Ich bedaure das."

Als Maria Mark über das Geplänkel mit Barski berichtete, wunderte sie sich, wie sehr es ihn erregte. „Er wollte wissen, wann du nach Berlin gekommen bist? Nur das?"

„Nur das", entgegnete Maria überrascht. „Vermutest du, daß etwas Konkretes dahintersteckt? Ich habe mich das auch schon gefragt. Glaubst du, daß er etwas über mich in Erfahrung gebracht hat?"

Mark bedauerte, ihr seine Unruhe gezeigt zu haben. „Wenn Barski etwas weiß, hätte er es wahrscheinlich ausgesprochen, zumindest eine Andeutung in der Richtung gemacht", beschwichtigte er sie.

Ihr etwas über den SA-Mann und dessen gleiche Frage zu sagen hätte sie nur noch mehr beunruhigt.

Von der Frau, die Dr. Caden manchmal half, bekam Mark nur bestätigt, was Caden gesagt hatte. Der SA-Mann hatte sich bei dem Hauswart nach nichts anderem erkundigt als danach, wie lange Maria schon in der Wohnung sei. Ein Gespräch mit dem Hauswart selbst brachte ebenfalls kein anderes Ergebnis, weil er allen vorsichtigen Fragen Marks geschickt auswich. Den SA-Mann zu fragen, riskierte Mark nicht, zumal er dann über die Sache mit den Jungs reden und sich womöglich hätte entschuldigen müssen. Er war froh, daß er Maria nichts mitgeteilt hatte.

Maria war in den Rollen, die sie spielte, mehr sie selbst als im Leben. Die Menschen, die sie verkörperte, hatten ein Umfeld, gehörten einer Zeit an, die ihre Zeit war, einer Gesellschaft, die ihre Gesellschaft war, ob sie sich zu ihr bekannten oder nicht.

Sie gehörte nirgends hin, weder zu dem Ghetto, dem sie sich zugesellt hatte, noch zu der Gesellschaft, aus der sie ausgebrochen war.

Nirgends, was für ein uferloses Wort.

Manchmal versuchte sie das Hochgefühl, das sie nach ihrem Ausbruch gehabt hatte und das lange anhielt, künstlich wieder herzustellen, aber es gelang ihr nicht. Die Zeit hatte es abgestumpft. Sie wollte solche Gedanken nicht aufkommen lassen, sie wehrte sich, sie verdrängte sie, aber sie wußte, daß sie sich etwas vormachte.

Wenn sie morgens aufwachte, in dem engen Zimmer, in dem es nie ganz ordentlich aussah, in dem Kleidungsstücke herumlagen, in dem es trotz des offenen Fensters dumpfig roch, schloß sie die Augen wieder, wie man einen Vorhang zuzieht, um abgeschirmt zu sein von dem Draußen, von der Wirklichkeit, von der sie sich doch nicht abschirmen konnte. Mitunter flüchtete sie sich zu Mark, klammerte sich an ihn, um dessentwillen sie alles getan hatte.

Aber hatte sie es wirklich nur um seinetwillen getan? War es nicht in gleichem Maße die Entmündigung gewesen, die sie empört hatte, der Zwang, mit dem man Menschen bevormundete, mit dem man glaubte, sich in ihr privates, ihr privatestes Leben einmischen zu können? Rassismus war nichts Neues; schwarze, gelbe, rote Rassen wurden von weißen versklavt, diskriminiert, verfolgt – nur die Art, wie es die Nazis handhabten, mit pedantischer Exaktheit von Bürokraten, war neu.

Solche Gedanken verschwieg sie Mark. So wie sie ihm verschwieg, wie sehr sie unter unendlich vielen Kleinigkeiten litt, die er gar nicht wahrnahm.

Maria, die keine Jüdin war, empfand das Kainsmal, das man den Juden aufgedrückt hatte, genau so, wenn nicht noch quälender, wie die Juden selbst.

Früher hatten ihr Männer, wenn sie in der Straßenbahn fuhr, Platz gemacht, sie angesehen, ihr nachgesehen. Jetzt erschrak sie, wenn ihr jemand den Platz anbot, zuckte zusammen, wenn sie jemand trotz der dunklen Brille, die sie trug, ansah. Früher hatte sie wie jede Frau gern in Warenhäusern eingekauft, war vor den Schaufenstern stehengeblieben, jetzt tat sie das nicht mehr, vermied Warenhäuser. Setzte sich in den Parkanlagen auch nicht mehr auf eine Bank, wenn sie allein war. Jetzt vermied sie Theaterbesuche, Kinobesuche, Konzerte, das „Unerwünscht" mußte nicht erst geschrieben dastehn, es war in ihr.

Mark wußte nicht, was in Maria vorging, er merkte nur, daß sie oft nervös, reizbar, hektisch war. Dann wieder gab es Tage, da sie müde, beinahe apathisch schien. Seine Versuche, von ihr zu erfahren, was sie bedrücke, beantwortete sie mit einem „Nichts. Wirklich nichts. Ich fühle mich nicht ganz wohl, aber das geht vorüber."

Am 7. März 1936 marschierten deutsche Truppen in das entmilitarisierte Rheinland ein und brachen damit die Verträge, die 1925 zwischen Deutschland und den Siegermächten mit der Verpflichtung geschlossen worden waren, niemals Krieg gegeneinander zu führen.

Die Wochenschau zeigte die marschierende Truppe. Im Rundfunk jubelten die Nazigrößen: Nun ist es soweit!

„Das ist erst der Anfang", sagte Baumgart. „Hitler hat ja kein Hehl daraus gemacht, nur hat das niemand ernst genommen."

„Werden die Länder, mit denen die Verträge geschlossen wurden, nicht etwas unternehmen?" fragte Mark.

„Es hat nicht den Anschein", antwortete Baumgart. „Außerdem, sie können sich eine militärische Auseinandersetzung wahrscheinlich jetzt nicht leisten. Sie werden es schlukken, so wie sie schon manches geschluckt haben."

In der „Jüdischen Allgemeinen Zeitung", die einmal in der Woche erschien, fand Maria nichts über diesen Einmarsch, dafür in der Spalte „Kleine Mitteilungen" unter der Überschrift „Heldengedenkfeier" die Zeilen: „Der Reichsbund jüdischer Frontsoldaten, Landesverband Berlin und Mark, veranstaltet aus Anlaß des Heldengedenktages am Sonntag, dem 15. März 1936, vormittags, in der Synagoge Oranienburger Straße 29, eine Heldengedenkfeier. Anschließend, 12.30 Uhr, Gedenkfeier der Kameraden auf dem Ehrenfriedhof in Weißensee."

„Begreifst du das?" fragte Maria Baumgart.

„Nein", antwortete er, „ich verstehe auch nicht, was sie sich davon versprechen. Ob diese Leute wirklich glauben, daß sich im Verhalten der Nazis zu den Juden etwas ändern wird?"

Aber im August 1936 schien es, daß sich wirklich etwas ändere. Mit den Olympischen Spielen ergaben sich Erleichterungen, die viele Hoffnungen weckten.

Als die Olympischen Spiele vier Jahre zuvor an Deutschland vergeben worden waren, hatte Hitler noch gehetzt, es werde ein Spektakel der Juden und Freimaurer werden. Nun, da er an der Macht war, wurde alles aufgeboten, um die Spiele attraktiv zu machen. Eine Reklame ohnegleichen setzte ein, eine Reklame, die Überraschungen, Staunen, ja sogar Bewunderung hervorrief. Die Nazis ließen es sich etwas kosten. „Berlin ruft zu den Olympischen Spielen!" warb es in vielen Ländern, vielen Sprachen, von Häuserwänden und Transparenten, in Zeitungen und Zeitschriften. Die Einreise wurde erleichtert, es gab kaum noch Einschränkungen, nur Devisen mußten die Besucher bringen; nach Stand, Rasse, Religion wurde nicht gefragt. Während im Deutschen Reich immer neue Konzentrationslager errichtet wurden, spielte man in Berlin Toleranz, Großzügigkeit, Freiheit.

Eine Riesenschau wurde inszeniert, Aufmärsche und Paraden lösten einander ab. Junge Männer brachten das Olympische Feuer in langer Kette aus Griechenland. Festliche Theateraufführungen und Konzerte überboten einander. Die Ausstellung „Olympische Spiele“ führte den Besuchern deutschen Geist, überdimensionale muskelbepackte Gestalten eines Thorak, eines Breker vor.

Mark und Maria vermieden es, sich den „Rummel“ anzusehen. Nicht nur, weil sie dieses Spektakel, das über das wirkliche Geschehen in Deutschland hinwegtäuschen sollte, anekelte, auch weil Maria fürchtete, daß sich unter den Leuten, die aus dem ganzen Reich nach Berlin strömten, solche finden konnten, die sie in München auf der Bühne gesehen hatten. Es war kaum anzunehmen, daß man sie erkannte, aber wozu etwas riskieren.

An einem späten Nachmittag klingelte es. Es war der 8. August, und Maria lag erschöpft auf dem Bett, weil die Luft, die durch das geöffnete Fenster ins Zimmer drang, trotz der zugezogenen Gardinen keine Kühlung brachte.

Maria erschrak. Mark war unterwegs, um Besorgungen zu machen. Sie erwartete um diese Zeit niemand. Sie warf ihren Morgenmantel über, um zu öffnen, aber ehe sie die Sicherheitskette zurückschob, blickte sie durch den Spion. Draußen stand eine ältere, schwarzgekleidete Dame, die Maria nicht kannte.

„Ja, bitte? Was wünschen Sie?“ fragte Maria und wußte im gleichen Augenblick, noch während sie sprach, wer vor ihr stand.

„Du bist Manja“, sagte die Fremde eintretend. Sie küßte Maria rechts und links auf die Backe und betrachtete sie mit einer Rührung, die nichts von Sentimentalität an sich hatte.

„Mark hat mir viel von dir geschrieben, aber Briefe ersetzen die Wirklichkeit nicht. Ich bin froh, dich kennenzulernen, sehr froh."

„Mark hat mir auch von dir viel erzählt", sagte Maria herzlich. „Er muß jeden Augenblick zurück sein. Willst du nicht hereinkommen? Es ist nicht sehr ordentlich bei uns, du mußt entschuldigen, aber ..."

Theresa lächelte. Das Lächeln erhellte ihr Gesicht, das immer noch schön war, dem man aber Kummer und Sorgen ansah. „Als ob es darauf ankäme", sagte sie. Sie blickte sich im Zimmer um und nickte. „So also haust ihr. Immer noch besser als viele andere, wie ich gehört habe."

„Du hast richtig gehört, Mutter." Zum erstenmal in ihrem Leben sprach Maria das Wort aus.

Einen Augenblick schwiegen beide, dann forderte Maria Marks Mutter auf abzulegen. „Ich kann nicht sagen, mach es dir bequem, bequem ist es nicht, aber man kann leben."

„Man kann leben", wiederholte Theresa.

„Wie ist es dir gelungen herzukommen?" fragte Maria. „Warum hast du Mark nicht geschrieben, daß du kommst? Wir hätten dich doch abgeholt."

„Es kam alles etwas überstürzt", berichtete Theresa. „Freunde von uns nutzten die Gelegenheit, zu ihren Eltern zu fahren. Für die Olympiade bekommen auch Emigranten eine Aufenthaltserlaubnis. Manuela war auf einer Konzerttournee in den Vereinigten Staaten. Versuchen kann ich es, dachte ich. Ich brauche dir nicht zu sagen, wie sehr ich mich danach sehnte, Mark wiederzusehen, aber ich glaubte nicht, daß es gelingen würde. Darum habe ich ihm nichts geschrieben. Aber es ging ganz leicht, und es ging schnell. Sie haben nicht viel wissen wollen, mein Paß genügte. Ich mußte natürlich angeben, daß ich einen Sohn in Deutschland habe. Mein Bruder hat den Flug bezahlt. Auch den Aufenthalt, es war nicht billig, ich wohne im ‚Adlon'. Als junge Frau habe ich schon einmal im ‚Adlon' gewohnt, aber unter anderen Umständen. Mein Gott, ich kann es immer noch nicht fassen, daß ich hier bin."

Draußen wurde die Tür aufgeschlossen. Man hörte Marks Schritte. Er ging zur Küche, um das Eingekaufte dort abzulegen. Dann trat er ein. „Weißt du, wen ich getroffen habe ...", begann er, brach aber mitten im Satz ab, als er die schmale, schwarze Gestalt entdeckte, die regungslos dastand.

Langsam ging Theresa auf ihren Sohn zu, zu sprechen vermochte sie nicht. Über ihre Wangen liefen Tränen. Mark fing sie in seinen Armen auf. „Mutter", flüsterte er. „Mutter, daß du da bist ..."

Maria wußte, wie sehr Mark an der Mutter hing. Sie fühlte sich ausgeschlossen, gleichzeitig aber einbezogen. Sie gehörte zur Familie. Merkwürdig, sie ist schwarz und er blond und ganz anders, dachte sie, und doch ist da eine Ähnlichkeit.

Noch einmal und ausführlicher mußte Theresa berichten, wodurch und wie sie nach Berlin gekommen war. „Es sind wahrscheinlich trotz der günstigen Gelegenheit nicht allzu viele Juden, die es gewagt haben, wenn auch nur für kurze Zeit, nach Deutschland zurückzukehren. Sie trauen dem Frieden nicht. Es gibt aber auch andere, die hoffen, daß mit der Olympiade eine Lockerung eingetreten sei. Du erinnerst dich, Mark, Vater hat immer davon gesprochen, daß das eines Tages kommen wird."

Mark lächelte bitter. „Vater hat diesen Irrtum teuer genug bezahlt. Ich glaube, man soll sich keine Illusionen machen. Haben sie dich nicht nach Vater gefragt?"

Theresa schüttelte den Kopf. „Nein. Ich hatte es auch erwartet."

„Und du hast nichts ... nichts mehr über ihn erfahren?"

„Nichts", antwortete Theresa resigniert. „Nur höfliche, aber unverbindliche Ausflüchte. Wir haben alles versucht. Ich will die Zeit benützen und Vaters Sekretärin aufsuchen."

„Die ihn angezeigt hat?"

„Die ihn angezeigt hat", antwortete Theresa auf die Frage ihres Sohnes. „Wenn sie etwas weiß, muß sie es mir sagen."

„Muß, muß", widersprach Mark. „Selbst wenn sie etwas weiß, wirst du es nicht von ihr erfahren. Du bringst dich nur in Gefahr."

Theresa sah ihren Sohn nicht an, sie blickte geradeaus. „Ich muß es versuchen“, sagte sie. „Ich weiß nicht, ob es mir gelingt, aber vielleicht bringe ich sie dazu, vielleicht ...“

Als auf Theresas schüchternes Klopfen nichts erfolgte, klopfte sie noch einmal, diesmal stärker. Sie sprach sich selbst Mut zu, sie mußte sicher und bestimmt auftreten, davon hing alles ab. Immer noch wartete sie vergeblich auf das „Herein“. Da es nicht kam, öffnete sie und trat ein.

Die Sekretärin fuhr auf. „Was wünschen Sie?“

„Ich habe zweimal geklopft, aber sie haben mich offenbar nicht gehört, Frau Meyer“, sagte Theresa.

Der mißtrauisch distanzierte Ausdruck im Gesicht der Sekretärin wich dem Erstaunen. „Frau Löwenthal?“ fragte sie, und man sah ihr an, daß dieser Besuch nicht nur überraschend kam, sondern ihr höchst unangenehm war. „Ich habe gedacht, Sie sind im Ausland?“

Theresa nahm sich zusammen. Nur nicht grob, nur nicht heftig werden. „Ich lebe auch im Ausland“, sagte sie, und es gelang ihr sogar zu lächeln. „Aber man hört soviel von der Olympiade, das muß man ja gesehen habe.“

Die Augen der Sekretärin wurden bös und stechend. Dabei sah man ihr die Unsicherheit an. „Dazu sind Sie ja wohl nicht hergekommen?“

„Nicht nur“, antwortete Theresa. „Nicht nur. Ich bin auch hergekommen, um mit Ihnen zu reden.“

„Um mit mir zu reden? Ich wüßte nicht, worüber wir miteinander zu reden hätten.“ Das war nicht nur abweisend, das klang nervös. Theresa war keine große Psychologin, aber die Angst der Frau hinter dem Schreibtisch war unüberhörbar.

„Sie wissen, warum ich zu Ihnen gekommen bin“, sagte Theresa bestimmt. „Ich wäre schon damals gekommen, aber ich wäre Ihnen dann genauso ausgeliefert gewesen wie mein Mann. Jetzt lebe ich in England, und mein Bruder hat einigen Einfluß. Eine Denunziation wäre aussichtslos.“

„Ich habe Ihren Mann nicht denunziert“, widersprach die Frau leise, aber erregt. „Es gab Beweise ...“

„Es gab gegen meinen Mann keinerlei Beweise." Auch Theresa sprach leise, auch sie war erregt. „Ich weiß nicht, was Sie dazu gebracht hat, ihn gegen besseres Wissen ... anzuzeigen. Er hat es nicht um Sie verdient. Er hat Sie geschätzt und hätte nie etwas gegen Sie unternommen, obwohl er es gekonnt hätte. Ja, gekonnt hätte. Ich habe in seinen Papieren Unterlagen gefunden, die das eindeutig erhärten."

Die Reaktion der Frau zeigte Theresa, daß die Drohung ihre Wirkung nicht verfehlte. „Was für Unterlagen?" flüsterte sie gereizt. „Sie können mir viel erzählen. Zeigen Sie sie mir. Was wollen Sie überhaupt?"

„Unterlagen über das Geld, das Sie sich von Redlicher haben geben lassen." Theresa stellte fest, daß sie ins Schwarze getroffen hatte. Sie besaß überhaupt keine Unterlagen, aber in einem Gespräch, kurz vor der Verhaftung, hatte ihr Mann einmal gesagt, er sei überzeugt, daß Frau Meyer von Redlicher Geld erhalten habe. Redlicher, einer der besten Chemiker im Betrieb, auch ein Jude, war von ihr gewarnt worden und war, alles zurücklassend, aus Deutschland geflohen. Er hatte angedeutet, daß sie sich diese Warnung bezahlen ließ.

„Ich habe sie natürlich nicht mitgebracht", sagte Theresa. „Sie sind in England. In London, in Gewahrsam meines Bruders. Und was ich von Ihnen will ..."

Sie konnte den Satz nicht vollenden. „Nicht hier", flüsterte die Sekretärin aufgeregt, „der Chef kann jeden Augenblick hereinkommen. Ich gebe Ihnen meine Anschrift, besuchen Sie mich nachmittags, achtzehn Uhr." Hastig schrieb sie die Adresse auf einen Zettel und drückte ihn Theresa in die Hand.

Mark war dagegen, daß seine Mutter in die Wohnung dieser Frau ging. „Vielleicht ist es eine Falle. Ihr ist alles zuzutrauen."

Auch Maria riet ab. Aber Theresa war nicht abzubringen.

In ihrer Wohnung, die luxuriös eingerichtet war und die man sich von einem Sekretärinnengehalt bestimmt nicht leisten konnte, gab Ingrid Meyer sich anders als im Büro. Hier befürchtete sie nicht, überrascht oder bespitzelt zu werden. Sie mimte die Arme, die man gezwungen habe, gegen Jakob Löwenthal Anzeige zu erstatten. Jetzt erfuhr Theresa, daß der Nachfolger Bobs, ein Rechtsanwalt namens Martin, ein früherer Angestellter ihres Mannes war. Seit vielen Jahren hatte er sein Ziel, den jüdischen Chef zu verdrängen und an seine Stelle aufzurücken, mit allen Mitteln verfolgt und auch schließlich erreicht. Ein Verfahren, das häufig praktiziert wurde.

Ingrid Meyer, die wahrscheinlich nicht nur von dem jüdischen Chemiker Geld genommen hatte, wurde, wenigstens behauptete sie es, von ihren jetzigen Chef erpreßt. Theresa schien es aber, als stehe die Frau in einem engeren Verhältnis zu dem Mann. Und nicht nur die Stellung seines Chefs hatte Martin an sich gebracht, es gelang ihm auch, dessen Haus zu einem Schätzpreis zu kaufen, der weit unter dem eigentlichen Wert lag.

Die Beteuerungen von Frau Meyer, wie furchtbar das alles für sie gewesen sei, glaubte Theresa nicht, aber sie erfuhr, daß man Bob in das Konzentrationslager Lichtenburg gebracht hatte, von wo er 1935 mit anderen Häftlingen verlagert worden sei. Wohin, wußte Frau Meyer angeblich nicht, aber es war wenigstens eine Spur.

Mark riet seiner Mutter dringend ab, sich, solange sie sich noch in Deutschland befand, an die Nazibehörden zu wenden. Eine Angelegenheit, die sich zwei Tage nach dem Besuch bei der Sekretärin zutrug, schien ihm recht zu geben.

Ein Herr Standorf ließ sich im Hotel bei Theresa anmelden. Als sie fragte, wer das sei, sie kenne keinen Herrn Standorf, wurde ihr mitgeteilt, es sei ein Beamter, und er käme in dienstlicher Eigenschaft.

Es war jemand von der Gestapo, der offensichtlich etwas von Theresas Besuch bei Frau Meyer wußte. Er stellte zunächst unverbindliche Fragen, kam dann auf Mark zu sprechen, über den er unterrichtet zu sein schien, erkundigte sich auch nach der Frau von Mark, was merkwürdig erschien, und fragte schließlich in amtlicherem Ton als alles Vorhergehende, warum Theresa die Verhaftung ihres Mannes bei ihrer Einreise verschwiegen habe.

„Ich habe sie nicht verschwiegen“, wehrte sich Theresa. „Ich wurde weder mündlich noch schriftlich aufgefordert, das mitzuteilen.“

„Es war Ihnen also nicht klar, daß Sie so etwas auch ohne Aufforderung anzugeben haben?“ Die Frage klang wie eine Drohung.

Theresa bemühte sich, ihre Nervosität nicht zu zeigen. „Es war mir nicht klar“, entgegnete sie. „Wäre es mir klar gewesen, dann hätte ich es angegeben.“

„Sie haben Ihren Aufenthalt während der Olympiade dazu benutzt, um persönlichen Angelegenheiten nachzugehen. Geben Sie das zu?“

Der inquisitorische Ton des Mannes reizte Theresa. „Soll ich hier einem Verhör unterzogen werden? Ich habe nichts ‚zuzugeben‘. Natürlich habe ich meinen Aufenthalt während der Olympiade auch dazu benutzt, meinen Sohn zu besuchen und mich bei der ehemaligen Sekretärin meines Mannes zu erkundigen, ob sie etwas über den jetzigen Aufenthalt meines Mannes wisse. Trotz aller Bemühungen konnte ich nur in Erfahrung bringen, daß er 1933 nach Lichtenburg gebracht und 1935 ‚verlagert‘ wurde. Wohin, erfuhr ich nicht. Vielleicht können Sie mir helfen, zu ermitteln, wo er sich befindet?“

Diese Direktheit schien dem Mann nicht zu passen. „Das ist nicht meine Aufgabe“, sagte er abweisend. „Da müssen Sie sich an die zuständigen Stellen wenden. Im übrigen möchte ich Sie darauf hinweisen, daß meine Fragen nichts mit einem Verhör zu tun haben. Ich möchte nur noch wissen, ob Sie beabsichtigen, die Dauer Ihres Aufenthaltes einzuhalten oder ob Sie ihn verlängern wollen?“

„Ich werde den Termin einhalten“, antwortete Theresa.

Was wollte dieser Mann eigentlich, überlegte sie, als sie wieder allein war. Hinter allem, was er gefragt hatte, steckte doch irgendeine Absicht. Hatte Martin, der wahrscheinlich mit Frau Meyer unter einer Decke steckte, veranlaßt, daß man sie aufsuche? Fürchtete er, daß man die Sache Jakob Löwenthal untersuchen könnte? Aber diese Furcht war unbegründet, das mußte der Nazi ja wissen. Kein Gericht hätte dem Juden Löwenthal Recht widerfahren lassen. Theresa überlegte und grübelte, aber sie konnte nicht hinter die wahren Absichten Standorfs kommen.

War der Besuch des Gestapobeamten schon Anlaß, Theresa zu verunsichern, so steigerte ein gänzlich anders gearteter Vorfall ihre Unruhe. Als sie am nächsten Tage spät abends mit dem Taxi in ihr Hotel zurückkehrte, drückte ein Mann ihr ein Papier in die Hand und war verschwunden, ehe sie etwas fragen konnte. Erstaunt las sie im Licht, das den Hoteleingang erhellte: „Wenn ihr Berlin bei der Olympischen Parade seht, denkt daran: Hitlerdeutschland ist ein Zuchthaus für alle freiheitlichen Menschen."

Noch hielt sie das Papier in der Hand, als ein jüngerer Mann in Zivil, aber unverkennbar auch der Geheimen Staatspolizei angehörend, ihre Hand faßte und fragte: „Woher haben Sie das?"

„Es wurde mir eben zugesteckt", erwiderte Theresa. „Ich wußte überhaupt nicht, was das soll."

„Haben Sie es gelesen?" fragte der Gestapobeamte.

„Ja, natürlich, ich konnte ja nicht ahnen, was da drin steht."

„Wer hat es Ihnen zugesteckt? Ein Mann oder eine Frau?"

„Ein Mann."

„Können Sie beschreiben, wie er aussah?"

Theresa überlegte blitzschnell. Sie hatte den Mann ja kaum gesehen, aber wenn sie ihn gesehen hätte, würde sie ihn diesen Leuten auch nicht ausliefern. „Ein jüngerer Mann war es", sagte sie, als versuche sie sich das Bild des Mannes ins Gedächtnis zu rufen. „Er war mittelgroß und trug einen hellen Mantel. Mehr konnte ich nicht erkennen, er war sofort wieder weg."

Kein Wort ihrer Beschreibung stimmte.

„Sie gehören zu den Hotelgästen?“ fragte der Beamte, und als Theresa bejahte, forderte er sie auf, in der Hotelhalle zu warten, es seien noch andere Hotelgäste belästigt worden, man müsse die Aussagen miteinander vergleichen. Es würde nicht lange dauern.

Die Befragung schien nichts zu ergeben, und nach fünfzehn Minuten durften die Hotelgäste die Halle verlassen. Ob man jemanden festgenommen hatte, wurde nicht bekannt.

Von anderer Seite aber erfuhr Theresa Genaueres. Baumgart hatte zu den Leuten gehört, die Flugblätter vor den Eingängen der großen Hotels und an anderen Stellen, wo sich viele Ausländer aufhielten, verteilten.

„Aber Sie riskierten doch Kopf und Kragen dabei“, sagte Theresa, die Baumgart, als sie ihre Kinder besuchte, dort antraf. „Lohnt das?“

„Lohnt“, antwortete Baumgart. „Was lohnt schon?! Das Ausland muß wissen, daß es in Deutschland nicht nur Nazis gibt, trotz aller Greuel, Morde und Konzentrationslager. Es gibt Besucher, die sich durch die blendende Fassade täuschen lassen.“

„Und dafür setzen Sie Ihr Leben ein?“ fragte Theresa beeindruckt.

„Dafür setzen wir unter Umständen auch das Leben ein“, sagte Baumgart einfach. Dann wandte er sich Maria zu. „Weißt du, wer auch mitgemacht hat? Jupp Kirstein. Beinahe hätten sie ihn geschnappt. Das wäre bitter gewesen. Er geht nach Spanien, zu den Internationalen Brigaden. Schade, daß er dich für tot hält, daß ihr euch nicht mehr treffen könnt.“

„Er hält Manja für tot?“ fragte Theresa bestürzt.

Jetzt erst merkte Baumgart, daß Marks Mutter nicht über Maria orientiert war. Mit Erklärungen stets bei der Hand, wußte er diesmal nicht, was er sagen sollte.

„Laß nur“, beruhigte ihn Mark. „Ich werde es Mutter erklären.“

„Mein Gott“, stammelte Theresa, als Baumgart gegangen

war und Mark ihr den Sachverhalt mit knappen Worten berichtete. „Das gibt es doch nicht. Das kann doch nicht wahr sein. Hätte jemand anderer mir das erzählt, ich hätte es nicht geglaubt. Manja – oder soll ich Maria sagen? –, Manja, das hast du seinetwegen getan?"

Maria, die auf der Bühne übersteigern mußte und darum Übersteigerungen im Leben nicht sehr liebte, wehrte ab. „Seinetwegen, Mutter, aber auch weil ich administrative Bevormundung hasse und mich gegen Zwang zur Wehr setze. „Setzte", verbesserte sie sich, „nicht allen Zwängen kann man in dieser Zeit entgehen."

„Weshalb hat dieser Gestapomann nur nach dir gefragt?" überlegte Theresa plötzlich. „Ob sie etwas wissen?"

„Was hat er gefragt?"

Theresa bemerkte, daß ihre Mitteilung Mark aufregte. „Wie lange ihr schon verheiratet seid, und wann ich Manja kennengelernt habe. Ich habe das natürlich beantwortet. Hätte ich es nicht sollen?"

„Doch, doch", antwortete Mark, „aber ich hätte dir gleich alles sagen müssen. Ich verstehe nicht, was diese Fragen mit dir zu tun haben."

Mark erwartete, daß sich etwas im Zusammenhang mit den von so verschiedenen Seiten gestellten Fragen nach Maria ereigne. Dieses Warten zermürbte ihn, zumal er seine Angst verheimlichen mußte, sowohl vor seiner Frau als auch vor seiner Mutter. Bei jedem Telefonanruf, jedesmal, wenn die Türglocke klingelte, schreckte er auf. Aber es geschah nichts.

Hatte Theresa sich, weil sie ja angeblich deshalb nach Berlin gekommen war, pflichtgemäß die Eröffnung der Olympischen Spiele und einige der Wettkämpfe angesehen, so wurde ihr die Hebbelsche „Judith" auf der Bühne des Jüdischen Theaters, wo sie ihren Sohn und ihre Schwiegertochter als Schauspieler bewundern konnte, ein echtes Ereignis in vielfacher Hinsicht.

Theresa hatte das Stück schon vor vielen Jahren einmal in

glänzender Besetzung in der Inszenierung von Reinhardt gesehen, es hatte auf sie, besonders was die schauspielerischen Leistungen anbetraf, starken Eindruck gemacht. Doch Reinhardt hatte es als historisches Stück inszeniert, und das Publikum hatte es als solches aufgenommen. Im Jüdischen Theater des Jahres 1936 aber bekam es einen neuen, anderen, unmittelbar aktuellen Sinn. Judith aus der jüdischen Stadt Bethulien rettet die Stadt, indem sie Holofernes in seinem Lager aufsucht, ihn durch ihre Schönheit betört und ihm das Haupt abschlägt. Mit dem Haupt als Trophäe bringt sie ihr verzagendes Volk dazu, der Übermacht des einst Mächtigen Widerstand zu leisten, zu kämpfen.

Es bedurfte keiner künstlichen Mittel, das Stück zu aktualisieren, das jüdische Publikum im Theater in der Kommandantenstraße, bedrängt, entrechtet, seiner menschlichen Würde beraubt, identifizierte sich mit Judiths Tat.

Mark, der den Ephraim gespielt hatte, war bereits abgeschminkt und wollte Maria abholen, als er vor der Damengarderobe Judith Baumann traf.

„Ist Manja noch nicht fertig?“ fragte Mark.

„Sie ist noch nicht einmal abgeschminkt“, antwortete Judith Baumann. „Sie sitzt da und starrt vor sich hin. Vorher hat sie ein langes Gespräch mit Barski gehabt. Sie spricht nicht darüber. Kannst du dir vorstellen, was sie hat?“

„Nein“, antwortete Mark. „Es war doch wieder ein ganz großer Erfolg für sie.“

„Ich verstehe es auch nicht. Sie hatte etwas gegen die Rolle, aber sie war bewundernswert. Vielleicht, daß das Gespräch ... Oder gibt es etwas anderes?“

„Ist jemand drin?“ fragte Mark.

„Nur die Garderobiere.“

Mark war schon weitergeeilt, als Judith ihm nachrief: „Mark ...“

Er drehte sich um. „Ja, was ist?“

„Ich muß dich sprechen. Es ist wichtig. Seid ihr bei der Premierenfeier?“

„Nein, meine Mutter ist zu Besuch hier. Ich habe mich bei

Rüster schon entschuldigt. hat es denn nicht Zeit bis morgen?"

„Morgen", wiederholte Judith. Es klang resigniert. „Es muß eben Zeit haben."

Als Mark die Garderobe betrat, schminkte sich Maria ab. „Entschuldige", sagte sie, „ich habe etwas getrödelt. Aber es dauert nicht mehr lange. Wartet unten. Ich beeile mich."

„Fühlst du dich nicht wohl? Du siehst angegriffen aus. Ich habe Judith Baumann draußen getroffen, sie sagt, du seiest so merkwürdig."

„Ich bin gar nicht merkwürdig, nur müde. Laß nur, ich mache schnell."

Unten wartete Theresa schon.

Sie überschüttete ihren Sohn mit ihrer Begeisterung. „Ihr seid beide sehr gut gewesen, auch du, Mark. Ich sage das nicht, um euch zu schmeicheln. Aber der Ephraim gibt nicht so viel her, es ist eine sehr schwierige und nicht sehr dankbare Rolle. Manja aber war groß. Dabei ganz anders als damals, bei Reinhardt, als ich das Stück gesehen habe. Weniger pathetisch, viel menschlicher."

Als sie später bei einem Glas Wein in dem engen Zimmer beisammensaßen, wiederholte Theresa, was sie Mark schon gesagt hatte. „Es ist unwahrscheinlich, wie du dich als Christin in diese Jüdin hineinfühlen kannst, das ist bewundernswert."

Maria schüttelte den Kopf. „Ich habe mich nicht in eine Jüdin hineinfühlen müssen, Mutter", sagte sie. „Judith empfindet nicht nur als Jüdin, sie ist ein scheues, ängstliches Wesen, gar nicht mutig, es ist nur der Mut der Verzweiflung, der sie handeln läßt."

Mark hob sein Glas. „Wir wollen auf diesen verzweifelten Mut anstoßen", sagte er, seine Hand auf die Hand Marias legend. „Daß er uns erfüllt, wenn wir ihn nötig haben."

Maria blickte Mark überrascht an. Dieses Pathos war sonst nicht seine Art. „Danke", flüsterte sie. „Es ist gut, daß du das gesagt hast."

Theresa verstand die beiden nicht, sie ahnte nur, was in ihnen vorging. „Wie ihr auch darüber denkt", sagte sie, „wir müssen einen Weg finden, daß ihr herauskommt. Ich weiß, mit Manjas Papieren geht es nicht, aber vielleicht kann man andere besorgen. Man muß alles versuchen."

Maria hatte sich anfänglich gesträubt, die Judith zu spielen. Rüster, der angenommen hatte, sie würde begeistert sein – es war eine Rolle, um die sich jede junge Schauspielerin riß –, war enttäuscht. Ihr zögerndes „Sollte man sie nicht besser anders besetzen – zum Beispiel mit Judith Baumann, die viel geeigneter wäre?" verstand er nicht.

„Was haben Sie gegen die Rolle?" fragte er ärgerlich. „Bei der ‚Antigone' behaupteten Sie, Sie könnten sich mit ihrer Grundhaltung – ‚... nicht mitzuhassen, mitzulieben bin ich da' – nicht einverstanden erklären. Das brauchen Sie auch nicht, aber Sie sind ja schließlich Schauspielerin. Und nun gefällt Ihnen die Judith nicht, die mitzuhassen fähig ist ..."

Rüster hatte natürlich recht, ein Schauspieler mußte auch Rollen spielen, die seinem Charakter extrem entgegengesetzt waren.

„Es ist ja nicht nur die Rolle", wandte sie darum nur noch kleinlaut ein. „Ich halte das Stück für schlecht. Es ist unwahr, konstruiert. Die Menschen sind keine Menschen, sondern Träger von Ideen."

„Sie halten Hebbel für schlecht?" fragte Rüster entsetzt.

„Nicht Hebbel", widersprach Maria, „aber seine ‚Judith'." Sie hatte gar nicht vorgehabt, sich in eine Auseinandersetzung einzulassen, jetzt sah sie sich dazu gezwungen. „Sie ist ein Fall für den Psychiater", fuhr sie fort. „Als Vierzehnjährige wird sie an einen Mann verheiratet, der in der Hochzeitsnacht versagt. Das kann vorkommen, doch es ist nach dem Volksempfinden in Bethulien eine Schande. Judith, respektive Hebbel, dramatisiert es darum zu einem Zeichen Gottes. Sie ist verheiratet und bleibt Jungfrau, bleibt kinderlos, alles ‚Zeichen des Herrn'. Da kommt Holofernes, der die jüdische Stadt vernichten will, der die Menschen aushungert, die Brunnen bewachen läßt, so daß Hunderte verdursten. Judith, die Träumerin, die in ihren Träumen wirklicher lebt als in der Wirklichkeit, beschließt, ins Lager des Holofernes zu gehen, sich dem Feldherrn hinzugeben und ihn zu enthaupten. Der pubertäre Traum einer Fünfzehnjährigen. Und nun beginnt im Stück das eigentlich menschliche Geschehen. Judith verliebt sich in Holofernes. Vergebens fleht sie Gott an: ‚Schütze mich vor mir selbst, daß ich nicht verehren muß, was ich verabscheue! Er ist ein Mann.' Und an anderer Stelle heißt es: ‚Ich muß ihn morden, wenn ich nicht vor ihm knien soll.'"

Rüster hatte Maria aufmerksam und interessiert zugehört. Es gab Regisseure, die denkende Schauspieler nicht mochten, Rüster mochte Leute, die sich über ihre Rollen Gedanken machten. „Gut, gut", sagte er, „sie verliebt sich in Holofernes, aber sie vergißt nicht, wozu sie gekommen ist. Sie tötet ihn. Um so größer wird ihre Tat."

Maria hob wie in Abwehr die Hand. „Sie tötet ihn nicht, weil sie gekommen ist, den Feind ihres Volkes zu töten. Das ist es ja gerade. Sie tötet ihn, weil sie mit ihm geschlafen hat, das schön fand und er gleich danach eingeschlafen war. Weil er sie bereits vergessen hat. Es ist die beleidigte, gekränkte Frau, die ihn tötet. Ihr Heldentum wird ihr später angedichtet, wie das in der Geschichte öfter vorkommt. Der abgeschlagene Kopf des Holofernes aber ist der wirkliche Anlaß, daß das jüdische Volk kämpft."

Rüster lächelte erleichtert. „Eben", sagte er. „Wir kommen doch noch zusammen. Aus welchen Motiven immer sie ihn enthauptet, sie erreicht, daß ihr Volk sich wehrt, daß es kämpft. Darauf kommt es an. Ich bin überzeugt, Sie werden eine sehr gute Judith sein."

Er bestand auf Besetzung der Rolle mit Maria, und er behielt recht. Diese zarte, scheue Judith, der man nicht zutraute, daß sie jemandem etwas zuleide tue, gefiel dem Publikum besser, als eine heldische Jungfrau es getan hätte.

Als Maria nach vielen Vorhängen und begeisterten Ovationen der Zuschauer zu ihrer Garderobe ging, sah sie Barski stehen, ihr schien, als habe er auf sie gewartet.

„Sie wollen mir gewiß sagen, daß ich auch Hebbel auf den Kopf gestellt habe“, sprach sie ihn an, „und daß Sie mich, wie immer, schlecht finden.“

Da geschah etwas Seltsames. Zum erstenmal sah sie in seinem Gesicht Zustimmung und Hochachtung. „Sie irren“, sagte er, „Sie waren noch nie schlecht als Schauspielerin, und ich habe das auch nie behauptet. Aber Sie haben heute etwas getan, das ich Ihnen, verzeihen Sie, wenn ich es offen ausspreche, als Assimilantin nie zugetraut hätte. Sie haben den wahren Charakter der Rolle, des Stücks, aufgedeckt. Die verlogene Mystik Hebbels, die nichts mit dem Judentum, seiner Religion und seiner Geschichte zu tun hat. Vielleicht kann ein Nichtjude so ein Stück gar nicht schreiben, ich weiß es nicht. Ich weiß nur, daß ich es als Beleidigung für mein Volk empfinde, wenn man es feige nennt. Denn das tut Hebbel. Erst der Kopf des Holofernes gibt dem Volk von Bethulien den Mut zu kämpfen. Das jüdische Volk hat in vielen Kämpfen durch die Jahrhunderte seinen Mut bewiesen. Es hat sich trotz Pogromen und Verfolgungen erhalten, und zu seinen Urahnen gehört kein Geringerer als Judas Makkabäus.“

Maria sah in den Augen des Mannes, den sie für kalt und nüchtern gehalten hatte, eine beinahe fanatische Begeisterung. Sie wußte nicht, wie sie sich dazu verhalten sollte.

Barski schien zu empfinden, was in ihr vorging. „Verzeihen Sie“, sagte er, „wenn ich mich etwas gehenließ. Aber ohne den Glauben an die Bestimmung unseres Volkes“ – er stockte einen Augenblick, als sei die Bezeichnung „unseres Volkes“ nicht ganz richtig, fuhr aber, ohne sich zu verbessern, fort – „wäre das Leben heute unerträglich.“

Ich habe ihn falsch beurteilt, dachte Maria, sein Judentum stützt ihn wie eine Krücke, ohne diese Krücke ist er hilflos und preisgegeben. „Sagen Sie, Barski“, fragte sie plötzlich, „man erzählt sich im Theater, Sie hätten besondere Verbindungen zu dem Staatskommissar. Stimmt das?“

Mit einemmal war das Gesicht des Mannes wieder so, wie sie es kannte, mit dem undurchschaubaren Lächeln, das wie eine Maske wirkte. „Sie sind die einzige, die das offen ausspricht, und ich will Ihnen offen antworten. Ja, Hinkel läßt mich mitunter kommen, um manches zu erfahren, und ich erzähle ihm, wovon ich annehme, daß es harmlos ist, um anderes, das vielleicht weniger harmlos ist, nicht zu erwähnen. Bitte fragen Sie mich jetzt nicht weiter, es wäre sinnlos. Ein Pakt mit dem Teufel, man muß sich mit ihm arrangieren. Übrigens, da wir schon so weit gegangen sind: Seien Sie nicht zu vertrauensselig, was Judith Baumann anbelangt. Das ist keine Warnung, nur ein Hinweis."

„Was wollte Barski von dir?" fragte Judith, als Maria die Garderobe betrat.

„Er wollte mir sagen, daß er mich als Judith gut findet", antwortete Maria.

„Und darüber hat er so lange gesprochen?"

„Hast du uns beobachtet?"

Judith wurde verlegen. „Ich kam an euch vorbei, aber du hast mich nicht bemerkt. Hat er etwas über mich gesagt?"

„Wie kommst du darauf?" fragte Maria aufhorchend.

„Nur so. Es wäre ja möglich gewesen."

„Fürchtest du, daß er etwas über dich gesagt hat?"

Die Unruhe Judiths war auffallend. „Fürchten? Nein. Aber man erzählt doch manches über ihn."

„Nein, er hat nichts über dich gesagt." Neulich hatte auch die Garderobiere eine abfällige Bemerkung über Judith gemacht. Als Maria sie fragte, was sie gegen Judith Baumann habe, hatte die Frau nur den Kopf geschüttelt, sie habe nichts gegen sie.

Mark vergaß die Verabredung mit Judith. In die Gespräche über einen neuen Spielplan wurden diesmal auch die Schauspieler einbezogen.

„Das Kulturbundtheater ist der seltene, vielleicht einmalige Fall, daß eine Bühne etabliert war, bevor die ihr entsprechenden Stücke sich zur Formung eines Spielplans zur Verfügung stellten", hieß es in einem Zeitungsartikel. „Es wurde gespielt, ehe ein angemessenes Repertoire geschaffen war. Man entlehnte dem alten bürgerlichen Theater die Form und das

Betriebssystem, auch dessen ‚Dramaturgie', obgleich die neuartigen und wahrhaft beispiellosen Voraussetzungen und Bedingungen eines lebendigen jüdischen Theaters in Deutschland eine ganz und gar neue Betriebsmethode erforderten ..."

Wieder redete man sich die Köpfe heiß.

Mark, der an allen Sitzungen teilnahm, verbrachte jede freie Minute mit seiner Mutter, deren Aufenthaltserlaubnis bald abgelaufen war. Man konnte ja nicht wissen, ob und wann man sich wiedersehen würde.

Theresa hatte nach schweren inneren Kämpfen und vielfachen Überlegungen die Sekretärin ihres Mannes noch einmal aufgesucht. Seit sie erfahren hatte, daß der ehemalige Angestellte ihres Mannes das Haus seines Chefs gekauft hatte, wurde der Gedanke in ihr immer zwingender, daß ihr Mann bestimmt versucht hatte, sich mit ihr in Verbindung zu setzen. Natürlich hatte er seine Post an die alte Adresse gerichtet, da aber lebte der Nazi schon in dem Haus. Es konnte sein, daß dieser die Post des ehemaligen Vorgesetzten sofort vernichtet hatte, es war aber auch möglich, daß er sie aus irgendeinem Grunde aufbewahrte, Anwälte pflegten das manchmal zu tun.

Wieder griff Theresa zu dem primitiven Trick; durch einen ehemaligen Häftling hätte sie erfahren, daß Jakob Löwenthal ihr geschrieben habe.

Ob Frau Meyer sich durch ihr schlechtes Gewissen bewegen ließ, den Brief Jakob Löwenthals zu beschaffen, oder ob Theresa ihr leid tat, war nicht festzustellen, auf jeden Fall bestätigte sich Theresas Vermutung. In einem kurzen Brief schrieb ihr Mann, daß es ihm den Umständen entsprechend gut gehe, daß viele Häftlinge, die zur gleichen Zeit mit ihm eingeliefert worden waren, sich wieder auf freiem Fuß befänden und daß auch er hoffe, in nicht allzuferner Zeit wieder zu Hause zu sein. Der Brief war im Jahre 1934 datiert.

Ein weiteres Schreiben sei nicht mehr gekommen, versicherte Frau Meyer, da Dr. Löwenthal mitgeteilt worden war, daß seine Familie verzogen sei.

Es war kein großer Trost, zu wissen, daß Jakob Löwenthal 1934 noch gelebt hatte, aber es ermutigte dennoch, sich weiter zu bemühen.

Am Tage vor ihrer Abreise traf Theresa Dr. Caden bei ihren Kindern. Er war gekommen, um ihnen mitzuteilen, daß seine Anstrengungen nun doch Erfolg gehabt hatten und seine Ausreise genehmigt wurde. Er schien verjüngt, selbst seine körperliche Behinderung schien ihn nicht mehr ganz so zu belasten. Das unerwartete Zusammentreffen mit Theresa war ergreifend. „Frau Löwenthal", begrüßte er sie, „daß ich Sie hier wiedersehe. Ihr Sohn erzählte mir, was mit seinem Vater geschehen ist. An mir ist das auch nicht vorübergegangen, aber ich habe es überstanden. Ist es Ihnen jetzt gelungen, irgend etwas über Ihren Gatten in Erfahrung zu bringen? Wissen Sie, wohin man ihn gebracht hat?"

Auch Theresa war erschüttert. Sie erzählte Caden, was sie erreicht hatte, und zeigte ihm den Brief.

„Das ist immerhin schon etwas", sagte Caden, die wenigen Zeilen überfliegend. „So haben wir alle geschrieben, mehr durfte man nicht. Erstaunlich, daß dieser Nazi den Brief noch besaß und ihn herausgerückt hat. Er muß sich sehr sicher fühlen. Ich habe gehört, daß viele der jüdischen Häftlinge aus Lichtenburg nach Esterwegen gebracht worden sind. Ein ehemaliger Amtskollege ist unter ihnen. Ich kenne seine Frau und werde mich an sie wenden, vielleicht kann sie herausbekommen, ob Bob sich unter den Überführten befindet. Es sieht jedenfalls nicht mehr so hoffnungslos aus wie zuvor, da Sie überhaupt keinen Anhaltspunkt hatten."

Theresa nickte. „Die Olympischen Spiele waren doch zu etwas nütze."

„Die Nützlichkeit als variable Größe", sagte Caden lächelnd. „Alles verändert sich. Früher hätten mich keine zehn Pferde aus Deutschland gezogen, und jetzt werde ich glücklich sein, wenn ich die Grenzen passiert habe. Sehen Sie zu, daß Sie Ihre Kinder herausbekommen, es ist höchste Zeit."

Das Theater hatte eine Leseprobe zu Else Lasker-Schülers

Stück „Die Wupper" angesetzt. Es stand zwar noch nicht fest, ob es wirklich gespielt werden würde, aber man zog es in Erwägung. Die Dichterin, die Deutschland bereits 1933 verließ – sie gehörte zu den bekanntesten jüdischen Schriftstellerinnen –, war als Dramatikerin allerdings kaum hervorgetreten, und auch „Die Wupper" hatte nur wenig Erfolg gehabt. Maria, die noch nie etwas von dieser Frau gelesen hatte, fand im Textbuch Lebensskizzen von ihr, deren erste Zeilen bereits fesselten. „In Elberfeld an der Wupper geboren, in Gedanken im Himmel, betreue ich die Stadt Theben und bin ihr Prinz Jussuf. Ich bin weder siebzehn noch siebenzig Jahre, habe keine Uhr und keine Zeit. Meine Bücher laufen so herum und werden einmal im Meer ertrinken. Geld habe ich einmal sehr viel und einmal gar keines ..."

In Anmerkungen zu dieser Skizze stand, sie sei sehr charakteristisch für die Dichterin, weil zwischen diesen ironisierenden, übertriebenen, teils auch ergreifenden, erschütternden Worten die zerrissene Seele eines Menschen flattere, dessen bürgerliche Existenz mit der künstlerischen in stetem Ringen liege.

Maria begann Gedichte, Erzählungen von ihr zu lesen, man mußte sich hineinleben, man mußte sich mit den vielen biblischen Namen vertraut machen, die der Dichterin so geläufig waren wie Angehörige der eigenen Familie. Else Lasker-Schülers Dichterfreund Peter Hille hatte sie den „schwarzen Schwan Jerusalems" genannt, und wirklich schien etwas seltsam Exotisches, orientalisch Prächtiges, traumhaft Faszinierendes von ihr auszugehen.

Ihr Weg muße schwer gewesen sein, sie selbst berichtete ungeschminkt über die Not, in der sie nach einer schönen, behüteten Kindheit später bis zu ihrer dichterischen Anerkennung zu leben gezwungen war. Immer wieder mußte sie sich Geld leihen, lief gehetzt durch die Straßen, wohnte, besser gesagt hauste zeitweilig in einem ehemaligen Flaschenraum, einem Käfig des Kellers, den ein Pförtner ihr großzügig für fünfundsiebzig Pfennige monatlich auf seine Rechnung und Gefahr vermietete.

In den Werken Else Lasker-Schülers spürte Maria eine echte, tiefverwurzelte Tradition, die sie bei der Hebbelschen Judith vermißt hatte, Tradition, die nicht nur mit Judentum etwas zu tun hatte, sondern mit menschlicher Sehnsucht nach Wärme, nach Nähe, nach Überwindung von Fremdheit, die jene Frau schon früh, noch ehe sie der Faschismus aus dem Lande trieb, in ihrer bürgerlichen Umgebung gespürt haben mußte. „Ich wollte, du und ich, wir wären eine Kraft, / Wir wären eines Blutes / Und ein Erfüllen, eine Leidenschaft, / Ein heißes Weltenliebeslied!"

„Es reizt mich, einen Vortragsabend mit Gedichten und Liedern Else Lasker-Schülers zu geben. In orientalischer Kleidung, als Prinz Jussuf, wie sie selbst ihre Gedichte früher vortrug, was hältst du davon?" fragte Maria Mark. „Glaubst du, daß das im Rahmen des Kulturbunds möglich ist?"

„Warum nicht", antwortete er erstaunt. „Aber daß gerade du bei der jüdischsten der jüdischen Dichter solches Feuer gefangen hast ..."

„Gerade ich", wiederholte Maria nachdenklich. „Ich lebe wie sie, außerhalb der Gesellschaft, in einer Art Phantasiereich. Da begegnet man einander. Jüdische und christliche Phantasie haben immerhin einen gemeinsamen Ursprung, den Menschen. Dahin flüchtete sie sich, dahin kehrte sie zurück, wie auch ich mich allmählich zurückfinde."

Mark hatte Maria nicht nur verwundert, sondern auch erschrocken zugehört. „Du grübelst mir zuviel", sagte er besorgt. „Ich habe Angst um dich, Liebes."

Es sollte nicht zu der angesetzten Leseprobe kommen. Der Regisseur hatte gerade die Rollen verteilt, Inhalt und Absicht des Stückes erklärt, als Ruthild Baumgart eintrat.

Rüster schaute ärgerlich auf, aber ehe er etwas äußern konnte, trat Ruthild dicht an ihn heran und flüsterte ihm etwas ins Ohr. Einen Augenblick schien er wie erstarrt, dann stand er auf und sagte gepreßt: „Wir müssen die Leseprobe leider abbrechen, soeben erreicht mich die Nachricht, daß

Judith Baumann einen Selbstmordversuch unternommen hat. Sie lebt, aber man weiß nicht, ob sie durchkommt. Da sie in einem christlichen Krankenhaus keine Aufnahme fand ..." Rüster machte eine Pause, und durch die Reihen der Schauspieler ging ein schweres Atmen, das sich wie ein Stöhnen anhörte, „ ...ist sie in eine jüdische Behelfsstation eingeliefert worden, wo man sich um sie bemüht. Ich fahre sofort hin."

Zweimal hatten, seit Mark und Maria dem Jüdischen Theater angehörten, Mitglieder des Ensembles Selbstmordversuche gemacht. Einem Beleuchter, der ehemals Apotheker gewesen war, gelang er. Ein Schauspieler, einmal angesehenes Mitglied des Dresdner Staatstheaters, überlebte. Er machte dem Arzt, der ihn gerettet hatte, Vorwürfe, daß er ihn nicht hatte sterben lassen.

Die Nachricht von Judiths Selbstmordversuch traf Mark wie ein Schlag. Jetzt erinnerte er sich, daß sie ihn vor kurzem um ein Gespräch gebeten hatte, das er vergaß. Vielleicht hatte sie sich mit ihm aussprechen wollen? Vielleicht hatte sie sonst niemand, mit dem sie reden konnte? Vielleicht hatte erst sein Vergessen ihre Absicht, Schluß zu machen, zur Tat werden lassen? Er mußte sich um sie kümmern. Wer sonst, wenn nicht er? Er mußte Maria alles sagen, es gab kein Sichdrumherumdrücken mehr.

Aber als er zu einem Geständnis ansetzte, unterbrach ihn Maria. „Du mußt zu ihr fahren, sofort. Jetzt ist keine Zeit mehr zu verlieren. Reden können wir nachher."

Wußte Maria etwas über seine Beziehungen zu Judith? Dieser Gedanke bewegte Mark während der Fahrt. Wann erfuhr sie es? Durch wen? Immer wieder hatte er vorgehabt, mit Maria zu reden, immer wieder schob er es hinaus. War ihr verändertes Wesen darauf zurückzuführen?

Judith lebte und war bei Bewußtsein, aber sie sah sehr mitgenommen aus. Als Mark an ihr Bett trat, erkannte sie ihn und begann zu weinen.

„Es ist besser, wenn Sie gehen", meinte der Arzt, früher Professor an einem größeren Krankenhaus. „Sie regt sich auf. Wenn Sie es ermöglichen können, kommen Sie morgen. Sie hat nach Ihnen gefragt." Mark versprach, am nächsten Tag wiederzukommen.

Als er sich über Judith beugte, versuchte sie zu lächeln, während Tränen über ihre Wangen liefen. Mark selbst war dem Weinen nahe. „Es wird noch alles gut werden", sagte er und wußte genau, daß nichts gut werden würde.

Maria wartete auf ihn. Eine Maria der ersten Zeit, weich, verstehend. Sie strich ihm mit der Hand über die schweißnasse Stirn und sagte beruhigend, wie zu einem Kind: „Komm, ruh dich aus. Es war schwer. Ich wäre mitgekommen, aber ich hätte dir nicht helfen können."

Er hatte sich in den Sessel fallen lassen, jetzt richtete er sich ein wenig auf. „Niemand hätte mir helfen können." Wieder kauerte er sich zusammen und verharrte so. Dann erst sagte er, ohne sie anzusehen: „Ich hätte mit dir reden müssen, aber es fiel mir schwer, und ... ich habe mich gedrückt." Erneut schwieg er.

Sie ließ ihn und rührte sich nicht. Er allein mußte den Weg zu ihr finden.

Eine Minute kann endlos sein. Sie kann unerträglich werden. Sie sah, welche Anstrengung es ihn kostete, das Schweigen zu brechen. „Sie lebt", begann er endlich zu erzählen, „aber sie konnte noch nicht reden. Sie weinte nur."

Plötzlich, mit einer abrupten Bewegung wandte er sich Maria zu. „Seit wann weißt du es?"

„Ist das von Belang?" fragte sie. „Jetzt wirst du wissen wollen, von wem ich es habe. Keiner hat es mir verraten. Frauen haben besondere Fühler, weißt du. Sie reagieren wie Seismographen, nehmen alles auf: Blicke, Töne, Worte, manchmal schon die Schwingung, in der ein Wort gesprochen wird. Was soll das? Sind wir Spießer?"

Jetzt wandte er sich ihr ganz zu. Er nahm ihre Hände und küßte sie, eine nach der anderen. „Es war eine Zentnerlast, die ich mit mir herumgeschleppt habe", gestand er. „Jetzt ist mir leichter. Ich hätte es dir gleich sagen müssen, gleich als du kamst. Es ist gut, daß es jetzt ausgesprochen ist."

„Glaubst du, daß sie es deinetwegen getan hat? Oder gibt es andere Gründe?“

Mark überlegte. „Sie hatte es schwer. Der Mann, den sie liebt, ja, den sie liebt, hat sich von ihr scheiden lassen. Er ist Arier. Die Eltern sind nach Belgien emigriert, es geht ihnen nicht gut, den Sohn hat sie zu Verwandten nach Kanada gebracht. Sie muß sehr einsam gewesen sein.“

„Das muß das schlimmste sein in unserer Lage“, sagte Maria schaudernd.

„Es ist das schlimmste“, bestätigte Mark, seinen Kopf in ihren Schoß legend. „Ohne dich ...“

Sie beugte sich über ihn und küßte ihn.

„Bleib“, bat er, sie festhaltend, als sie sich lösen wollte. „Bitte bleib.“ Er wurde zärtlicher, drängender. „Ich habe mich so nach dir gesehnt, aber du warst in letzter Zeit anders ... Warum, wenn es nicht deshalb war?“

„Warum?“ fragte sie, seine Zärtlichkeiten erwidernd. „Weil das Leben nicht ganz einfach ist, das wir zu leben gezwungen sind. Wir müssen uns aneinanderklammern, Mark, wir müssen uns aneinander festhalten, um nicht zu ertrinken ...“

Judith erholte sich nur langsam. Mark besuchte sie oft, er brachte Blumen mit und Pralinen, dennoch waren es Pflichtbesuche. Nach einer halben Stunde schaute er auf die Uhr und sagte: „Jetzt muß ich aber gehen.“

„Natürlich“, pflichtete sie ihm bei und blickte ihn mit ihren großen umschatteten Augen an, die unendliche Traurigkeit ausströmten. Diesen Augen hielt er nicht stand, sie zwangen ihm ihre Traurigkeit auf, die er nicht teilen wollte.

Er mußte ihr erzählen, was im Theater vorging, daß man den Plan, „Die Wupper“ zu spielen, aufgegeben habe, dafür „Die goldene Kette“ von Perez aufzuführen gedenke. Außerdem galt es als sicher, daß man ein Stück von Bruno Frank spielen werde, „Sabbatai Zwi“, das auch den Forderungen nach jüdischen Stücken entsprach. Als Mark nebenbei die Pläne Marias erwähnte, einen Vortragsabend mit Gedichten und Liedern von Else Lasker-Schüler im Rahmen des jüdischen Kulturbunds zu geben, fragte Judith überrascht: „Wie kommt sie auf die Lasker-Schüler?"

Ohne sich irgend etwas bei dieser Frage zu denken, antwortete Mark, daß das Leben dieser eigenartigen Frau sie interessiere und daß sie großen Gefallen besonders an den Gedichten gefunden habe. „Sie las mir einige vor", berichtete er lebhaft, „fremdartige, aber eindrucksvolle Gedichte."

Judith lag da, mit geschlossenen Augen, und Mark hatte das Gefühl, sie sei müde geworden. Er wollte sich schon verabschieden, als sie sich ein wenig aufrichtete und leise fragte: „Weiß Manja von uns?"

Sie hatten bisher vermieden, darüber zu reden.

„Ja", antwortete Mark. „Sie weiß alles."

„Hast du mit ihr gesprochen?"

„Nein. Ich wollte es, aber es war nicht mehr nötig."

„Von wem weiß sie es?"

„Sie ist sehr sensibel", erwiderte Mark. „Sie hat es gefühlt."

Judith hatte sich wieder zurücksinken lassen. „Ja, Frauen fühlen so etwas", sagte sie beinahe monoton. Dann, in dem selben Ton weitersprechend: „Sie ist eine ungewöhnliche Frau."

Eine Pause entstand.

„Aber ...", setzte Mark an, auf die Uhr blickend.

„Du mußt jetzt gehen", vollendete Judith. „Ich wollte dir nur sagen ...", ihre Stimme kam wie von weit her, „daß ich auch alles weiß. Über sie."

Einen Augenblick hatte Mark das Empfinden, als schnüre ihm etwas den Atem ab. Dann hatte er sich wieder in der Gewalt und sagte ruhig: „Was weißt du über sie?"

„Ich habe ein Foto von ihr gefunden", flüsterte Judith, jetzt erregt. „Es war in der Tasche deines Jacketts ..."

„Du hast es herausgenommen? Du hast es gestohlen?"

„Ich habe es gestohlen." Judith begann zu zittern.

„Und ich habe es überall gesucht. Ja und? Was schließt du aus diesem Foto?"

Sie weinte lautlos vor sich hin, aber jetzt kümmerte Mark ihr Zustand nicht.

„Es ist Manja", stammelte Judith, von Schluchzen unterbrochen. „Aber sie ist blond und trägt keine Brille."

Es gelang Mark sogar zu lächeln. „Es ist eine Rolle, sie trägt eine Perücke."

„Und unter dem Foto steht ‚Deine Maria'."

Der Erfolg, den Judith sich offenbar versprochen hatte, blieb aus. „Sie spielte damals die Maria Stuart", erklärte Mark trocken, „und unterschrieb darum ‚Deine Maria'. Wo hast du das Foto?"

„Versteckt. In irgendeinem Buch. Wenn ich es dir nicht gesagt hätte, wüßtest du es nicht." Jetzt schluchzte sie hemmungslos. „Warum habe ich es dir gesagt? Jetzt bist du mir böse."

Mark war aufgestanden. „Ich bin dir nicht böse", sagte er, „ich bin nur traurig. Sobald du wieder zu Hause bist, suchst du das Foto?"

Judith versprach es. Die Art, in der sie es versprach, war merkwürdig unsicher, sie machte Mark einen Augenblick stutzig. Aber er dachte nicht weiter darüber nach.

„Kommst du wieder?" fragte sie ängstlich.

„Ich komme wieder", antwortete er. Er beugte sich über sie und küßte sie auf die Stirn, aber er wußte, daß jetzt endgültig alles zwischen ihnen aus war.

Der jüdische Kulturbund griff den Vorschlag Marias gern auf. „‚Der schwarze Schwan Jerusalems', Gedichte und Lieder von Else Lasker-Schüler, gesprochen und gesungen von Manja Löwenthal"; so wurde der Abend in der jüdischen Presse angekündigt. Er sollte im Theater in der Kommandantenstraße selbst stattfinden.

Ernst Freund hatte unter den Mitgliedern seines Orchesters einen Begleiter für Maria besorgt. Emanuel Stern war Pianist und hatte vor dreiunddreißig eigene Klavierkonzerte gegeben. Aber er beherrschte auch andere Instrumente und kam, als man ihm als Juden das öffentliche Auftreten verbot, als Cellist im Orchester des jüdischen Kulturbunds unter. Er hatte sich auch schon als Komponist versucht und erbot sich,

Gedichte, die Maria gern gesungen hätte, zu denen es aber keine Musik gab, zu vertonen. Seine Musik erwies sich als originell und gut singbar, und die Zusammenarbeit mit dem kultivierten, begabten Musiker lenkte Maria etwas von ihren Grübeleien ab.

Sie hatte sich aus dem Fundus des Theaters ein orientalisches Kostüm entliehen, das am meisten dem Foto entsprach, das die junge Lasker-Schüler bei ihren Vorträgen zeigte. So hatte sie damals ausgesehen, wie ein schlanker Junge, mit schwarzen, in den Nacken fallenden Haaren, einem schmalen, blassen Gesicht und dunklen, schwermütigen Augen: ein durch ihre Phantasie erschaffener Prinz Jussuf von Theben, in einem Phantasiereich, ihren Träumen entsprungen.

Wenn Maria Rollen einstudierte, bemühte sie sich, sie gedanklich zu durchdringen, in sie hineinzuschlüpfen, aber auch, sie gestisch und mimisch zu erfassen. Sie hatte Else Lasker-Schüler nicht gekannt, nicht gehört, aber ihr Schauspielerinstinkt ließ sie erahnen, wie sie gewesen war. Dabei wurde ihr, je mehr sie sich mit den Gedichten und Liedern vertraut machte, bewußt, wie deutsch diese Frau empfand, obwohl sie der jüdisch-orthodoxen Tradition eng verbunden war. Aber wie der Jude Heinrich Heine, der deutscheste aller deutschen Dichter, konnte auch die Lasker-Schüler ihre Wupper, ihr Elberfeld nicht verleugnen.

Ihr Programm begann Maria mit Liebesliedern und Gedichten, die alle Gebiete des Lebens umfaßten, Menschen und Natur, den Mond und die Sterne, und endete mit dem Tod, der alle Liebe erstickt. „Ich habe keine Schwestern mehr und keine Brüder / der Winter spielte mit dem Tode in den Nestern / und Reif erstarrte alle Liebeslieder."

In dem ausverkauften Haus herrschte erwartungsvolle Spannung, und als Maria in ihrer Else-Lasker-Schüler-Tracht die Bühne betrat, empfing sie Applaus. Dann wurde es still.

Es waren nicht nur Lieder und Gedichte schlechthin, die die junge Künstlerin da oben vortrug, es waren Lieder, Gedichte, die die Menschen im Zuschauerraum unmittelbar angingen. Sie atmeten schwer, und als Maria endete, rührte sich keine Hand. Nach Minuten erst brach der Beifall los.

Als Maria, die sich völlig ausgegeben hatte, die Bühne verließ, erwarteten sie Kollegen und Mitarbeiter des Kulturbunds, die ihr gratulierten und ihr die Hände schüttelten. Sie war Barski dankbar, der sie endlich befreite.

„Sie haben sie weder auf den Kopf noch auf die Beine gestellt", scherzte er, was bei diesem Manne schon ungewöhnlich war. „Sie waren die Lasker-Schüler, ich kenne sie nämlich seit langer Zeit. Sogar ihren Tonfall haben Sie getroffen, obwohl Sie sie doch nie gehört haben können."

„Sie haben es mir nicht zugetraut?" fragte Maria lächelnd.

„Ehrlich gesagt, nein", bekannte Barski. „Es ist mir auch rätselhaft. Wie sind Sie darauf gekommen?"

„Auf die Gedichte der Lasker-Schüler?"

„Ja."

„Sie haben mir gefallen."

„Das ist doch kein Grund."

Maria sah Barski nachdenklich an. „Barski", sagte sie, „Sie werden es nicht glauben und auch nicht verstehen, aber ich fühle mich ihr verwandt."

Barski antwortete nicht sofort. „Es fällt mir schwer, Sie zu verstehen", sagte er endlich. „Aber ich glaube Ihnen."

Judith behauptete, das Foto nicht zu finden. Man hatte sie aus der Behelfsstation entlassen, aber sie war noch nicht fähig zu arbeiten. Ruthild Baumgart kümmerte sich ein wenig um sie. Mark hatte Ruthild von dem Foto erzählt und sie gebeten, Judith bei der Suche zu helfen.

Ruthild begann systematisch alle Bücher durchzusehen, das ganze Zimmer abzusuchen, das Foto fand sich nicht.

Judith weinte und sagte, sie könne es sich nicht erklären. Vielleicht sei es in ihrer Abwesenheit in den Müll geraten.

Mark, überzeugt, daß es sich um eine Ausrede handle, sah sich gezwungen, Maria von dem Foto zu erzählen. Er hatte es bislang nicht getan. Er konnte sich zwar nicht vorstellen, was mit dem Foto geschehen war, aber wenn es jemand fand, mußte Maria die Version kennen, mit der er sich bei Judith herausgeredet hatte: ein Rollenfoto, sie habe die Maria Stuart gespielt, daher die Unterschrift. Er zeigte Maria nicht, wie sehr ihn die Angelegenheit beschäftigte, er verharmloste die Sache, aber Maria durchschaute ihn und machte sich ihrerseits Gedanken. Den, daß Judith das Foto den Nazis zugespielt habe, wollte sie nicht aufkommen lassen, sie verdrängte ihn.

Bei der Zusammenarbeit mit Emanuel Stern hatte dieser gelegentlich gesagt, es sei sehr schade, daß Maria ihre Stimme nicht ausbilden lasse, sie sei vielleicht nicht sehr groß, aber von einem eigenartigen, reizvollen Timbre. Maria hatte einmal Gesangsunterricht gehabt, es war lange her. Die Bemerkung des Musikers ging ihr durch den Kopf, und sie dachte viel darüber nach. Einerseits überlegte sie, wozu sie ihre Stimme ausbilden lassen sollte, wenn sie ja doch kaum mehr Gelegenheit haben würde, sie außerhalb des Jüdischen Theaters zu gebrauchen; andererseits hatte der Versuch, sich in einer anderen Kunst auszuprobieren, ihr viel Freude gemacht. Stern war mit einer Harfenistin liiert, deren Mutter vor dreiunddreißig als Gesangspädagogin gearbeitet hatte. „Wenn Sie wollen, spreche ich mit ihr", sagte er, als Maria ihm ihre Absicht, seinem Rat zu folgen, mitteilte.

Gabriele Borchardt war nicht nur einverstanden, sie war hocherfreut. Früher hatte sie viele Schüler gehabt, einige waren bekannt geworden, saßen an großen Theatern. Einer schickte seiner alten Lehrerin sogar von Zeit zu Zeit Geld, mit gefälschter Absenderadresse. Die richtige anzugeben hätte für ihn gefährlich sein können. Unter der Überschrift „Warnung an Judenfreunde" waren im „Völkischen Beobachter" bereits einige Leute mit Namen und Adresse scharf angegriffen worden, die es gewagt hatten, Juden zu helfen. Der Artikel schloß mit den Worten: „Wir können diesen Leuten nur dringend ans Herz legen, solche Freundschaftsbekundungen zu unterlassen."

Die beiden Frauen bewohnten eine hübsche Zweieinhalbzimmerwohnung in Wilmersdorf. In dem größeren Zimmer stand ein Flügel, der für den Raum viel zu groß war und bessere Zeiten gesehen hatte.

Zweimal in der Woche pilgerte Maria nun, wenn nachmittags keine Proben im Theater angesetzt waren, nach Wilmersdorf. Oft traf es sich, daß sich dann Lea, die Tochter Gabriele Borchardts, und Emanuel Stern zu ihnen gesellten und daß sie bei einer Tasse Tee über dies und jenes plauderten. Gabriele Borchardt, deren Mann schon 1930 gestorben war – glücklicherweise vor dem Machtantritt der Nazis, sagte sie –, war gebürtige Wienerin, was man ihrer Sprache noch ein wenig anhörte. Ihr Mann war Direktor eines kleinen Textilbetriebes gewesen, den ein Neffe nach seinem Tode übernahm. „Viel hat er nicht davon gehabt“, meinte sie mit traurigem Lächeln, „alles haben sie ihm abgenommen, und er hat noch von Glück sagen können, daß er herausgekommen ist. Uns ist es nicht mehr gelungen, wir haben uns zu spät entschlossen. Wir haben immer gedacht, es wird sich noch etwas ändern. Dabei hätten wir in unseren Berufen, meine Tochter und ich, wahrscheinlich Arbeitsmöglichkeiten im Ausland gehabt. Übrigens war auch die Schwester Ihres Gatten, Manuela, eine Zeitlang meine Schülerin. Sie hat jetzt in den USA schöne Erfolge, habe ich irgendwo gehört oder gelesen.“

„Manuela?“ wunderte sich Maria. Sie hatte nur von Mark über sie gehört, persönlich kannte sie die Schwägerin nicht.

Gabriele Borchardt war mit Gott und der Welt bekannt gewesen. Von ihren jüdischen Freunden, die es sich leisten konnten, waren die meisten ausgewandert, einige hatten die Nazis geholt, in Zuchthäuser und KZ gesperrt, zu Tode gefoltert, wie den Dichter Erich Mühsam. Über seine letzten Tage im KZ Oranienburg hatte Frau Borchardt durch seine Frau Zenzi etwas erfahren, die es von einem entlassenen Häftling wußte. Sie hatten Mühsam Schreiberlaubnis gegeben und ihm am selben Tage, da diese in Kraft treten sollte, die Fingerknöchel gebrochen. Dann folterten sie ihn zu Tode und hängten ihn im Klosett des Konzentrationslagers auf.

„Sie haben behauptet, er hätt sich selbst umgebracht, aber das hätt der Erich nie getan. Nie! Nie!“ sagte Zenzi Mühsam in ihrer bayrischen Mundart.

Einmal erzählte Frau Borchardt von einem Bekannten, der Professor Rheine heiße und dessen Tochter in München Selbstmord begangen habe. „Sie soll schön und sehr begabt gewesen sein und es aus Krankheitsgründen getan haben. Aber was geschieht heute nicht alles aus Krankheitsgründen. Man hat ihre Leiche nie gefunden.“

Maria erschrak, daß Frau Borchardt ihren Vater kannte, aber auch, daß die Sache mit ihrem Selbstmord sich in Berlin herumgesprochen zu haben schien.

Bei der nächsten Zusammenkunft fragte sie ihren Vater.

Professor Rheine erinnerte sich an Frau Borchardt und auch an ihren Gatten, der sich wie er für Numismatik interessiert hatte. Aber das war lange her. Professor Rheine hattte Frau Borchardt nach dem Tode ihres Gatten nicht mehr gesehen. Von ihm konnte sie also nichts über den Selbstmord wissen. „Es standen damals auch Meldungen über die Angelegenheit in den Nazizeitungen“, meinte er. „Vielleicht hat sie die gelesen.“

Hie und da begleitete Mark seine Frau zum Gesangsunterricht. Sie machte schnell Fortschritte. Mark unterhielt sich bei solchen Gelegenheiten gern mit Emanuel Stern, der, wenn er da war, Maria am Klavier begleitete.

Stern war nicht nur ein guter Musiker, er war ein gebildeter Mann mit vielseitigen Interessen, der auch auf politischem Gebiet informiert war. Er entnahm seine Informationen Rundfunksendungen, aber auch Nazizeitungen. „Man muß das Wesentliche herausfinden“, sagte er, „auch wenn das nicht leicht ist und es einen manchmal ankotzt. Über gewisse Tatsachen müssen sie wahrheitsgemäß berichten, wenn sie sich in der Welt nicht lächerlich machen wollen. Ihre Argumentationen kann man sich sparen. Man muß bei ihren Meldungen aber auch erkennen, was sie wirklich bedeuten. Zum Beispiel, wenn eine Woche nach dem Olympiarummel der Militärdienst von einem Jahr auf zwei Jahre verlängert wird, wenn man im Oktober die Achse Berlin–Rom gründet, wenn Deutschland und Japan kurz danach den Antikominternpakt schließen. Das sind Kriegsvorbereitungen, auch wenn Hitler in allen Reden seine Friedensliebe beteuert."

In gewisser Weise, wenn auch mit anderen Worten sagte Baumgart, der Kommunist, dasselbe.

„Wenn es wirklich zu einem Krieg kommen sollte, was würde mit den Juden geschehen?" fragte Mark nachdenklich.

„Ich bin kein Wahrsager, und ich möchte es auch nicht sein", antwortete Stern mit mißglücktem Lächeln. „Meine Phantasie reicht nicht aus, mir das Inferno auszumalen."

Gabriele Borchardt liebte es nicht, wenn Gespräche diese Fragen aufnahmen. „Warum quälen wir uns immer wieder mit Gedanken, die zu nichts führen?"

„Vielleicht führen sie zu etwas, Mama", sagte Lea Borchardt, die sonst meist schwieg. „Vielleicht ist es falsch, Tatsachen nicht ins Gesicht sehen zu wollen, die Tatsachen bleiben."

Gabriele Borchardt sah ihre Tochter überrascht an. „Was gewinnt man mit diesem ‚ins Gesicht sehen'? Nur, daß man sich zermürbt und allen Mut verliert."

„Und was erreicht man mit solcher Selbstberuhigung wie sie die ‚Jüdische Allgemeine' dauernd betreibt? Zum Beispiel, wenn sie jüdischen Frauen, die berufstätig waren und entlassen wurden, einzureden versucht, wie schön es ist, zu Hause zu sein, sich den Kindern widmen zu dürfen. Wenn sie ihnen rät, das Schrubben als Gymnastik anzusehen?"

Stern, der dem Geplänkel von Mutter und Tochter amüsiert zugehört hatte, klopfte seiner Freundin auf die Schulter: „Bravo, Lea, so kämpferisch kenne ich dich gar nicht. Dabei hast du unrecht, und deine Mutter hat recht, es ist Selbstzerfleischung, die wir betreiben, aber den Kopf in den Sand stecken, nichts hören, nichts sehen, nichts wissen wollen ..., das muß man können. Ich kann es nicht."

„Vielleicht haben es orthodoxe Juden besser als wir, die gar nicht richtig wußten, daß wir Juden sind", sagte Mark. „Für sie ist die Selbstbehauptung eine Lebensaufgabe. Sie finden Trost in der Religion und glauben an Gottes ausgleichende Gerechtigkeit."

Jetzt mischte sich Maria, die bis dahin zugehört hatte, in das Gespräch: „Ich glaube auch, Frau Borchardt hat recht. Diese sich ständig im Kreise drehenden Gespräche nützen nicht. Wir brauchen Kraft, unsere ganze Kraft, für die Arbeit und ... für das Leben."

„Ich bewundere Ihre Kraft, Manja", sagte Stern plötzlich in ganz anderem Ton, „Sie sind eine große Künstlerin. Die Zusammenarbeit mit Ihnen hat mir Wege für weiteres künstlerisches Schaffen gezeigt, die ich leider nicht ... nicht mehr werde gehen können."

„Sie meinen, als Komponist?" fragte Maria. „Vielleicht werden Sie sie gehen können. Ich wünsche es Ihnen von Herzen. Aber wir können ja hier weiter zusammen arbeiten. Ich habe Gedichte von Rilke gelesen, die noch nie vertont wurden und an die ich mich gern wagen würde, wenn ich stimmlich weiter bin."

„Überlegen Sie eigentlich, wie schwer es für Emanuel sein muß, Gedichte zu vertonen, die nur hier im Ghetto gesungen werden können?" fragte plötzlich Lea, noch ehe Stern sich äußern konnte.

„Alles, was wir hier tun, spielt sich nur im Rahmen unseres Ghettos ab", wies Stern sie ärgerlich zurecht. „Aber lassen wir das. Geben Sie mir bitte die Gedichte, Manja, vielleicht fällt mir etwas dazu ein."

Von da ab schwieg Lea. Löwenthals verabschiedeten sich bald danach.

„Lea ist merkwürdig, findest du nicht auch?" fragte Maria auf dem Heimweg.

„Merkwürdig? Nein, sie ist eifersüchtig auf dich", antwortete Mark.

„Eifersüchtig? Auf mich? Ich habe ihr nie Anlaß gegeben", wehrte Maria ab.

„Du brauchst ihr keinen Anlaß zu geben. Stern gibt ihr Anlaß. Hast du nicht bemerkt, wie er dich ansieht? Wie anders er sich in deiner Gegenwart benimmt? Du mußt es bemerkt haben."

„Ich habe es nicht bemerkt", widersprach sie. „Und ich glaube, es ist gar nicht so, du siehst da etwas hinein ..."

„Du meinst, ich sei auch eifersüchtig?"

Maria schüttelte den Kopf. „Du weißt zu gut, daß du es nicht zu sein brauchst. Bei Lea magst du recht haben, manchmal schien es mir auch so, weil sie immer dabei ist, wenn er mich begleitet, weil sie ihr Gesicht nur schlecht beherrscht. Es verrät, was sie empfindet, wenn er mich lobt und mir Komplimente macht. Dabei meint er es nicht so, die Arbeit mit mir macht ihm Freude, und vielleicht bin ich ihm auch nicht unsympathisch. Er ist mir auch sympathisch, und mir macht die Zusammenarbeit Freude. Aber jetzt werde ich nicht mehr unbefangen sein können, wenn ich mit ihm zusammen bin."

„Hätte ich es dir nicht sagen sollen?"

Sie waren zu Hause angelangt, und Maria beantwortete die Frage erst, als sie die Wohnung betraten. Im Hausflur zu reden, vermieden sie, die Wände hatten Ohren.

„Jetzt hast du es mir gesagt, die Frage erübrigt sich also", sagte sie ohne Vorwurf. „Wie dumm wir sind, das Leben ist schwer genug, und wir machen es uns noch schwerer."

Sie begann im Zimmer herumzukramen, einige Gegenstände, die verstreut auf den Stühlen lagen, zu ordnen und sagte dann erst, ihre Gedanken weiterspinnend: „Ich möchte nur wissen, wo das Foto von mir geblieben ist ..."

Die Proben zu der „Goldenen Kette" von Perez hatten begonnen, Mark hatte eine größere Rolle, Maria war in diesem Stück nicht eingesetzt worden. Sie war krank, Grippe, stellte Dr. Rose, ein älterer jüdischer Arzt fest. Emanuel Stern hatte ihn besorgt. Dr. Rose hatte Maria einige Male im Jüdischen Theater bewundert und machte sich eine Ehre daraus, die Künstlerin zu behandeln.

Er hatte es nicht leicht, aber er klagte nicht, und seine Geschichte erfuhr Maria von Emanuel Stern. Viele Jahre hatte er als Assistenzarzt in einem Berliner Krankenhaus gearbeitet, zu einer eigenen Praxis reichte es nicht. 1935 wurde er entlassen, zum Bedauern des Chefarztes, der ihn schätzte. Mit einem lächerlichen Gehalt begann er bei einem jüdischen Kollegen, der selbst nicht mit Gütern gesegnet war, zu arbeiten. Das ging eine Zeitlang recht und schlecht, bis ihn eines Nachts eine Frau herausklingelte und ihn beschwor, ihrem zehnjährigen Jungen zu helfen. Das Kind habe hohes Fieber und große Schmerzen. Dr. Rose machte die Frau darauf aufmerksam, daß er als Jude ihren Sohn nicht behandeln dürfe, daß er sich damit strafbar mache. Die Frau ließ sich nicht abweisen, sie schrie, er sei Arzt, er habe einen Eid geschworen, ob Jude oder Nichtjude, das kümmere sie nicht.

Er ging schließlich mit ihr, und sie kamen keinen Augenblick zu früh. Es handelte sich um einen eitrigen Mandelabszeß, und das Kind drohte zu ersticken. Es mußte unverzüglich ein Eingriff vorgenommen werden. Es gab keine Zeit zu Überlegungen, Dr. Rose war gezwungen zu improvisieren, aber der Eingriff gelang, und das Kind war gerettet. Die Mutter konnte dem jüdischen Arzt nicht genug danken.

Die Sache hatte ein Nachspiel. Ein Mieter im Hause erfuhr, daß der Jude den Jungen behandelt hatte, und erstattete Anzeige. Der Arzt wurde ins Präsidium geladen und einem strengen Verhör unterzogen. Als er fragte, ob er das Kind hätte sterben lassen sollen, zuckte der verhörende Beamte die Schulter, er als Jude müsse wissen, daß er sich straffällig mache, wenn er Arier behandle.

Dr. Rose konnte noch von Glück sagen, daß der Beamte kein fanatischer Nazi zu sein schien, denn er ließ es bei einer Geldstrafe, die zu bezahlen dem Arzt schwer genug fiel, und einer nicht mißzuverstehenden Drohung bewenden, daß er im Wiederholungsfalle ...

Seitdem, erzählte Emanuel Stern Maria, sei Dr. Rose menschenscheu geworden.

Bei Maria allerdings wirkte Dr. Rose nicht menschenscheu, er taute in den Gesprächen mit ihr auf, und sie unterhielt sich, als es ihr schon etwas besser ging, gern mit ihm.

Eines Nachmittags, der Arzt war gerade anwesend, klingelte es draußen. Maria überlegte, wer das sein könne, Mark und Ruthild Baumgart, die jede freie Minute bei Maria verbrachte, seit sie krank war, hatten im Theater zu tun.

„Soll ich nachsehen?“ fragte Dr. Rose.

Er ging hinaus, Maria hörte, wie er öffnete, mit jemand sprach, es war eine Männerstimme. „Da hat jemand Blumen für Sie abgegeben, Frau Löwenthal“, sagte der Arzt zurückkehrend. „Sicher einer Ihrer zahlreichen Verehrer. Es scheint ein Brief dabeizusein. Soll ich nachsehen?“

„Wenn Sie so freundlich sein wollen, Doktor.“

Er entfernte das Papier. Es war ein wundervoller Rosenstrauß. Auf dem Umschlag des Briefes stand kein Absender.

Maria riß das Kuvert unruhig auf. Wer konnte ihr Blumen schicken? Im Theater kam das zuweilen vor, aber nach Hause? Niemand kannte ihre Adresse.

Die Karte, die sie herauszog, war ohne Anrede.

„Ich wünsche Ihnen schnelle Genesung! Da ich nur noch kurze Zeit in Berlin bin und Sie unbedingt sprechen möchte, Manja, werde ich Sie morgen anrufen, damit wir einen Termin vereinbaren. Ihr Strehler.“

Strehler, dachte Maria. Sie hatte ständig erwartet, wieder etwas von ihm zu hören, voller Angst, aber gleichzeitig mit einem unklaren Gefühl, daß sich durch ihn etwas in ihrem Leben ändern könne. Konnte es sich ändern? Zürich, da hatte sich für einen Augenblick der Himmel aufgetan, um ihr im nächsten, wolkenschwer, jeden Ausblick zu verwehren. Würde sie anders antworten, wenn er ihr erneut das Angebot machte? Nein, sicher nicht. Was war es nur, das einen zwang, so zu handeln, um vor sich selbst bestehen zu können?

„Ich werde Sie jetzt allein lassen, Frau Löwenthal“, sagte Dr. Rose, der die Geistesabwesenheit seiner Patientin für Müdigkeit hielt. „Wie gesagt, aufstehen, aber höchstens zwei Stunden. Anfang nächster Woche können Sie dann schon etwas ausgehen. Ich komme Freitag wieder vorbei.“

Mark staunte über die Rosen. Den Brief verschwieg ihm Maria. Sie wollte ihn nicht aufregen vor der Premiere.

„Und du kannst dir nicht vorstellen, von wem sie sein können?"

„Keine Ahnung."

„Merkwürdig. Ein Mann, sagst du, hat sie gebracht?"

„Ich habe sie ja nicht selbst abgenommen", antwortete Maria. „Dr. Rose hat es getan. Er sagte nur, ein Bote hätte sie abgegeben."

„Vom Theater kann er die Adresse nicht bekommen haben", rätselte Mark. „Woher hatte der Betreffende die Adresse?"

„Oder die Betreffende", sagte Maria lächelnd, „es kann ja auch eine Frau gewesen sein. Aber lassen wir das, erzähl mir lieber, wie die Generalprobe war."

Mark ließ sich gern ablenken. Er erzählte ausführlich, wie er es sonst selten tat, erging sich in Einzelheiten und meinte, er habe anfänglich etwas gegen das Stück gehabt, aber es sei doch sehr wirkungsvoll, und es würde wahrscheinlich ein Erfolg werden. „Wie schade, daß du nicht zur Premiere kommen kannst", schloß er, „ich glaube, ich bin nicht schlecht."

Diese kindliche Eitelkeit, die die meisten Schauspieler haben und die sich bei Mark schamhaft hinter dem „nicht schlecht" verbarg, rührte Maria. Sie empfand manchmal so etwas wie Muttergefühle diesem großen Jungen gegenüber, der neben ihr immer etwas zurückgetreten war, der das Ghettodasein noch viel demütigender empfand als sie, dem die Sinnlosigkeit von Erfolgen in diesem Rahmen ebenso bewußt war wie ihr und der sich trotzdem am Erfolg aufrichtete.

„Ich bin überzeugt, daß du gut bist, Mark. Ich werde zu einer der nächsten Vorstellungen kommen", sagte sie. „Dr. Rose hat mir erlaubt aufzustehen. In ein paar Tagen bin ich wieder ganz auf dem Damm. Er ist übertrieben vorsichtig, der gute Dr. Rose."

Der nächste Vormittag verlief ruhig, ohne jede Störung.

Maria war aufgestanden, sie fühlte sich ganz wohl, nur das Warten auf den Anruf machte sie nervös. Sie saß bereit, sofort, wenn es läutete, an den Apparat zu stürzen, aber nichts rührte sich. Mark verließ die Wohnung kurz nach dem Essen. Er hatte noch eine Umbesetzungsprobe. Ein Kollege war plötzlich erkrankt, Mark mußte für ihn einspringen. Er wollte dann gleich im Theater bleiben.

Maria verabschiedete sich von ihm. „Toi, toi, toi, ich halte dir die Daumen."

Sie atmete erleichtert auf, jetzt konnte sie den Anruf in Ruhe erwarten. Aber Stunde um Stunde verrann, und das Telefon schwieg. Vielleicht hat er es sich überlegt, vielleicht ruft er überhaupt nicht an, dachte sie. Wozu will er mit mir reden? Vielleicht, weil er von meiner Krankheit erfuhr? Vielleicht, weil er noch einmal mit mir über Zürich sprechen will? Vielleicht aber auch, weil er in München auf irgend etwas gestoßen ist ...

Sie wollte den Gedanken nicht zu Ende denken. Sie wurde müde und legte sich aufs Bett. Nicht hören, nicht sehen, nicht denken. Sie stellte sich Strehler vor und mußte sich eingestehen, daß sie öfter an ihn gedacht hatte. Ein gutaussehender Mann, ein gefährlicher Mann, dieser Nazi. Auch nicht dumm und darum um so gefährlicher. Plötzlich sah sie sich im Gewand des Prinzen von Theben, aber nicht in dem vom Theater entliehenen, sondern in dem, das Else Lasker-Schüler auf dem Foto trug. Sie wurde umdrängt von Leuten, deren Gesichter sie nicht erkennen konnte, von denen sie aber wußte, daß sie Strehler ähnlich sahen und daß sie Nazis waren, und sie sagte zu ihnen: „Mein Reich ist größer als eures! Es ist reicher als eures! Und es ist nicht zu zerstören!" Sie ging auf die Leute zu, und sie wichen vor ihr zurück. Mit einemmal hörte sie eine Glocke, ganz hell, ganz laut, und die Leute verschwanden. Die Glocke aber läutete weiter, und Maria schreckte aus ihrem Traum auf. Das Telefon.

„Löwenthal", meldete sie sich atemlos.

„Geht es Ihnen nicht gut?" fragte die Stimme am anderen

Ende der Leitung. „Es hat lange gedauert. Ich wollte schon auflegen."

„Ich hab geschlafen", antwortete sie benommen. „Ich habe das Läuten nicht gleich gehört."

„Es tut mir leid, daß ich Sie geweckt habe", entschuldigte sich Strehler. „Ich muß Sie sprechen, Manja, aber ich kann Sie nicht besuchen. Fühlen Sie sich stark genug, auszugehen? Es wird nicht lange dauern."

„Wohin soll ich kommen?"

„Sie rufen ein Taxi an und lassen sich direkt zum Nollendorfplatz bringen. Vor dem Eingang zur U-Bahn steigen Sie aus. Ich hole Sie. Punkt neunzehn Uhr."

„Und wohin bringen Sie mich?"

Strehler lachte leise. „Haben Sie Angst?"

Die Antwort kam nicht sofort. „Ich habe keine Angst", sagte Maria dann und fügte hinzu: „Wenigstens nicht vor Ihnen."

Wieder hörte sie am anderen Ende ein leises Lachen. „Danke", sagte er, „Punkt neunzehn Uhr."

Viel Zeit blieb ihr nicht, eine knappe Stunde. Sie zog sich an, mit einer Sorgfalt, wie sie es schon lange nicht mehr getan hatte. Sie suchte ein helles Kostüm heraus, verwarf es aber wieder und wählte ein dunkelblaues, ganz eng, ganz schmal, dazu eine weiße Bluse mit großem Kragen, blaue Pumps mit hohen Absätzen und blaue Handschuhe. Die weiße Tasche aus weichem Sämischleder vervollkommnete den Eindruck. Ich bin verrückt, dachte sie. Warum tue ich das alles? Für diesen Nazi, der mir offen erklärt, er würde alles als Unwahrheit bezeichnen, wenn ich versuchte, was er redet, gegen ihn zu verwenden. Andererseits gibt er es zu, ein anderer würde es nicht tun. Ob ich die Brille aufsetze? Natürlich, er soll sich nicht einbilden, ich ließe sie seinetwegen weg.

Der Mann am Taxistand versicherte, in fünf Minuten dasein zu wollen. Sie würde wieder überpünktlich sein, aber sie haßte es, zu spät zu kommen.

Der Taxifahrer musterte sie erstaunt. Vielleicht entsprach

ihr Aussehen nicht dem Haus, aus dem sie kam. Vor dem Eingang zur U-Bahn am Nollendorfplatz setzte er sie ab. Wahrscheinlich dachte er, sie würde mit der U-Bahn weiterfahren, denn er sagte: „Ich kann Sie auch woanders hinbringen ...“

„Ich werde hier abgeholt“, erklärte sie freundlich, während sie zahlte. Der Mann prüfte sie mit einem Blick, der sie erröten ließ. Vielleicht hielt er sie für eine der Luxusnutten, die hier immer noch ihren Strich hatten.

Sie sah sich um, Strehler war nicht zu erblicken, hingegen schien sie einem Mann aufzufallen, der, aus der U-Bahn kommend, in ihrer Nähe stehenblieb und sie frech anstarrte. Im nächsten Augenblick würde er sie ansprechen, sie konnte hier nicht stehenbleiben. Sie überlegte noch, was zu tun sei, als ein dunkler Mercedes dicht an die Bordkante heranfuhr und neben ihr hielt. Die Wagentür wurde geöffnet, und eine Männerstimme sagte: „Bitte, steigen Sie ein.“

Ohne zu überlegen, folgte sie. Dann erst setzte ihr Herz sekundenlang aus, der Mann am Lenkrad trug eine Uniform.

„Habe ich Sie erschreckt?“ fragte Strehler. „Ich hätte Sie darauf vorbereiten müssen, daß ich in Uniform komme.“ Er gab Gas, und der Wagen rollte beinahe lautlos an.

„Mußte das sein?“ fragte sie, noch nach Fassung ringend.

„Ich hatte dienstlich zu tun und keine Zeit mehr, mich umzuziehen“, erklärte er.

Sie nahm die Erklärung zur Kenntnis, ohne sich dazu zu äußern. Sie fuhren durch das abendliche Berlin, anfangs erkannte sie noch Straßen und Plätze, dann bogen sie in Seiten- und Nebenstraßen ab, kreuz und quer, und sie verlor die Orientierung. Wollte er das? Erwartete er, daß sie Fragen stelle? Sie fragte nicht.

Sie kamen bereits durch spärlich beleuchtete Vororte, als der Wagen plötzlich vor einem ebenfalls schlecht beleuchteten Haus hielt. Es war ein Lokal, obwohl es sich von außen kaum als solches auswies.

Strehler half Maria beim Aussteigen, dann eilte er die wenigen Stufen, die zum Eingang führten, voraus und öffnete ihr die Tür.

Sie betraten eine bäuerliche Schankstube mit altmodisch-bäuerlichen Tischen und Stühlen. Auf Regalen über und neben der Theke standen Krüge aller Art. An den Wänden klebten Plakate, die Veranstaltungen der NSDAP ankündigten. Im Augenblick hielten sich noch keine Gäste im Schankraum auf. Die Wirtin, eine ältere, aber noch sehr rüstige und adrette Frau, grüßte mit ausgestrecktem Arm und dem üblichen „Heil Hitler!". Strehler grüßte genauso zurück, und Maria sah sich gezwungen, es ebenfalls zu tun. Sie bemerkte ein amüsiertes Lächeln im Gesicht Strehlers, das aber sofort wieder verschwand.

Die Wirtin geleitete die beiden ganz selbstverständlich in einen kleineren Nebenraum, in dem nur zwei weiß gedeckte Tische und einige Stühle standen.

„Wie gewöhnlich, Herr Doktor?" fragte die Wirtin.

„Ich weiß nicht, ob Sie mitmachen?" wandte sich Strehler an Maria. „Es gibt hier einen ausgezeichneten Wein. Sie können aber auch etwas anderes bestellen."

„Wenn ich einen Kaffee haben könnte?"

„Selbstverständlich. Einen Kaffee", wiederholte die Wirtin und verschwand.

„Sie werden sich wundern, warum ich Sie hierher bringe", sagte Strehler, „aber hier ist man ungestört."

„Ich wundere mich nicht", antwortete Maria trocken.

„Sie haben sich schöngemacht", stellte Strehler fest, sie jetzt erst richtig in Augenschein nehmend. „Mir zuliebe?"

Maria wich seinem Blick nicht aus. „Nein", sagte sie, mit dem leicht ironischen Ton, der ihr manchmal eigen war. „Mir zuliebe, wenn Sie das verstehn."

Er schien nicht gekränkt. „Ich glaube es zu verstehn. Aber setzen Sie wenigstens mir zuliebe die Brille ab. Ist das zuviel verlangt?"

Sie setzte die Brille ab, ohne zu antworten.

„So", sagte er zufrieden, „jetzt können wir offen miteinander reden."

„Waren Sie der Ansicht, daß Sie das nicht können, wenn ich die Brille trage?"

In seinen Augen lag etwas, das sie beunruhigte. Eine Frage, die sie sich nicht deuten konnte. „Ja", erwiderte er endlich. „Es ist jedenfalls so besser."

Seine Augen irritierten sie und machten sie nervös. Unwillkürlich blickte sie auf die Uhr. Er reagierte sofort. „Sie brauchen keine Angst zu haben, Sie sind zu Hause, ehe Ihr Mann zurück ist."

„Es war nicht deshalb. Sie sagten, Sie müßten mich sprechen, ich wüßte gern ..."

„Es hat noch etwas Zeit", bog er das Gespräch ab. „Ich habe Sie als Judith gesehen und war auch bei Ihrem Vortrag von Else Lasker-Schüler."

„Ach", meinte sie erstaunt. „Ich wußte das nicht. Niemand hat mir etwas gesagt."

„Ich habe darum gebeten, Sie nicht darauf aufmerksam zu machen. Es hätte Sie vielleicht gestört."

„Wie rücksichtsvoll von Ihnen", sagte sie, ohne jede Ironie.

Er faßte es dennoch anders auf, denn er sagte etwas gekränkt: „Können wir nicht wie ganz normale Menschen miteinander reden?"

„War das, was ich sagte, unnormal?"

Er ging auf diese Bemerkung nicht ein. „Wollen Sie meinen Eindruck hören? Sie haben die Judith bestimmt anders angelegt, als Hebbel es wollte, aber vielleicht sind Sie ihr so nähergekommen. Ich kannte das Stück und habe es vor der Vorstellung noch einmal gelesen. Sie haben ein anderes Stück gespielt, aber es war umwerfend."

Maria hatte Strehler mit ständig wachsendem Interesse zugehört. „Was war anders?" fragte sie gespannt.

„Alles." Er sprach sich in Eifer. „Hebbels Judith ist eine ‚Heldin', die auszieht, ihr Volk zu retten, Ihre Judith ist ein junges Mädchen, das dem Zwang, der Enge, dem ungeliebten Mann entfliehen und sich darum dem Feind zum Opfer bringen will. Also eine gänzlich andere Grundhaltung. Holofernes ist ihr Feind, aber er ist anders, als sie ihn sich vorgestellt hat. Er ist ein Mann, und sie verliebt sich in ihn. Stimmt das?"

Maria beugte sich etwas vor und starrte Strehler an. „Es stimmt", sagte sie. Ihr war, als zitiere er sie.

„Und sie tötet ihn nicht, weil sie ihr Volk retten will, sondern weil sie sich als Frau durch ihn entwürdigt vorkommt. Er nimmt sie und schläft gleich nach dem Akt ein."

„Sie sind der erste, der das so klar erkannt hat." Sie blickte ihn nachdenklich an. „Erstaunlich", setzte sie noch hinzu.

Die Wirtin kam, brachte Kaffee und eine Flasche Wein. Zu dem Wein stellte sie zwei Gläser.

„Schade, daß Sie nicht trinken", sagte Strehler. „Ich würde gern mit Ihnen anstoßen."

Maria nahm das zweite Glas und hielt es Strehler hin. „Gießen Sie doch ein, Doktor Strehler", sagte sie. „Stoßen wir an."

Er schien sich über ihren Entschluß zu freuen. „Worauf trinken wir?"

„Auf die Freiheit", sagte sie.

„Freiheit ist ein zu verwaschener Begriff. Für jeden etwas anderes."

„Worauf also?"

„Auf die Liebe", schlug er vor.

„Auch Liebe ist für jeden etwas anderes. Aber bitte, trinken wir auf die Liebe." Sie sprach ernst und ohne jede Koketterie.

Sie stießen an, die Gläser klangen hell.

„Glauben Sie, daß man sich, wie Ihre Judith, in einen Feind verlieben kann?" fragte Strehler.

Sie hielt seinem Blick stand. „Ich weiß es nicht. Es kommt auf die Umstände an." Sie trank ihr Glas aus und stellte es hin. „Und was haben Sie zu meinem Prinzen Jussuf zu sagen?"

Sie war ausgewichen, und er sah sich genötigt zu antworten.

„Sie haben Theben von Else Lasker-Schüler übernommen. Sie haben sich in ihrem Reich angesiedelt, es zu Ihrem gemacht, aber es ist ein gefährliches Reich, glauben Sie mir."

„Sie meinen, es ist gefährlich, in der Phantasie zu leben?"

Er nickte. „Es ist gefährlich … Und jetzt will ich Ihnen sagen, warum ich mit Ihnen sprechen muß, Manja." Er sprach den Namen aus, als setze er ihn in Gänsefüßchen. „Ich will Ihnen helfen, aber ich habe nur noch wenige Tage. Man schickt mich nach Spanien, für wie lange ist nicht abzusehen."

Maria horchte auf. Sie hatte durch Baumgart manches über die Kämpfe der rechtmäßig gewählten Volksfrontregierung Spaniens gegen die Faschisten General Francos gehört. Zehntausende waren dem spanischen Volk zu Hilfe geeilt, kämpften an seiner Seite in den Internationalen Brigaden, Tausende Deutsche unter ihnen, Liebe brachten sie mit, Mut, ja Opferbereitschaft, aber keine Waffen. Franco aber erhielt Waffen von den Mächten, die sich bedroht fühlten durch den Geist, der von Spanien aus die Welt zu erobern schien. So hatte Maria es von Baumgart gehört, und sie dachte daran, daß auch Jupp Kirstein in Spanien war.

„Eilen Sie Franco zu Hilfe in Adolf Hitlers Auftrag?" fragte sie spöttisch.

Sein Blick wurde plötzlich aufmerksam und stechend. „Ich wußte nicht, daß Sie politisch interessiert sind", sagte er abweisend. Dann wechselte er den Ton wieder und sprach wie zuvor. „Sie werden dann niemand mehr haben, der Ihnen, wenn es hart auf hart kommen sollte, zur Seite steht, Maria."

Der Name traf sie wie ein Schlag. Also wußte er. Seit wann? Was? Woher? Nur eine Sekunde hielt ihre Betroffenheit an, dann riß sie sich zusammen. „Was soll das, Doktor Strehler?"

Er zog seine Brieftasche aus dem Uniformrock, entnahm ihr ein Foto und legte es auf den Tisch. Es war das Foto, das Judith Baumann angeblich so gesucht hatte. „Kennen Sie das?"

„Natürlich", antwortete sie, „es ist ein Rollenfoto, ich trage darauf eine blonde Perücke …"

Er setzte den Satz fort: „… weil ich die Maria Stuart gespielt habe. Darum auch die Unterschrift ‚Deine Maria'."

„So ist es“, sagte sie mit gespielter Ruhe. „Es würde mich interessieren, von wem Sie das Foto haben.“

„Das tut nichts zur Sache“, wischte er ihre Frage fort. „Glauben Sie wirklich, daß Ihre Erklärung Fachleuten, Experten auf dem Gebiet, standhalten kann? Das ist doch Unsinn, Maria – meinetwegen Manja. Ich habe dieses Foto auch in München gesehen. Das Foto einer jungen, schönen, hochbegabten Schauspielerin, die Selbstmord beging, weil sie angeblich unheilbar krank war. Die Leiche wurde nicht gefunden. Wieso dieses Märchen geglaubt wurde, kann ich nicht begreifen. Sogar ein Gedenkstein weist diese seltsame Story als Wahrheit aus.“

„Es gibt Doppelgänger, Doktor Strehler ...“, begann Maria, aber sie fühlte, wie fadenscheinig sich ihre Erklärung anhören mußte, und vollendete den Satz nicht. Es hatte keinen Sinn, weiter zu leugnen.

Strehler schien ihre Gedanken zu erraten. „Sie sind zu intelligent, Manja, um nicht zu erkennen, daß Sie das Spiel verloren haben. Ein makabres Spiel übrigens; Erfolge, Karriere, Zukunft aufzugeben, sich zur Jüdin zu machen, des Geliebten wegen. Ein Spiel, das die Größe antiker Tragödien erreicht, aber nur für die Bühne tauglich ist, nicht fürs Leben.“ Er wartete einen Augenblick, ob sie sich dazu äußere, aber sie schwieg.

„Nun gut“, sprach er weiter, „Sie haben es verloren, aber vorläufig nur gegen mich. Das Foto sollte dem Staatskommissar zugespielt werden, von wem, ist dabei nicht entscheidend. Es geriet durch einen Zufall in meine Hände. Ich habe es an mich genommen – gestohlen, wenn Sie wollen, und gebe es Ihnen zurück. Damit ist das Indiz weggeräumt, die Gefahr vorläufig abgewendet. Aber die Angelegenheit kann jederzeit wieder auf Sie zukommen, irgend jemand braucht nur, möglicherweise durch einen Zufall, auf die richtige Spur zu geraten. Sie müssen weg, Manja, schleunigst. Ich habe versucht, das Engagement in Zürich noch einmal anzukurbeln. Es ist zu spät. Mir bleibt keine Zeit, etwas anderes in die Wege zu leiten. Das einzige, was ich tun kann, Sie morgen über die tschechische Grenze zu bringen. Wenn alles gut geht, könnten Sie von dort aus nach London emigrieren. Ich habe in Prag einen Freund, der zuverlässig ist und Ihnen helfen würde."

Maria blickte Strehler sinnend an. „Sie würden mich selbst über die Grenze bringen?" fragte sie.

„Morgen nachmittag", antwortete er. „Ich muß nachts wieder zurück sein."

„Wenn alles gut geht, sagten Sie?"

„Wenn alles gut geht", wiederholte er.

„Und wenn es nicht gut geht?"

Strehler zuckte die Achseln. „Dann sind wir drin."

„Sie sagten ‚wir'. Sie wären also mit ‚drin'?"

Er zögerte. „Ich könnte mich vielleicht noch irgendwie herausreden. Sie wären geliefert."

„Und dieses Risiko – es ist doch ein Risiko – wollen Sie auf sich nehmen? Meinetwegen?"

Er lächelte verlegen. „Auch meinetwegen. Das ist keine Retourkutsche. Ihr Talent darf nicht verlorengehen."

Marias Blick lag wie verloren auf ihm. Wie unwirklich das alles ist, dachte sie. Einmal, in grauer Vorzeit, wäre er mein Typ gewesen. Ein markantes Gesicht, lebendige, wache Augen, dunkle, fast schwarze Haare. Nach nazistischer Rassenlehre sehr mit Vorsicht zu genießen. Mark dagegen ist blond, blauäugig, „arisch". Verrückt, alles verrückt. „Machen Sie mir nichts vor, Doktor Strehler", sagte sie, „schwindeln können Sie nur schlecht."

Strehler beugte sich weit vor über den Tisch. „Sie haben recht, Maria, Ihnen gegenüber fällt es mir schwer. Aber das ist ja jetzt unerheblich. Kann ich Sie morgen über die Grenze bringen? Ich sagte schon, ich muß nachts wieder zurück."

„Und was würde mit meinem Mann geschehen?" fragte Maria. Sie sah, daß Strehler zurückzuckte, aber sie sprach weiter. „Er wäre auf jeden Fall ‚geliefert', ob ich durchkomme oder nicht. Jetzt geht es ja nicht mehr nur darum, daß er Jude ist, jetzt geht es darum, daß ich keine Jüdin bin. Habe ich recht?"

„Dann wäre doch wenigstens einer gerettet", entgegnete Strehler. „Ihr Mann wird wahrscheinlich ebenso denken, wenn er Sie liebt."

„Er würde ebenso denken", bestätigte Maria. „Aber gerade deshalb ... Glauben Sie, ich könnte das Leben im Ausland ertragen, wenn ich wüßte, daß er durch meine Schuld ..., ja, durch meine Schuld, ich habe doch alles eingerührt." Sie schloß die Augen, das Gespräch hatte sie sehr angestrengt. „Wenn ich zu Hause sein soll, ehe er zurückkommt, müssen wir fahren ..." Sie erhob sich und taumelte dabei.

Strehler sprang auf und stützte sie. „Mein Gott, Sie haben sich zuviel zugemutet", sagte er besorgt. „Es ist unverzeihlich von mir, aber ich sah keinen anderen Weg ..."

Er hielt sie fest und zog sie dabei an sich heran. Sie sträubte sich nicht. Er war viel größer als sie, und sie blickte zu ihm hinauf. „Es ist schade, Jörg Strehler", sagte sie, „daß unsere Wege sich nicht früher einmal gekreuzt haben. Aber ich bin keine Judith, ich kann sie nur spielen, nicht nachvollziehen."

Plötzlich legte sie die Arme um seinen Hals und küßte ihn.

Er drückte sie fester an sich. „Kommen Sie mit, Maria", flüsterte er. „Sie wissen nicht, was alles noch geschehen kann."

Behutsam löste sie sich von ihm. „Ich werde an Sie denken, Jörg Strehler." Sie flüsterte: „Mit guten Gedanken. Auch daran, daß man immer und überall, selbst im Fegefeuer, Unterschiede machen muß."

Er wollte sie noch einmal an sich ziehen, doch sie wehrte ab. „Wir müssen fahren, es ist höchste Zeit."

Sie konnte sich gerade noch umziehen, bis Mark eintraf. Er war in Hochstimmung. Das Publikum hatte ihn gefeiert, und der ganze Vorstand hatte ihm gratuliert.

„Wir haben schon bei der Generalprobe gemerkt, daß das Stück gut ankommt", erzählte er aufgekratzt, „aber erst bei der Premiere wurde es ein so unerwarteter großer Erfolg. Du mußt dir die Aufführung unbedingt ansehen, wenn es dir wieder gut geht. Wie fühlst du dich? Du hättest nicht so lange aufbleiben sollen. Dr. Rose hat gesagt, ein Rückfall muß unbedingt vermieden werden."

Maria beruhigte ihn. „Ich fühle mich wohl, ich habe dich in Gedanken begleitet. Du mußt mir unbedingt alles erzählen, nicht erst morgen, sofort. Eine Premiere ist eine Premiere."

Wozu sollte sie ihn mit Strehler und mit dem Foto belasten, wie sie es ursprünglich vorgehabt hatte. Es würde ihm die ganze Premierenfreude verderben. Morgen war auch noch Zeit dazu. Nach Mitternacht erst gingen sie zu Bett.

Mark schlief bald ein, die letzten Tage waren anstrengend für ihn gewesen. Maria aber lag wach und dachte über das Zusammentreffen mit Strehler nach. Ein eigenartiger Mensch, alles an ihm war widersprüchlich und schwer zu enträtseln. Daß er das Foto an sich gebracht hatte, war noch zu verstehen, aber daß er es ihr gab, sich ihr in gewisser Weise damit auslieferte, war erstaunlich. Wie war das Foto in seine Hände gekommen? Durch Judith Baumann? Warum wollte er ihr das nicht sagen? Durch Barski? Unwahrscheinlich, er hatte sie vor Judith Baumann gewarnt. Aber war nicht auch von ihm alles mögliche, und manches zu Recht, behauptet worden?

Daß Hinkel ihn zuweilen kommen ließ, um ihn über die Kollegen auszufragen, hatte er ihr selbst gestanden. Vielleicht steckte er mit Judith unter einer Decke? Vielleicht war das Foto so in die Hände Strehlers geraten? Viele Fragen und keine Antwort.

Wenn Judith sich wirklich hatte hinreißen lassen, das Foto weiterzugeben, es dem Staatskommissar zuzuleiten, dann hatte sie es hinterher sicher bereut. Ihr Selbstmordversuch war echt gewesen, um ein Haar wäre sie nicht mehr aufgewacht. Sie freute sich nicht, als man sie wieder ins Leben zurückrief, sondern jammerte und bat, sie doch sterben zu lassen; Maria wußte das von Ruthild. Wenn man ihr das Foto jetzt zeigte, konnte es geschehen, daß sie den Selbstmordversuch wiederholte. Das durfte nicht geschehen. Andererseits konnte man nur von ihr erfahren, wie das Foto in die Hände von Strehler geraten war. Damit würde man aber auch Strehler in die Sache hineinziehen. Nein, es war unumgänglich, das Foto zu vernichten, niemand durfte davon etwas erfahren. Mark würde das einsehen, verheimlichen konnte sie es ihm nicht, obwohl sie es lieber für sich behalten hätte. Er würde noch mehr unter der Tatsache leiden als sie. Und er war so glücklich gewesen nach der Premiere. Gut, daß sie es ihm nicht gleich berichtet hatte.

Mark vermochte nicht zu fassen, daß das Foto, von dem Judith behauptete, es verloren zu haben, an Hinkel weitergeleitet worden war. „Man kann sich doch nicht so entsetzlich in einem Menschen täuschen", klagte er.

„Vielleicht hast du dich nicht getäuscht", versuchte Maria ihn zu beruhigen. „Wissen wir, wozu Menschen in Verzweiflung fähig sind. Man kann sie nicht mit Maßstäben messen wie Gesunde, sie sind krank. Sie sind in einem Zustand, der jede Kontrolle über sich selbst ausschaltet."

„Du verteidigst Judith noch, du, die allen Grund hätte, sie zu hassen."

„Warum sollte ich sie hassen?" fragte Maria. „Wir leben alle unter Verhältnissen, die nicht normal sind. Weshalb sollten unsere Reaktionen normal sein. Sie tut mir leid. Ich würde ihr helfen, wenn ich könnte. Aber ich kann es nicht."

Marias Worte hatten Marks Zorn gedämpft. „Wahrscheinlich ist es so", sagte er. „Keiner kann ihr helfen, keiner. Wir können uns selbst nicht helfen. Manchmal habe ich alles satt, satt ..."

Aus Marks Worten sprach solche Verzweiflung, daß Maria erschrak. „Du darfst so nicht reden", beschwor sie ihn. „Im Vergleich zu ihr sind wir glücklich. Wir sind zusammen, wir gehören zueinander. Niemals fühlt man das stärker als in so einer Zeit."

Er umarmte sie mit einer Leidenschaft, die ihr zeigte, wie notwendig diese Aussprache gewesen war. „Du hast recht", flüsterte er, wie um sich selbst zu überzeugen. „Wir sind zusammen, noch sind wir zusammen. Laß uns Tag und Nacht, jede Stunde, jede Minute daran denken. Nur diese Tage und Nächte, diese Stunden und Minuten zählen."

Er ist wie ein Kind, dachte sie. Er klammert sich an einen Strohhalm wie an ein rettendes Schiff. Als sie ihm die Sache mit Strehler erzählt hatte, drängte er sie, sich nicht um ihn zu kümmern, nicht aus Rücksicht auf ihn die letzte Chance zu verpassen. Aber sie wußte genau, wenn sie es wahrgemacht, wenn sie ihn verlassen hätte, dann würde er sich aufgegeben haben. Er war schwächer als sie, allein seinetwegen mußte sie durchhalten, die Zuversichtliche spielen. Er durfte nicht merken, was sie das kostete.

Der Mensch gewöhnt sich an alles, heißt es. An die Angst, denkt Maria, gewöhnt er sich nie. Die Angst hat verschiedene Gesichter: Taggesichter, Nachtgesichter. Tags nimmt sie die Züge des Hauswarts an, argwöhnisch, hinterhältig und listig; sie schaut aus den Augen der Nachbarin, hämisch und lauernd; sie überfällt einen mit dem Blick eines Fremden; im frechen Grinsen von Kindern selbst wohnt sie.

Nachts kriecht sie in Geräusche hinein. Maria wacht und lauscht in die Nacht. Sie hört mit den Nerven, nicht nur mit den Ohren, jeder Nerv für sich scheint zu wachen. Schritte im Haus, die stehenbleiben ..., der Puls setzt aus, *wo* bleiben sie stehen? Stimmen im Haus, die flüstern und tuscheln. Wer kann das sein? Warum tuscheln sie? Ein leises Rascheln wird zu lautem Rauschen, ein Knacken im Holz zu dröhnendem Krach. Erst beim Morgengrauen atmet sie auf, die Nacht ist wieder vorübergegangen.

Tage und Wochen, Wochen und Tage, das Jahr neunzehnhundertsiebenunddreißig begann.

Dem Jüdischen Theater schien es nichts Neues zu bringen. Das Ermächtigungsgesetz wurde um vier Jahre verlängert, das sicherte Hitler weiter unbeschränkte Macht. Hatte es während der Olympischen Spiele Hoffnung auf eine Lokkerung der Judengesetze gegeben, so erwies sich das bald als Spekulation. Nichts wurde gelockert, alles ging weiter. Die Juden hatten nichts zu erwarten.

Weiter wurden Stücke geprobt und gespielt. Man traf sich morgens bei den Proben, abends bei den Vorstellungen. Man diskutierte weiter über Stücke, Rollen und Auffassungen von Rollen. Man sprach über Kunst. Doch der Elan der ersten Jahre hatte nachgelassen. Man gestand es sich selbst nicht ein, aber zunehmend wurde den meisten bewußt, daß Ghettokunst enge Grenzen hat.

Judith Baumann arbeitete wieder. Sie war blaß und schien vergrämt. Maria fand, sie sehe scheu und gehetzt aus. Oder redete sie sich das nur ein? Sie bemerkte, daß Judith einige Male ansetzte, um ihr etwas zu sagen, es aber wieder ließ.

In einer Pause, in der sie sich beide allein in der Garderobe aufhielten, überwand sich Judith. „Bist du mir sehr böse?" fragte sie.

Sie will zu etwas ganz anderem kommen, dachte Maria. Sie macht einen Umweg. „Warum sollte ich dir böse sein?"

„Wegen Mark", entgegnete Judith schnell. „Daß wir geschwiegen haben."

„Ich bin dir nicht böse, außerdem ..., es ist lange her."

Judith schien unschlüssig, dann sprach sie hastig, ohne Maria anzusehen: „Und auch – wegen dem Foto. Es ist nicht zu finden. Ich verstehe es nicht."

„Ich verstehe es auch nicht", sagte Maria. „Vielleicht ist es wirklich im Müll gelandet. Hör auf zu suchen, es hat keinen Sinn."

Marias Worte schienen Judith zu beunruhigen. „Meinst du?" fragte sie ungewiß. „Und wenn es in falsche Hände gerät?" In der Frage lagen Spannung und unüberhörbare Angst. Sie war keine Schauspielerin im Leben.

Was bezweckt sie mit ihrer Frage, überlegte Maria. „Was meinst du mit falschen Händen?" fragte sie. „An was für Hände hast du gedacht?"

Diese direkte Frage war Judith unangenehm. „In die Hände der Nazis, der Gestapo", sagte sie endlich.

„Der Gestapo?" Maria tat erstaunt. „Was sollte die Gestapo mit dem Foto?"

Judith wich aus. „Ich meinte ... Es wäre doch möglich."

Warum hatte Judith das Gespräch begonnen? Was hatte sie erwartet? Hatte sie gehofft, so auf die Spur des verschwundenen Fotos zu kommen? Durch ein Versprechen, einen falschen Zungenschlag? Maria mußte an Strehler denken. Von ihr sollte keiner etwas erfahren. Er würde sich herausreden, hatte er gesagt. Ob er so sicher war, wie er tat? Es war ein Risiko für ihn. Sie hatte ihn geküßt, das war ihr Dank. Nicht mehr, mehr sollte es nicht sein. „Ich kann die Judith spielen, aber nachvollziehen kann ich sie nicht." Das war unmißverständlich gewesen. War es das? Sie wußte es nicht.

Ein Ereignis, das die Nazizeitungen füllte: der Prozeß gegen die Führer der katholischen Jugendverbände.

Auch die evangelische Kirche war Schikanen unterworfen. In einer seiner berühmten Predigten in der Annenkirche in Dahlem verkündete Pastor Niemöller von der Kanzel herab, die evangelische Kirche liege gefesselt darnieder. In Lübeck erhielten acht Pfarrer Hausarrest, einer wurde der Stadt verwiesen. Den Pfarrern der Bekennenden Kirche war es verboten zu predigen.

Aber den Prozeß gegen die Führer der katholischen Jugend machten die Nazis zu einem Schauprozeß. Er begann im April 1937 vor dem Zweiten Senat des Volksgerichtshofs in Berlin.

Obwohl dieser Prozeß die Schauspieler des Jüdischen Theaters nichts anging, interessierte er sie schon deshalb, weil sich der Hauptangeklagte, dieser Kaplan Joseph Rossaint, nicht scheute, die erbbiologischen Gesetze der Nazis öffentlich anzugreifen. Überdies hatte er es gewagt, vor Gericht festzustellen, daß der Nationalsozialismus das Chaos bedeute, weil er zum Kriege führe und es vom Christentum her nur eine Verdammung des Angriffskriegs geben könne.

Das Urteil war noch nicht gesprochen, der Prozeß ging bereits in die dritte Woche.

Maria wunderte sich über die Haltung Rossaints und seiner Mitstreiter, die in so krassem Widerspruch zu dem Hirtenbrief der katholischen Bischöfe an Hitler stand. Emanuel

Stern hatte sie im Dezember des vergangenen Jahres auf diesen Hirtenbrief aufmerksam gemacht, der in einer ausländischen Zeitung abgedruckt worden war. Die Bischöfe hatten Hitler zugesichert, seinen Kampf gegen den Bolschewismus „mit allen Mitteln, die ihnen aus dem Heiligtum zur Verfügung stehen", unterstützen zu wollen. Emanuel Stern scherzte grimmig: „Sie verkaufen sich für ein Linsengericht."

Dieser Rossaint und die anderen Führer der katholischen Jugendverbände verkauften sich offensichtlich nicht.

Aber Maria hatte andere Sorgen, um solchen Gedanken nachzuhängen.

Jeden Mittwoch trafen sich Mark und Maria mit Marias Eltern bei Frau Gräfenberg. Diesmal rief Frau Gräfenberg an, sie bedaure, daß die Zusammenkunft nicht bei ihr stattfinden könne, sie müsse auf einen anderen Zeitpunkt verschoben werden. Sie sollten sich keine Sorgen machen, die Eltern ließen grüßen.

Natürlich machten sie sich dennoch Sorgen. Etwas war geschehen, das stand fest. Maria wußte, so ohne weiteres würde der Vater nicht auf die Zusammenkunft verzichten.

Am nächsten Tag kam ein Brief mit einem Absender, den sie nicht kannten. Darin in der Handschrift Professor Rheines eine neue Adresse in Schlachtensee. Tag, Zeitpunkt. Kein Wort der Erklärung.

Es war nicht leicht, die Straße zu finden. Eine herrschaftliche Villa, ein großer gepflegter Garten. Was sollten sie da? Kein Namensschild, kein Hinweis, nichts. Eine Falle? Dann hätte der Vater nicht geschrieben. Noch konnten sie umkehren ... Sie kehrten nicht um.

Eine junge Frau öffnete. Sie hatte ein kluges, hübsches Gesicht und sehr lebendige Augen. „Herr und Frau Löwenthal?" fragte sie. „Ich heiße Renate, mehr ist nicht nötig. Bitte kommen Sie."

Sie folgten ihr durch einen Korridor, der lang und hoch war und düster wirkte. An der Wand Geweihe. Eine Kleiderablage. Maria erschrak. Das Jackett einer SS-Uniform.

Die Frau, die sich Renate nannte, lächelte. „Sie brauchen keine Angst zu haben, sie gehört meinem Bruder, er ist verreist. Sie hängt nur zur Tarnung hier im Flur."

„Und Sie?" fragte Maria erstaunt.

„Ich bin anders", sagte die Frau. „Unbedenklich, verstehen Sie? Sonst hätte Ihr Vater Sie nicht herbestellt."

Sie öffnete eine der vielen Türen. Ein saalartiger Raum mit schweren, altertümlichen Möbeln. In einer Ecke ein runder Tisch und mächtige, lederbezogene Sessel. Vor dem Fenster stand ein Mann und blickte auf die Straße hinaus. Als er sie eintreten hörte, wandte er sich um.

„Das ist Kaplan Neven", stellte die Frau vor. „Ich gehe jetzt, er wird Ihnen alles erklären ..." An den Priester gewandt, setzte sie fort: „Wenn Sie mich brauchen, Hochwürden, rufen Sie mich."

„Was erklären?" fragte Maria erschrocken. „Wo sind meine Eltern? Warum sind sie nicht hier?" Ihre Enttäuschung war so groß, daß Kaplan Neven beruhigend sagte: „Bitte fassen Sie sich." Seine Stimme klang leise und angenehm. „Ihre Eltern leben. Sie sind wohlauf."

„Leben?" schrie Maria. „Was ist geschehen, daß Sie das versichern? Bitte reden Sie."

Kaplan Neven forderte sie und Mark mit einer Handbewegung auf, Platz zu nehmen. Er setzte sich ihnen gegenüber. „Wollen Sie etwas trinken?" fragte er besorgt.

Maria schüttelte den Kopf. „Wo sind meine Eltern?" wiederholte sie.

„Sie sind im Ausland."

„Im Ausland?"

„Sie sind in Sicherheit. Das zuerst."

„Wollen Sie nicht erzählen, was geschehen ist?" bat Mark.

„Von dem Prozeß haben Sie gehört?" fragte der Priester.

Wieder war es Mark, der fragte: „Von welchem Prozeß?"

„Vom Katholikenprozeß."

Maria verlor die Geduld. „Was hat der Prozeß mit den Eltern zu tun?"

Kaplan Neven beugte sich etwas vor. „Hören Sie mir bitte

einen Augenblick zu. Ich werde versuchen, mich kurz zu fassen. Ich gehörte zu den Angeklagten, die man im vergangenen Jahr schon verhaftete. Nach drei Monaten ließ man mich wieder frei. Auch einige meiner Freunde wurden freigelassen."

„Und *warum* verhaftete man Sie? *Warum* ließ man Sie frei?"

Kaplan Neven hob die Hände und ließ sie kraftlos wieder sinken. „Beides ist nicht leicht zu beantworten. Warum man uns verhaftete? Man warf uns vor, wer als Apostel herumziehe und den Frieden predige, der glaube an den Krieg. Warum man uns freiließ? Wir sind schwache Flämmchen, er aber, Kaplan Rossaint, ist eine Flamme. Er ist der Gründer der katholischen Sturmscharen. Die Jugend folgt ihm. Vierzigtausend Jungkatholiken sind trotz des Terrors immer noch in den katholischen Jugendverbänden zusammengefaßt. Seinetwegen hauptsächlich haben sie diesen Schauprozeß gemacht. Er wirft ihnen vor, für den Krieg zu rüsten, er wirft ihnen vor, das zu verschleiern. Er fordert alle Menschen auf, gemeinsam gegen den Krieg zu kämpfen."

Maria hatte nur gezwungen zugehört. Zum drittenmal fragte sie: „Was haben meine Eltern mit diesem Prozeß zu tun?"

Kaplan Neven hob wieder wie beschwörend die Hände. „Ich bin gleich soweit. Ich versuchte mich in dem Prozeß als Zeuge anzubieten. Man verweigerte es. Man untersagte mir sogar, bei dem Prozeß auch nur anwesend zu sein. Ich bin trotzdem nach Berlin gekommen. Auch das hatte man mir strengstens verboten. Und jetzt kommt das, was Sie angeht. Professor Rheine ist ein Freund meines Vaters. Ein alter Freund, von der Studienzeit her. ‚Wenn du unbedingt nach Berlin willst', sagte mein Vater, ‚geh zu Rheine, er nimmt dich auf.' Ich ging zu Ihrem Vater, er wies mich nicht ab. Von dem Schicksal seiner Tochter wußte ich nichts, sonst wäre ich nicht zu ihm gekommen!"

Kaplan Neven schwieg, und die anderen schwiegen. Erst nach geraumer Zeit setzte er fort: „Er hat mir alles anvertraut. Er sprach wie zur Beichte, ich hörte ihm zu. Das Geheimnis liegt tief in mir verschlossen. Sie haben das Kreuz auf sich genommen, möge der Heiland Sie beschützen."

„Danke, Hochwürden", sagte Maria. „Mein Vater nahm Sie auf?"

„Ich sagte es bereits. Er nahm mich auf, obwohl ich mich nun sträubte. Die Größe der Gefahr sahen wir beide wohl nicht. Er machte sich strafbar, indem er mich aufnahm, aber das schlimmste war, daß man durch mich auf die Spur seiner Tochter kommen konnte. Das durfte nicht geschehen."

„Die Größe der Gefahr?" ging Mark auf die Worte Kaplan Nevens ein.

„Professor Rheine sollte zusammen mit mir verhaftet werden", erklärte der Priester. „Sie hatten schon lange etwas gegen ihn, nach dem Motto: Wer nicht für mich ist, ist gegen mich. Er war nicht für sie, das wußten sie. Daß er mich aufnahm, kam ihnen zupaß. Woher sie es wußten, ist rätselhaft. Ein Verwandter von Ihnen, Herr Löwenthal, ein prächtiger Mensch, wenngleich Kommunist, erfuhr es und warnte uns. Wie er es erfuhr, ist mir auch nicht bekannt. Er wußte über den Prozeß gut Bescheid.

„Heinz Baumgart?" fragte Mark erstaunt.

Der Priester nickte. „Heinz Baumgart, ja. Ihr Herr Vater", wandte er sich an Maria, „hatte im Unglück noch Glück. Er sollte in Paris einen Vortrag halten, über Zuchtergebnisse bestimmter Getreidesorten. Ich verstehe leider nichts davon. Alles war bestens organisiert, die Papiere für ihn und seine Gattin lagen bereit. Er nahm nur das Allernotwendigste mit, es sollte nicht nach Flucht aussehen. Ob er noch einmal zurückkehren kann ... Wer kann das voraussagen. Wir begleiteten Ihre Eltern zum Bahnhof. Dann brachte Herr Baumgart mich hierher."

„Wohin, Hochwürden?" fragte Maria. „Was ist das hier für ein merkwürdiges Haus? Was ist das für eine Frau, deren Bruder bei der SS ist und die selbst ..."

„Frau Renate ist zuverlässig", antwortete Neven. „Sonst hätte Herr Baumgart mich nicht hierhergebracht, sonst hätte Professor Rheine Sie nicht herbestellt. Freilich, merkwürdig ist das alles. Sie sympathisiert mit den Kommunisten, dabei war ihr Vater General. Er ist vergangenes Jahr gestorben. Ihr Bruder ..., aber das wissen Sie ja. Wir leben in einer seltsamen Zeit."

„Und wo ist Heinz Baumgart?" fragte Mark.

Kaplan Neven senkte bekümmert den Kopf. „Das hätte ich Ihnen gerne erspart. Professor Rheine vergaß in der Eile etwas, das ihm große Sorgen bereitete. Er wollte umkehren. Nur mit Mühe brachte Herr Baumgart ihn dazu, es zu lassen. Es waren Briefe der Tochter von früher. Er hatte es nicht über sich gebracht, sie zu vernichten. Herr Baumgart ließ sich den Schlüssel zur Wohnung geben. Er wagte sich noch einmal in das Haus. Ein Kamerad begleitete ihn. Alles ging gut. Er fand die Briefe, vernichtete sie, verließ die Wohnung durch den Hintereingang. Sein Kamerad wartete *vor* dem Hause. Er sah den Wagen, die SA ..., aber er konnte den Freund nicht mehr warnen, sie hatten das Haus bereits umstellt."

„Sie haben ihn gefaßt?" fragte Mark entsetzt.

„O mein Gott", stammelte Maria. „Er war immer für andere da. Nun ist er meinetwegen ... Ob seine Frau schon etwas weiß?"

„Ich fürchte, nein", sagte der Kaplan.

Die besonnene, immer beherrschte Ruthild weinte hemmungslos. „Ich habe gewußt, daß es einmal so kommt."

Bei den Verhören jedoch hielt sie stand. Sie habe keine Ahnung, warum ihr Mann in dem Hause war. Sie kenne keinen Professor Rheine. Ihr Mann habe sich nicht mehr politisch betätigt. Ja, er sei früher bei den Sozialdemokraten gewesen, aber das sei lange her. Er hatte nichts mehr mit ihnen zu tun. Er habe in seinem Betrieb gut gearbeitet. Sonst nichts.

Mehr bekam man nicht aus ihr heraus, weder mit Freundlichkeit noch mit Drohungen. Man schickte sie schließlich wieder nach Hause.

Von ihrem Mann kam ein kurzer Brief, er sei noch in Berlin und hoffe, daß sich sein Fall bald aufklären werde. Er sei gesund, und es gehe ihm gut. Sie solle Tante Erna verständigen, weil die sich sonst Sorgen um ihn mache.

Mit Tante Erna war die Partei gemeint, so hatten sie es ausgemacht. Sie wußte, an wen sie sich zu wenden hatte.

Der Katholikenprozeß ging zu Ende. Obwohl man den Angeklagten nicht nachweisen konnte, mit Kommunisten zusammengearbeitet zu haben – darauf hatte die Anklage sich hauptsächlich gestützt –, waren die Urteile sehr hart. Für den Hauptangeklagten und einige seiner Freunde kam erschwerend hinzu, daß sie dem Friedensbund deutscher Katholiken angehört hatten. Dr. Kaplan Joseph Rossaint wurde zu elf Jahren Zuchthaus verurteilt. Die anderen kamen mit geringeren Strafen davon.

Kaplan Neven entdeckte man nicht, es gelang ihm, unerkannt wieder ins Rheinland zu kommen.

In einem Brief, der für Maria abgegeben wurde, standen nur die Worte: „Ich bete für Sie."

Wenngleich die Gewißheit, daß der Vater sich in Sicherheit befand, Maria beruhigte, war es schwer für sie, sich nun nicht mehr mit ihm aussprechen zu können. Auch die Gespräche mit Baumgart fehlten ihr. Der enge Kreis wurde immer enger, das arme Leben immer ärmer.

Nach dem ersten Schock verfiel Ruthild in eine Art Apathie. Sie ging wie verloren umher; wenn man sie ansprach, fuhr sie zusammen wie eine Schlafende, die man aufgeweckt.

Dann fing sie sich wieder und wurde hektisch und betriebsam. „Ich muß Heinz ersetzen, so gut ich kann", vertraute sie Maria an. Ihre Arbeit im Theater verrichtete sie wie bisher, danach war sie viel unterwegs. Sie hatte Verbindungen aufgenommen, über die sie auch mit Maria nicht redete.

Die Aufgabe des anderen übernehmen, sie weiterführen, zur eigenen machen – gab es Bindenderes zwischen zwei Menschen. Maria hatte nicht gewußt, wie sehr Ruthild an ihrem Mann hing. Sie hatte nie darüber gesprochen. Auch jetzt sprach sie nicht, sie handelte.

Was waren das für Leute, die im Untergrund kämpften,

fragte sich Maria, gegen eine Macht, die allmächtig schien? Gemeinsamer Kampf wäre nötig gewesen, aber diese Gemeinsamkeit gab es nicht. Auch die katholischen Priester hatten gekämpft, und doch hatte Kaplan Neven von Baumgart gesagt: „Ein prächtiger Mensch, wenngleich Kommunist." Dieses „wenngleich" war der Abgrund, der Menschen trennte. Die Kommunisten hatten ein Flugblatt verbreitet, darin stand: „... es wird in Deutschland keine Glaubensfreiheit geben, die nicht von der deutschen Volksfront errungen wird."

Wie weit war man von diesem Ziel noch entfernt.

Am Jüdischen Theater spielte man wieder einmal „König Lear". Es war keine Neuinszenierung, sondern eine Wiederaufnahme. Einige Rollen mußten umbesetzt werden.

Ein neuer Regisseur, Günter Herford, leitete die Umbesetzungsprobe, für zehn Uhr war sie angesetzt.

Judith Baumann sollte die Goneril spielen. Alle Schauspieler waren versammelt. Judith Baumann fehlte. Als sie Viertel nach zehn immer noch nicht da war, rief der Inspizient bei ihr zu Haus an. Niemand meldete sich.

Günter Herford, der sehr auf Pünktlichkeit hielt, beschloß verärgert, ohne Judith anzufangen. Eine jüngere Kollegin erklärte sich bereit, die Stichworte für die Kollegin zu lesen.

„Immer die Baumann", schimpften die Schauspieler.

Alle rechneten mit dem verspäteten Eintreffen Judiths, aber sie kam nicht.

Es war bereits zwölf, als sich ein älteres Ehepaar im Büro des Intendanten bei Ruthild Baumgart meldete. Sie erkundigten sich nach dem Verbleib ihrer Mieterin, Frau Judith Baumann. Sie habe am vergangenen Dienstag die Wohnung verlassen und sei nicht wiedergekommen. Die alten Leutchen versicherten, sie hätten sich nicht viel um den Lebenswandel ihrer Mieterin gekümmert, sie hätte es auch nicht anders gewollt. Aber zwei Tage sei sie noch niemals weggeblieben, ohne Nachricht zu hinterlassen. Nach dem Selbstmordversuch von Frau Baumann hätten sie es für ihre Pflicht gehalten, ihr Ausbleiben zu melden, zumal sie nicht einmal ihre Toilettensachen mitgenommen habe.

Dr. Laumann, von Ruthild informiert, sprach selbst mit dem Ehepaar. „Haben Sie im Zimmer von Frau Baumann nicht irgendeinen Anhalt gefunden, einen Abschiedsbrief vielleicht?"

Der Ehemann, immer wieder von seiner Frau unterbrochen, erklärte, sie hätten überall gesucht. Es gäbe nicht den geringsten Hinweis.

Dr. Laumann rief selbst alle zuständigen Polizeiämter an, nirgends war die Meldung vom Selbstmordversuch einer jungen Frau eingegangen.

„Wenn wir wenigstens wüßten, was das für zwei Herren waren, mit denen Frau Baumann wegging", klagte die Frau. „Aber wir haben sie noch nie gesehen."

Dr. Laumann stutzte. „Davon haben Sie gar nichts gesagt. Frau Baumann ging mit zwei Herren weg? Wäre es möglich, daß sie von der Gestapo abgeholt wurde?"

Der Mann schüttelte den Kopf. „Die waren nicht von der Gestapo. Wenn man sie abgeholt hätte, das wäre anders gewesen. Sie ging mit ihnen wie mit Bekannten."

Alle Nachforschungen blieben ergebnislos.

Maria und Mark überlegten, was sie in der Sache tun könnten. Zum erstenmal war Maria es, die nach der Probe auf Barski wartete. „Sie wissen, weshalb ich mit Ihnen sprechen möchte, Barski?" fragte sie.

Barski nickte. „Ich weiß. Aber ich schaue selbst nicht dahinter, und direkt kann ich nicht fragen. Ja, wenn Strehler da wäre, aber Sie wissen, er ist in Spanien."

Nur einen kurzen Moment stutzte Maria, dann fragte sie: „Woher soll ich das wissen? Was macht er in Spanien?"

Barski lächelte. „Sie haben recht, trauen Sie keinem. Ich werde Ihnen trotzdem erzählen, was ich in Erfahrung gebracht habe. Von der ‚Legion Condor' haben Sie gehört?"

Maria stellte sich unwissend. „Das sind die deutschen Fliegerverbände, die in Spanien kämpfen?"

„Das sind die deutschen Fliegerverbände, die das unbefestigte Guernica angriffen und vernichteten."

Aus den Worten Barskis hörte Maria erstaunt unterdrückte Empörung.

„Das Ausland schrie Zeter und Mordio über die brutale Kriegführung", sprach er weiter. „Aber sie selbst haben diese Kriegführung ermöglicht."

„Ermöglicht?" fragte Maria, die sich über diese Einschätzung Barskis immer mehr wunderte.

„Indem die französische und die britische Regierung den Export von Waffen und Kriegsmaterial nach Spanien verbot. Die rechtmäßige republikanische Regierung konnte also im Ausland keine Waffen kaufen und die offene Intervention der Deutschen und Italiener nicht verhindern. Aber das interessiert Sie vielleicht nicht sehr. Interessanter wird es für Sie sein, daß Strehler zur ‚Legion Condor' gehörte."

„Gehörte?" fragte Maria unwillkürlich.

Barski nickte. Seine Augen durchforschten Marias Gesicht, als könne er so erfahren, was sie zu verschweigen trachtete. „Gehörte", wiederholte er, die dritte Silbe betonend. Er wartete die Wirkung des Wortes ab, dann erst setzte er fort: „Denn nach Guernica gehörte er ihr nicht mehr an. Es wird getuschelt, er habe die Wirkung des Überfalls nicht verkraften können und sei zu den Internationalen Brigaden übergegangen. Sie hätten ihn aufgenommen. Doch das ist wahrscheinlich nur ein Gerücht."

„Das ist wahrscheinlich nur ein Gerücht", sprach Maria die Worte Barskis nach. Sie hatte sich gut in der Gewalt. Strehler in Spanien bei den Interbrigaden. Vielleicht trifft er mit Jupp Kirstein zusammen, dachte sie. Wie seltsam das alles ist. Laut fragte sie: „Woher wissen Sie das? Vom Staatskommissar?"

Barski verzog die Lippen, die Anspielung war ihm unangenehm, obwohl er die Verbindung selbst zugegeben hatte. Er wollte nicht daran erinnert werden. „Nein", antwortete er. „Ich gebe Informationen, aber ich erhalte keine. Dennoch ... Wortbrocken, Wortfetzen ..., man kombiniert, man macht sich seine Gedanken. Im Falle Judith Baumann aber weiß ich leider nichts, ich würde es Ihnen sagen."

„Und Sie glauben nicht, daß man sie geholt hat?"

Barski zuckte die Achseln. „Glauben, glauben", sagte er. „Es sieht nach allem, was die alten Leute gesagt haben, nicht danach aus. Aber kann man es wissen?"

Der Anruf kam nachmittags um sechzehn Uhr. Maria hob ab. „Tag, Manja, hier ist Renate. Wenn du Lust hast, komm doch morgen zum Kaffee her, oder hast du Probe? – Nein? Großartig, ich hab eine kleine Überraschung für dich. Sechzehn Uhr, einverstanden? Ich erwarte dich. Bis dahin, tschüs."

„Willst du wirklich hingehen?" fragte Mark besorgt.

„Unbedingt. Vielleicht hat sie eine Nachricht von den Eltern."

„Soll ich mitkommen?"

„Nein, sonst hätte sie es ausdrücklich gesagt."

„Das ist alles so geheimnisvoll, so undurchsichtig."

„Es ist eine undurchsichtige Zeit. Aber mach dir keine Gedanken, diese Frau ist in Ordnung."

„Woher willst du das wissen?"

„Sonst wäre längst etwas geschehen."

Es war wie beim letztenmal, die Frau, die sich Renate nannte, öffnete, nickte Maria zu, ging voran durch den langen Flur, nur daß diesmal keine SS-Uniform in der Kleiderablage hing.

„Mein Bruder ist zu Hause", sagte die Frau, als hätte sie Marias Gedanken erraten. Dann flüsterte sie: „Wir sind Freundinnen und duzen uns, für den Fall ..." Sie horchte einen Augenblick, dann beschleunigte sie ihre Schritte. Vor einer Treppe machte sie halt und deutete mit einer Kopfbewegung nach oben. „Mein Zimmer ist im ersten Stock."

Maria ging hinter ihr her. Wieder ein Flur, ganz anders als der unten, freundlich, hell, und auch das Zimmer, in das sie nun traten, hatte nichts von der dumpfen Würde des unteren Raums. Es war nicht sehr groß, aber gemütlich. An den

Wänden Bilder von Degas, Cézanne, leicht, beschwingt und so ausdrucksstark, daß Maria sich fragte, ob es etwa Originale seien.

„Das ist mein Reich", sagte Renate. „Kann ich dir etwas anbieten? Wir bleiben bei dem Du, es ist besser. Kaffee? Tee? Es sieht natürlicher aus, wenn jemand hereinkommt."

„Bitte Tee", bat Maria. „Sie müssen ..., du mußt verstehen, ich reagiere sonst recht schnell, aber ..."

Renate lachte leise. Dann sagte sie ernst: „Von schnellem Reagieren hängt manchmal Tod oder Leben ab. Einen Augenblick, ich bin gleich wieder da, die Küche ist nebenan."

Sie verschwand, und Maria hatte etwas Zeit, sich genauer in dem Zimmer umzusehen. Renate schien Blumen zu lieben, überall standen sie, in hohen Kristallvasen und in bunten, bizarr geformten Porzellangefäßen. Fotos oder Gegenstände, die auf Persönliches schließen ließen, gab es nicht.

Renate kehrte zurück, auf einem Tablett trug sie den Tee und das Teegeschirr, Sahne, Zucker und eine Schale mit Keksen. „So", sagte sie, „keiner wird es wagen, das Gespräch zweier Freundinnen zu stören." Sie goß den Tee ein, ging zum Schreibtisch und nahm aus der Schublade ein weißes Kuvert. „Ich kann mir vorstellen, wie sehr du auf diesen Augenblick gewartet hast. Lies in Ruhe, ich werde etwas Musik machen."

Die Platte, die sie auflegte, Musik aus der „Zauberflöte", nahm Maria nur am Rande wahr. Nach fast zwei Monaten hielt sie den ersten Brief des Vaters in Händen. Viele liebevolle, herzliche Einleitungsworte, eine Entschuldigung, daß er nicht früher etwas von sich habe hören lassen, aber er habe Konkretes berichten wollen. Die gute Nachricht, daß er durch die jahrelange Verbindung mit einem französischen Wissenschaftler, einem Agronomen, Asyl in Frankreich erhalten habe. Außerdem, allerdings nach vielen Recherchen und Gesprächen, arbeite er in einem Institut in der Umgebung von Paris.

„Ihr könnt Euch nicht vorstellen", schrieb Rheine, „was das bei den vielen deutschen Emigranten hier bedeutet."

Dann schilderte er die Pension, in der sie untergekommen waren, verhältnismäßig sauber, verhältnismäßig billig, bemerkte, daß Anneliese ihm eine echte Partnerin sei und es ohne diese Partnerschaft viel schwerer für ihn sein würde. „Und nun zu Euch", setzte er fort, „denn das ist das wichtigste. Wie die Dinge aussehen, und man kann die politische Situation aus dem Ausland vielleicht besser beurteilen, treibt die Naziregierung zielbewußt auf einen Krieg zu. Der zweite Vierjahrplan dient der kriegsmäßigen Mobilisierung der Wirtschaft. Die Vereinigten Stahlwerke, die für eine vorübergehende Verlangsamung des Rüstungstempos eintraten, um durch gesteigerten Export Devisen für Rohstoffe zu beschaffen, werden durch die weit aggressiveren Gruppen der IG Farben, der Großbanken und durch manche Montan-Industriellen verdrängt. Die streben die absolute wirtschaftliche Autarkie an. Die Kenntnis dieser Entwicklung verdanke ich nicht etwa eigener Einsicht, sondern der Bekanntschaft mit einem ehemals angesehenen jüdischen Industriellen, der sich vorübergehend in Paris aufhält und der über die deutschen Verhältnisse sehr gut informiert zu sein scheint. Er hat mir geraten, alles zu tun, damit ich Euch herausbekomme. ‚Warten Sie nicht', sagte er, ‚jeder Tag, den Sie zögern, kann entscheidend sein.' Wir müssen einen Weg finden. Wir müssen! Wenn ich Geld hätte, ginge es wahrscheinlich leichter. Aber alles, was ich besaß, mein Konto auf der Dresdner Bank, ist beschlagnahmt. Ich mache mir große Sorgen, Euretwegen, und Anneliese sorgt sich mit mir. Sie will ihren Schmuck zu Geld machen, vielleicht hilft uns das weiter. Ein Trost ist uns der Gedanke, daß Frau O. sich Eures Falls angenommen hat. Sie ist ein großartiger Mensch. Auch dem Verwandten von Mark haben wir viel zu verdanken. Grüßt ihn von uns.

Wir umarmen Euch und hoffen, daß wir das bald wirklich tun können. Eure Eltern."

In einem Nachsatz stand: „Verbrennt diesen Brief sofort, wenn Ihr ihn gelesen habt."

Maria ließ das Blatt sinken und blickte auf. „Willst du den Brief nicht lesen?" fragte sie.

„Dein Vater hat mir auch geschrieben", entgegnete Renate, „und wahrscheinlich steht Ähnliches darin. Ich habe das Schreiben verbrannt."

„Vater bittet mich, dasselbe zu tun", sagte Maria. „Aber willst du ihn nicht doch noch lesen?"

Renate nahm den Brief, las, nickte und zerriß ihn in kleine Stückchen, die sie in den Aschenbecher warf. Dann zündete sie sie an. Sie wartete, bis alles verbrannt war, die Asche schüttete sie in den Ofen. „Du weißt jetzt, wer ich bin, aber der Name Osterburg ist nicht unbekannt, darum soll er möglichst nicht erwähnt werden. Über den Gruß an Heinz Baumgart wirst du dich gewundert haben. Baumgarts Verhaftung habe ich deinem Vater verschwiegen. Es hätte ihn zu sehr belastet. Was dein Vater von diesem Industriellen erfahren hat, ist richtig. Es stimmt mit dem überein, was ich auch von meinem Bruder weiß. Es ist unsinnig, zu glauben, daß sich für die Juden noch etwas bessern wird. Ihr müßt fort. Aber wie und wohin? Einen falschen Paß zu besorgen ist möglich, aber in Zusammenhang mit falschen Pässen sind gerade in letzter Zeit an den Grenzübergängen viele Leute verhaftet worden. Man muß richtige Pässe bekommen, bei denen nur die Fotos ausgetauscht werden. Dazu braucht man Menschen, die bereit sind, ihre Pässe zu geben, und die ungefähr in gleichem Alter und von gleicher Figur sind wie ihr."

„Menschen, die ihre Pässe verkaufen?" fragte Maria erstaunt.

„Nicht verkaufen. Die mit ihren Pässen anderen Menschen das Leben retten. Unmenschlichkeit erzeugt mitunter als Gegenwirkung verstärkte Menschlichkeit. So etwas gibt es."

„Ist das auch bei dir so?" fragte Maria.

„Zum Teil", antwortete Renate nachdenklich. „Aber nicht nur. Ich hatte einen Freund, der Kommunist war. Ich habe manches durch ihn verstehen gelernt. Sie haben ihn umgebracht."

Das also war es. Kaplan Neven hatte gesagt, sie sympathisiere mit den Kommunisten. Daher auch die Verbindung mit Heinz Baumgart.

Renate stand auf und stellte das Geschirr auf ein Tablett. „Ich glaube, es wird gut sein, wenn wir uns von Zeit zu Zeit hier treffen. Ich rufe dich an. Auch wenn Nachricht von deinem Vater da ist. Wenn du mich brauchst, ruf diese Nummer an. Lerne sie bitte auswendig und vernichte sie. Sollte ich nicht dasein, hinterlasse, daß ich dich anrufe. Übrigens, das wird dich interessieren ... Strehler ist bei den Interbrigaden."

Maria starrte Renate verblüfft an. „Strehler? Kennst du ihn? Woher weißt du, daß ich ihn kenne?"

Renate lächelte. „Ich kenne ihn aus einer Zeit, da seine politische Karriere noch nicht begonnen hatte. Er ist ein widersprüchlicher Mensch, sensibel, musisch, gebildet und gleichzeitig, gerade weil er seine Sensibilität kennt, hart. Er hat einmal an den Nationalsozialismus geglaubt."

„Glaubt er nicht mehr?"

„Ich sagte doch, er ist bei den Interbrigaden. Wie er dazu gekommen ist, weiß ich auch nicht. Vielleicht erzähle ich dir einmal mehr von ihm, jetzt mußt du gehen. Es ist besser, wenn mein Bruder dich nicht sieht."

Was ist das für eine sonderbare Frau, diese Renate von Osterburg, dachte Maria auf dem Heimweg. Was weiß sie wirklich von Strehler? Woher weiß sie, daß ich ihn kenne? Darauf hat sie nicht geantwortet. Sie hat seinen Namen scheinbar zusammenhanglos erwähnt, aber bei ihr ist nichts ohne Zusammenhang.

Alle vierzehn Tage fuhr Maria nun nach Schlachtensee, meist, um Post vom Vater in Empfang zu nehmen. Die beiden jungen Frauen entdeckten viele Gemeinsamkeiten, so führte der Kontakt von bloß praktischen Notwendigkeiten zu freundschaftlicher Verbundenheit. Daß Renate zu einer Gruppe von Widerstandskämpfern gehörte, entnahm Maria einigen Bemerkungen, die sie darauf schließen ließen, daß es verschiedene solcher Gruppen gab. Sie glaubte sogar herauszuhören, daß ihnen Leute aus Gesellschaftsschichten angehörten, von denen man es nie vermutet hätte.

Renate war sehr vorsichtig in bezug auf solche Äußerungen, sie nannte niemals Namen. Über wen sie sprach, wenn auch nur mit großer Zurückhaltung, war ihr kommunistischer Freund, an dem sie sehr gehangen haben mußte. „Martin war Arzt", sagte sie. „Er studierte in Königsberg, übrigens zusammen mit Strehler. Ich wollte dir ja immer etwas über Strehler erzählen."

„Strehler war Arzt?" fragte Maria erstaunt.

Renate nickte. „Sie haben fast zur gleichen Zeit promoviert. Aber während Martin seinen Beruf liebte, war es bei Strehler nicht so. Er interessierte sich mehr für künstlerische Dinge, für Literatur, Musik und besonders Theater. Doch das weißt du ja. Eine Zeitlang schienen sie sich politisch gut zu verstehen, sie waren beide gegen die Weimarer Republik, für den Umsturz, für die Revolution. Nur daß Martin in die kommunistische Partei eintrat, Strehler in die NSDAP. Da trennten sich ihre Wege. Martin ist für seine Überzeugung gestorben, und Strehler ... Ob er seine Überzeugung wirklich geändert hat oder ob es wieder einmal ein Strohfeuer bei ihm gewesen ist, wer kann das wissen ... Vieles in seinem Leben war überraschend, unvorhergesehen, extrem und übersteigert. Da hast du mit wenigen Worten die Geschichte der beiden."

Maria wunderte sich, wie knapp und sachlich Renate das sagte. Pathos schien ihr fremd, auch wenn sie über ihren Freund sprach. Wie Ruthild schien sie seine Arbeit übernommen zu haben.

Maria hätte gern gewußt, was den Umschwung bei Strehler herbeigeführt hatte, aber sie scheute sich, danach zu fragen. Woher Renate wußte, daß Strehler sie kannte, hatte sie auch nicht gesagt.

Emanuel Stern und Maria trafen sich ganz zufällig in Ruthilds Büro. Stern brauchte von Ruthild eine Unterschrift, Maria war von Ruthild verständigt worden, daß sie sie unbedingt sprechen müsse. Diese Nachricht hatte Maria nervös gemacht.

Stern merkte nichts von dieser Nervosität. Er schimpfte über die politische Situation, die sich von Tag zu Tag verschlechtere. „Sie nehmen alles zurück und behaupten das Gegenteil."

„Wer?" fragte Maria zerstreut. „Von wem reden Sie?"

„Vom Ausland", erwiderte Stern. „Man sollte diese Nachrichten nicht lesen, aber man tut es immer wieder. Sie tadeln Hitler nicht mehr, sie tolerieren ihn, welche Verbrechen auch in seinem Namen begangen werden. England geht wieder einmal voran. Hitler hat sich mit Lord Halifax getroffen. Halifax beteuerte, daß er die Gelegenheit begrüße, durch ein persönliches Gespräch mit dem ‚Führer' – er hat wirklich ‚Führer' gesagt – ein besseres Verständnis zwischen Deutschland und England zu erreichen. Auch für die gesamte europäische Zivilisation sei das wichtig."

„Und worüber wollen sie sich verständigen?" Maria fiel es schwer, sich zu konzentrieren.

Emanuel Stern nahm es nicht wahr. Er war im Zuge und sprach weiter. „Über bestehende Mißverständnisse, die aus dem Wege geräumt werden müssen. Dabei versicherte Halifax Hitler seiner Wertschätzung, er rühmte seine großen Verdienste beim Wiederaufbau Deutschlands, er quoll über von Liebenswürdigkeit. Sie lenken nicht nur ein, sie hofieren ihn. Er kann sich alles erlauben, und er wird sich alles erlauben. Kein Wort mehr vom Schicksal der Tausende, die in den Lagern umkommen, kein Wort mehr von den Juden, über die sie Krokodilstränen vergossen haben. Sie fürchten sich vor ihm, und das vielleicht nicht ohne Grund. Er bereitet den Krieg vor, alles ist diesem Zweck untergeordnet ..."

„Sie glauben wirklich ...?"

„Ich glaube nicht, es ist eine Tatsache."

„Und was kümmert uns ihr Krieg?" Maria hatte das unbedacht hingesagt, aber Emanuel Stern schaute sie erstaunt und befremdet an. „Daß Sie so etwas fragen. Das geht auch uns an, die Lage für die Juden wird immer unerträglicher. Neue Gesetze werden gegen uns verabschiedet, aber sie brauchen diese Gesetze gar nicht ..."

Ruthild trat ein. Maria brauchte nicht weiter auf Sterns Worte einzugehen. Er ließ sich die Unterschrift von Ruthild geben und verabschiedete sich.

„Ich sollte zu dir kommen?" fragte Maria.

„Ich wollte es dir hier sagen, es ist nicht nötig, daß Mark es erfährt. Er macht sich ohnehin genug Sorgen um dich. Ein Beauftragter Hinkels war bei mir. Er wollte dich sprechen. Er kommt morgen um zehn noch einmal. Ich glaube nicht, daß er gefährlich ist, dazu ist er zu plump. Bitte, reg dich nicht auf, du wirst mit ihm fertig."

Maria lächelte verkrampft. „Hoffentlich."

Ruthild nahm Marias Hand. Der Puls ging ruhig und gleichmäßig. Ruthild nickte. „Du wirst mit ihm fertig werden."

Der Mann wollte sie allein sprechen. Wieder saß sie in dem Zimmer, in dem sie damals Strehler kennengelernt hatte, aber das hier war kein Strehler. Es war ein nicht sehr intelligent aussehender Typ zwischen vierzig und fünfzig mit strengem, überheblichem Gehabe. Seine Fragen waren anders als erwartet. Er wollte wissen, wie oft sie sich mit Strehler getroffen habe und ob sie in irgendeiner Verbindung zu ihm stehe.

Sie sah den Mann – er hatte sich nicht vorgestellt – erstaunt an und antwortete, Herr Strehler sei einmal im Theater gewesen, er habe in demselben Zimmer mit ihr gesessen und sie nach diesem und jenem gefragt. Was er eigentlich gewollt habe, hätte sie nicht herausbekommen. Es sei das einzige Mal gewesen, daß sie mit Herrn Strehler zusammengetroffen sei.

„Danach haben Sie ihn nicht mehr gesehen?"

„Ich verstehe Ihre Frage nicht", sagte sie. „Herr Strehler ist Nationalsozialist, und ich ..."

„Sie sind Jüdin, wollen Sie sagen. Aber es existiert ein Bild von Ihnen ..."

„Sie meinen das Rollenfoto, als ich die Maria Stuart spielte und eine blonde Perücke trug? Wissen Sie, wo es sich befindet? Mein Mann hatte es einer Bekannten gegeben, und es ist verschwunden. Wenigstens behauptete sie es."

Der Mann sah sie mißtrauisch an. „Wissen Sie, wo sich Ihre Bekannte aufhält?"

Maria schüttelte den Kopf. Jetzt hilft nur Frechheit, dachte sie. „Ebensowenig wie ich weiß, wo das Foto ist. Ich dachte, darüber wissen Sie vielleicht Bescheid."

Der Mann grinste plötzlich. „Sie sind eine gerissene Person. Ihre Bekannte befindet sich in Jerusalem, wenn Sie das beruhigt. Sie glauben mir nicht? Es ist wirklich so. Über das Foto unterhalten wir uns ein andermal."

„Haben Sie es?" Sie hatte befürchtet, es zu weit getrieben zu haben, aber der Mann wurde unsicher.

„Sie wissen wirklich nichts?"

„Nein. Es wäre schön, wenn ich es zurückbekäme."

Er schluckte daran. So viel Frechheit hatte er ihr nicht zugetraut. „Sie hören noch von mir", sagte er und ging steif und eckig, ohne zu grüßen.

Jetzt erst merkte Maria, daß ihre Knie zitterten.

„Was wollte er von dir?" fragte Ruthild unruhig.

„Ich weiß es nicht. Er wollte wissen, ob ich Strehler öfter getroffen habe und ob ich etwas über ihn weiß. Ich habe natürlich nein gesagt. Aber eines scheint zu stimmen. Judith Baumann ist in Jerusalem."

„Das hat er dir gesagt?"

„Ja."

„Und wie ist die dorthin gekommen?"

„Das hat er mir nicht gesagt."

„Er wollte dich provozieren", meinte Mark, als Maria ihm von dem Gespräch mit dem Mann und das, was er über Judith gesagt hatte, berichtete.

„Vielleicht. Aber warum gerade Jerusalem?"

Und doch schien es zu stimmen, denn die alten Leute, bei denen Judith gewohnt hatte, kamen ins Theater und erzählten Ruthild, daß sie von Judith Baumann einen Brief erhalten hätten, in dem diese sie bat, ihr zu verzeihen, daß sie sich nicht verabschiedet habe. Sie würde jemand schicken, der ihre Sachen abholt, dankbar wäre sie, wenn sie alles ein wenig zusammenpackten. Und dann war noch ein Satz in dem Brief, der die alten Leute förmlich verwandelte: „Es geht mir gut, und vielleicht gelingt es mir, etwas in die Wege zu leiten, damit auch Sie herkommen können. Ich will nichts versprechen und keine falschen Hoffnungen wecken, aber ich will alles tun, was in meinen Kräften steht, denn ich weiß, was es heißt, unter den Umständen heute als Jude in Deutschland leben zu müssen ..."

„Glauben Sie, daß sie wirklich etwas für uns tun wird?" fragten die alten Leute Ruthild. „Es wäre zu schön, und sie ist ja ein guter Mensch ..."

„Sie wird bestimmt tun, was sie kann", pflichtete Ruthild dem Ehepaar bei. „Wenn jemand die Sachen abholen sollte, rufen Sie mich bitte an, wir würden Judith gern auch noch einiges andere mitschicken."

Sie versprachen es.

„Warum hast du sie gebeten, dich anzurufen, wenn jemand die Sachen holen kommt?" fragte Maria. „Willst du ihr wirklich etwas mitgeben?"

„Ich möchte wissen, *wer* die Sachen holt. Man hätte möglicherweise einen Anhaltspunkt. Es wäre vielleicht durchschaubarer."

Aber der Mann, der die Sachen etwa zwei Wochen später abholte, hatte angeblich keine Zeit, solange zu warten, bis jemand vom Theater komme. Er wies ein Schreiben Judiths vor, daß er berechtigt sei, alles mitzunehmen.

Als Ruthild die alte Frau fragte, wie der Mann ausgesehen habe, erwiderte sie: „Eigentlich ganz nett. Dreißig bis vierzig Jahre, mittelgroß, blond, freundlich. Auf Gespräche hat er sich nicht eingelassen."

Wieder erkundigte sich Maria bei Barski, was er von der Sache halte.

„Es ist alles etwas ungewöhnlich", antwortete er. „Die ganze Angelegenheit. Aber bei Judith Baumann war ja vieles ungewöhnlich. Lassen Sie sich von den Leuten, bei denen sie gewohnt hat, die Adresse geben, ich habe Freunde in Jerusalem, vielleicht kann man da etwas in Erfahrung bringen."

Aber die Adresse stellte sich als fingiert heraus. Die Antwort auf Barskis Anfrage war: Eine Frau Judith Baumann sei dort unbekannt.

„An wen könnte man sich noch wenden?“ fragte Maria.

Barski zuckte die Achseln. „Legen Sie die Angelegenheit ad acta“, sagte er. „Wollen Sie es mit dem Geheimdienst aufnehmen? Höchstwahrscheinlich hat er damit zu tun.“

Was waren das alles für Zustände, was waren das für Leute? Maria dachte an den schrecklichen Mann aus Hinkels Staatssekretariat, der ihr gesagt hatte: „Sie hören noch von mir.“ Aber Tage, Wochen, Monate vergingen, der Mann ließ nichts von sich hören.

„Freu dich doch, daß du nichts von ihm hörst“, sagte Ruthild.

Jedoch manchmal wünschte sich Maria ein Ende dieser entsetzlichen, nerventötenden Warterei.

„Es geht los“, sagte Renate. „Der Krieg hat schon begonnen.“

„Der Krieg?“ fragte Maria bestürzt. „Was für ein Krieg?“

„Fritsch und einige seiner Offiziere haben den Abschied erhalten. Hitler hat Brauchitsch zum Oberbefehlshaber des Heeres gemacht. An Stelle des Reichskriegsministeriums gibt es jetzt das Oberkommando der Wehrmacht.“

Dann hörte Maria von Renate beinahe dasselbe, wenn auch mit anderen Worten, was sie schon von Emanuel Stern gehört hatte. „Das Schlimmste ist, daß es auch in eurem Fall schwerer geworden ist“, meinte Renate bekümmert. „Alle Bemühungen scheitern entweder daran, daß Leute, die ihre Pässe zur Verfügung stellen wollten, plötzlich selbst gefährdet sind oder daß andere, die nicht daran dachten, Deutschland zu verlassen, es sich jetzt überlegen. Aber irgend etwas muß geschehen. Wenn nicht anders, müßt ihr untertauchen.“

„Du mußt dir keine solchen Sorgen um uns machen, noch ist es nicht soweit.“ Marias Zuversichtlichkeit war gespielt, keiner wußte, was der nächste Tag brachte.

Am 12. März marschierten deutsche Truppenverbände in Österreich ein. Das Land wurde als Ostmark ins Deutsche Reich eingegliedert.

Zwei Wochen danach bat ein österreichischer Schauspieler namens Karl Georg Jacobi Dr. Laumann, ob er ihn nicht engagieren könne. Er sei Jude und den Verfolgungen in Wien mit knapper Not entronnen.

„Und warum kommen Sie her? Was wollen Sie hier?“ fragte Dr. Laumann abweisend. „Wissen Sie nicht, was hier los ist? Ist der Ruhm der Nürnberger Gesetze nicht nach Österreich gedrungen? Sehen Sie zu, daß Sie in zivilisierte Länder kommen, in die Schweiz, nach England, nach Amerika.“

„Ohne Geld?“ fragte Jacobi mit traurigem Lächeln. Es stellte sich heraus, daß er die Absicht gehabt hatte, über die Tschechoslowakei ins Ausland zu gelangen, daß man ihm aber an der Grenze alle Papiere und Wertsachen abgenommen und ihn zurückgeschickt hatte.

„In Wien konnte ich nicht bleiben, Sie wissen nicht, Herr Dr. Laumann, wie's dort zugeht.“

„Ihr habt ja den Anschluß haben wollen, jetzt habt ihr ihn“, sagte Dr. Laumann, immer noch unwirsch.

„Wir nicht“, widersprach Jacobi, „wir gewiß nicht. Freilich, die Nazis haben Hitler begeistert empfangen, aber zur gleichen Zeit haben sie Tausende Nazigegner festgenommen, und nicht nur Kommunisten, auch Sozialdemokraten und bürgerliche Linke. Sogar nach vorbereiteten Listen. Und ebenfalls zur gleichen Zeit ging's auch gegen die Juden los. Meine Eltern sind kleine Geschäftsleute im Zweiten Bezirk, in der Leopoldstadt. Sie besitzen ein armseliges Papiergeschäft: Zeitungen, Ansichtskarten, Andenken ... Ich kann Ihnen gar nicht erzählen, was man mit ihnen gemacht hat ...“ Der kräftige junge Mann begann zu weinen. Dann fuhr er fort, immer wieder von Schluchzen unterbrochen: „Nicht nur die deutschen Faschisten sind grausam, die österreichischen stehen ihnen in nichts nach.“

Dr. Laumann, der ein weiches Herz hatte, war selbst dem Weinen nahe. „Und was machen Ihre Eltern jetzt?“

„Sie warten darauf, daß ich sie heraushole", sagte der junge Mann verzweifelt. „Ich bin der einzige Sohn."

„Gott der Gerechte", seufzte Dr. Laumann, er war sich der Blasphemie gar nicht bewußt. „Ich werde mich darum bemühen, daß Sie vorübergehend bei uns arbeiten. Allein kann ich aber nicht entscheiden."

Karl Georg Jacobi wurde nach dem üblichen Vorsprechen am Jüdischen Theater eingestellt. Er war ein guter Schauspieler, die meisten Mitglieder des Hauses fanden schnell Kontakt zu ihm, auch Mark und Maria. Manchmal saßen sie nach der Vorstellung noch ein wenig bei Löwenthals zusammen.

Die Nachricht vom Selbstmord eines Wiener Theaterdirektors, bei dem Jacobi gearbeitet hatte, regte ihn sehr auf. „Niemals hat Dr. Rudolf Beer Selbstmord begangen", sagte er empört. „Den haben die Nazis umgebracht. Er war Jude. Unter seiner Leitung ist das Raimundtheater erst das geworden, was es war, ein ernst zu nehmendes Haus. Wer weiß, was sie jetzt aus dem Theater machen. Aber Österreich ist ja auch nicht mehr Österreich, sondern ein Anhängsel des Reichs. Und bald ist es in der Tschechoslowakei genauso."

„Meinst du?" fragte Maria erschrocken.

Jacobi nickte. „Ich meine nicht nur, es ist sicher. Henlein fühlt sich schon heute als Herr. Das Sudetengebiet zumindest werden die Nazis schlucken."

„Glaubst du, daß Jacobi mit seiner Prophezeiung recht haben kann?" fragte Maria Renate bei der nächsten Zusammenkunft in Schlachtensee.

„Er kann nicht nur, er hat recht", antwortete Renate. „Und die Dummköpfe hier, die über den Einmarsch in Österreich gejubelt haben, werden genauso über den Einmarsch in die Tschechoslowakei jubeln. Sie wissen nicht, was damit auf sie selbst zukommt."

„Du meinst, es geht weiter?" fragte Maria.

„Es geht weiter, verlaß dich darauf. Hitler wird sein Programm verwirklichen, dem ‚Volk ohne Raum' Raum zu verschaffen. Wieweit ihm das gelingt ..."

„Und wird das Ausland auch das noch hinnehmen?"

„Sie werden alles hinnehmen, weil sie fürchten, daß es ihnen sonst an den Kragen geht. Du hast doch gehört, was Lord Halifax in seinem Gespräch mit Hitler sagte. Sanft, sanft gehen sie mit dem ‚Führer' um. Jetzt hat er mit Chamberlain in Berchtesgaden und Godesberg verhandelt. Er fordert die Übergabe des Sudetengebiet an Deutschland. Ultimativ fordert er. Und er wird nicht umsonst fordern."

„Weißt du das alles durch deinen Bruder?"

„Auch", entgegnete Renate, „aber nicht nur."

Am 29. September kam das „Münchener Abkommen" zwischen Deutschland, Italien, England und Frankreich zustande, das die Tschechoslowakei zwang, das Sudetengebiet an Deutschland abzutreten. Am 1. Oktober marschierten deutsche Truppen in die Tschechoslowakei ein.

Es gab Schauspieler im Jüdischen Theater, die sich einredeten, daß die Nazis von ihren militärischen Plänen so in Anspruch genommen würden, daß sie den Judenproblemen weniger Aufmerksamkeit schenkten, zumindest dem jüdischen Kulturbund und dem Jüdischen Theater. Daß im Februar eine Änderung im Wirtschaftsministerium erfolgt war und Schacht durch Funk abgelöst wurde, fanden sie nicht alarmierend. Ständig wurden Leute in solchen Positionen ausgetauscht, ausgewechselt, was ging sie das an.

Maria, die sich das Argument, die Nazis seien zu sehr mit ihren militärischen Plänen beschäftigt, zu eigen machte – der Mann von Hinkel hatte sich nicht bei ihr sehen lassen –, fühlte so etwas wie eine Erleichterung. Sie schalt sich dumm und leichtgläubig, aber sie brauchte diese Ruhe, diese Atempause. Mark, der ahnte, daß es sich um eine Selbsttäuschung handelte, gab sich ihr ebenfalls hin.

„Weißt du, was diese Änderung im Wirtschaftsministerium bedeutet?" fragte Renate. „Die Leute, die mit Funk ans Ruder gekommen sind, verdrängen die gemäßigteren Führungskräfte der NSDAP. ‚Mäßigung' ist für sie ein Synonym für ‚Schlappheit'. Die gehen aufs Ganze."

Renates Worte stimmten. Wieder einmal erwiesen sich alle Spekulationen als Hirngespinste. Die militärischen Pläne nach außen gingen Hand in Hand mit der Verschärfung von Maßnahmen gegen die Juden. In der Zeitung der SS „Das schwarze Korps“ wurde in drei Artikeln die Enteignung, die Zerstörung des Besitzes und die absolute Liquidierung von Juden als Wirtschaftsfaktor gefordert.

Emanuel Stern hatte die Artikel mitgebracht. „Es ist aus“, sagte er. „Ernst und ich, wir gehen nach Hamburg, vielleicht gelingt es uns, auf irgendeinem Schiff ins Ausland zu kommen. Ich weiß von Leuten, denen das gelungen ist. Es ist gefährlich, aber nicht unmöglich. Hier werden die Juden über kurz oder lang nicht nur als ‚Wirtschaftsfaktor‘, hier werden sie, wenn Hitler wahrmacht, was er sich vorgenommen hat, insgesamt liquidiert.“

Stern hatte sich von Lea getrennt. Die beiden Frauen, Mutter und Tochter, waren nach Tirol gezogen, wo sie in einem Sanatorium, das von einem jüdischen Arzt geleitet wurde, die Wirtschaft führten. Dort hatten sie gehofft, das Ende des Dritten Reiches abwarten zu können. Wie es nun nach dem Einmarsch der Nazis in Österreich um sie stand, wußte Stern nicht.

„Leben Sie wohl, Manja“, verabschiedete er sich von Maria, „Sie wissen, daß ich Sie liebe, aber ich habe immer gewußt, daß diese Liebe hoffnungslos ist.“

Maria verbarg ihre Ergriffenheit nicht. „Sie werden mir sehr fehlen, Emanuel“, sagte sie. „Aber ich hoffe, es gelingt Ihnen, hier herauszukommen.“

Auch der Abschied von Ernst Freund war schmerzlich. „Das ist vielleicht kein großer Trost, aber jetzt habt ihr mehr Platz“, sagte Freund.

Nun hatten sie die Wohnung für sich allein, doch es war wirklich kein Trost, im Gegenteil, es war beklemmend.

Maria litt besonders unter der ständig zunehmenden Depression von Mark. Er fiel von einem Extrem ins andere. Nachts, wenn sie in seinen Armen lag, überschüttete er sie mit Liebkosungen, steigerte seine Leidenschaft zur Raserei, um sie, ermattet, anzuflehen, mit ihm zusammen Schluß zu machen.

Sie verstand ihn. Wie oft hatte sie dasselbe gedacht. Aber sie versuchte ihn glauben zu machen, daß es noch nicht soweit sei, aufzugeben. „Vater schreibt, er habe jetzt jemand gefunden, der Vorschläge macht, die erfolgversprechend aussehen. Auch Renate bemüht sich, uns zu helfen. Es wird noch alles gut, Liebster, es wird noch alles gut."

Manchmal fühlte sie, daß das Unglück sie fester aneinanderband. War man einander im Unglück näher als im Glück? Machte die Angst um den anderen die Liebe stärker?

Maria klingelte. Es war der verabredete Tag, aber niemand öffnete. War Renate verhindert? Warum hatte sie dann nicht angerufen. Vielleicht hatte sie überraschend irgendwohin müssen und nicht mehr die Zeit gefunden, anzurufen? Maria wollte schon gehen, als plötzlich Schritte hörbar wurden, feste Schritte, nicht die leichten Renates. Weglaufen, fliehen, war der erste Gedanke. Aber das war unsinnig, wer immer da im Hause war, er würde sie sehen. Ruhig, ganz ruhig bleiben. Abwarten. Wahrscheinlich ist es Renates Bruder. Maria hatte ihn noch nicht kennengelernt.

Er war nicht in Uniform, sondern in Zivil. „Osterburg", stellte er sich vor. „Jörg Osterburg. Ich habe Sie erwartet. Entschuldigen Sie, daß es so lange gedauert hat, ich mußte den Hund festmachen, er hätte Sie erschreckt. Sonst ist er im Zwinger."

Osterburg war groß, schlank, das Gesicht sah Renate ähnlich, sehr ähnlich sogar.

„Ich wollte zu Ihrem Fräulein Schwester, wir hatten uns für heute verabredet ...", begann sie.

„Meine Schwester hat es mir gesagt", bestätigte er. „Sie mußte leider verreisen."

„Verreisen?" Aus diesem einen Wort klang Unglauben, Argwohn, Zurückhaltung.

„Darf ich Sie einen Augenblick zu mir bitten? So zwischen Tür und Angel läßt es sich schwer reden. Ich habe Ihnen die

Grüße meiner Schwester und etwas mehr zu übermitteln. Wenn Sie erlauben, gehe ich vor."

Sie ging hinter ihm her. Derselbe Korridor, den sie so oft schon gegangen war, nur diesmal eine andere Tür. Ein langgestreckter Raum. Ein großer Schreibtisch vor dem Fenster, eine schmale Liege, ein Tisch und mehrere Stühle.

„Ich darf Sie bitten, Platz zu nehmen."

Sie setzte sich. Die Nerven behalten, nur die Nerven behalten.

Er setzte sich ebenfalls. „Sie sind schön", sagte er in einem Ton, der eine Tatsache feststellt und kein Kompliment sein soll. „Strehler hatte recht."

„Strehler?" fragte Maria überrumpelt.

„Ich kenne ihn auch", erwiderte Osterburg, ohne weiter auf ihn einzugehen. „Ich sagte Ihnen, meine Schwester sei verreist", setzte er fort, „sie ist nicht freiwillig verreist."

Jetzt konnte Maria ihre Unruhe nicht mehr verbergen. „Nicht freiwillig?"

„Ich habe sie gezwungen zu verreisen." Er erwartete eine Äußerung, da sie nicht kam und Maria ihn nur mit schreckgeweiteten Augen anblickte, sprach er weiter: „Ich hänge nämlich an meiner Schwester, ob Sie mir das glauben oder nicht. Sie hat sich da in Sachen eingelassen, die gefährlich sind, lebensgefährlich. Einiges war mir bekannt, sie wußte das nicht. Aber die politische Situation hat sich geändert, vieles hat sich zugespitzt. Man fackelt nicht mehr lange, verstehen Sie? Was ich Ihnen jetzt sage, ist streng vertraulich. Zwei Häftlinge, die aus dem Gefängnis nach Plötzensee übergeführt werden sollten, konnten entkommen. Mit Hilfe von außen, das steht fest. Einen von den beiden kennen Sie, es ist ein entfernter Verwandter Ihres Mannes."

Wieder erwartete Osterburg einen Einwurf, aber Maria schwieg. Baumgart, dachte sie. Heinz Baumgart.

„Renate war in diese Angelegenheit verwickelt. Sie sehen, wie dringend es war, sie in Sicherheit zu bringen."

„Ist sie in Sicherheit?"

„Ich hoffe. Ich werde Ihnen nicht mitteilen, wo sie sich aufhält. Sie wissen von nichts, von gar nichts. Daß Renate nicht gerade glücklich war wegzumüssen, können Sie sich vorstellen. Ich spielte den Harten, anders ging es nicht."

„Sind Sie das nicht?"

Osterburg sah Maria prüfend an. „Mitunter, nicht immer. Sonst hätte Renate Sie mir nicht ans Herz gelegt." Zum ersten Male lächelte er. „Schön wäre es." Dann wurde er sofort wieder ernst. „Soweit es mir möglich ist, werde ich Ihnen beistehen, wenn Sie Beistand brauchen. Seien Sie vorsichtig, man kann nicht vorsichtig genug sein. Rufen Sie diese Nummer an, lernen Sie sie auswendig, und vernichten Sie sie." Er reichte ihr den winzigen Zettel. „Verlangen Sie Herrn Dr. Körting, und sagen Sie ihm, Sie hätten seine Telefonnummer durch einen Patienten bekommen. Er weiß dann Bescheid und holt mich oder verständigt mich. Rufen Sie nur an, wenn es unumgänglich ist. Haben Sie alles behalten?"

Maria nickte.

„Gut", sagte Osterburg, das Gespräch beendend. „Ich werde Renate von Ihnen grüßen. Sie haben eine echte Freundin an ihr."

„Ich weiß", sagte Maria leise.

Als Ruthild erfuhr, daß ihr Mann entkommen war, fiel sie Maria um den Hals. „Das ist die schönste Nachricht seit langem", sagte sie glücklich. „Deshalb beschatten sie mich. Ich habe mich in den letzten Tagen gefragt, warum sie dauernd hinter mir her sind. Ich fürchtete schon, daß das in irgendeinem Zusammenhang mit meinen politischen Aufgaben steht. Gut, daß ich es weiß. Bestimmt glauben sie, daß Heinz nach Hause kommen wird. Den Gefallen wird er ihnen nicht erweisen."

„Und wenn man dich für ihn holt?" fragte Maria besorgt. „Du mußt verschwinden."

„Wohin?" fragte Ruthild. „Was würde es mir nützen? Dann merken sie erst, daß ich informiert bin. Nein, es wäre das Dümmste, was ich machen könnte. Aber ich muß jetzt alles andere sein lassen."

Im Jüdischen Theater liefen die Proben zum „Raub der Sabinerinnen“. Stengele war mit dem Theaterdirektor Striese besetzt worden, einer Paraderolle für jeden Komiker. Er freute sich über die Aufgabe. Stengele war zuversichtlicher als in der Zeit zuvor. Er erzählte Maria, daß die Verwandten in Jerusalem zusammengelegt hätten und es so aussähe, als ob die Familie bald abreisen könne. „Der Striese wird meine Abschiedsvorstellung“, sagte er, „so gern ich Theater spiele, ich werde erst ruhig werden, wenn wir die Grenze überschritten haben.“

Ende Oktober war ein Erlaß herausgekommen, daß polnische Juden, sofern sie im Besitz gültiger Pässe sind, sofort „unter Aushändigung formularmäßiger Aufenthaltsverbote für das Reichsgebiet in Abschiebungshaft zu nehmen und in Sammeltransporten unverzüglich über die polnische Grenze abzuschieben“ seien. Stengele und seine Familie besaßen keine polnischen Ausweispapiere, sie waren seinerzeit eingebürgert worden, aber man konnte nicht wissen, wie das gehandhabt wurde.

Auch am Montag, dem 7. November, wurde im Jüdischen Theater probiert. Daß an diesem selben Montag ein junger Jude mit Namen Herschel Grynszpan den deutschen Botschaftsattaché in Paris, Herrn vom Rath, niedergeschossen hatte, erfuhren die Schauspieler erst am Abend. Die Abendzeitungen brachten die Nachricht, aber noch nicht in großer Aufmachung.

Doch am nächsten Morgen wurde in dicken Schlagzeilen das gesamte deutsche Judentum für diese Tat verantwortlich gemacht.

Im Jüdischen Theater herrschte Aufregung. Die einen verurteilten jene Tat als die eines Wahnsinnigen, andere hießen sie zwar ebenfalls nicht gut, meinten aber, sie könnten den jungen Mann verstehen. Allen jedoch war die Empörung gemeinsam, die Tat dieses einzelnen den Juden in ganz Deutschland anlasten zu wollen.

„Was war der van der Lubbe beim Reichstagsbrand, ist ihnen dieser Nebbich, dieser Grynszpan“, sagte Stengele.

„Du meinst, er ist nur ein Vorwand für das, was sie vorhaben?" fragte Maria. „Aber was haben sie vor, kannst du mir das sagen?"

Stengele wiegte den Kopf hin und her. „Bin ich ein Prophet? Kann ich raten, was die haben noch vor gegen die Juden?"

Maria schauderte. „Keiner kann das wissen. Was mag dieser Grynszpan für ein Mensch sein? Was werden sie mit ihm tun?"

„Was haben sie mit van der Lubbe getan?" antwortete Stengele. „Ein armer kleiner Jidd ist das, noch ein Jingele."

Aus ausländischen Zeitungsberichten war zu entnehmen, daß dieser Herschel Grynszpan, am 28. März 1921 in Hannover geboren, zur Zeit der Tat siebzehn Jahre alt gewesen sei. Vor dem Untersuchungsrichter in Paris sagte er aus: „... ich lege ... darauf Wert, Ihnen zu erklären, daß ich weder aus Haß noch aus Rache, sondern aus Liebe zu meinem Vater und zu meinem Volk handelte, die unerhörte Leiden ausstehen. Ich bedaure sehr, einen Menschen verletzt zu haben, aber ich hatte keine anderen Mittel, meinen Willen auszudrücken ... Ich wollte einen aufsehenerregenden Schritt machen, damit er in der Welt nicht ignoriert wird, weil die deutschen Methoden mich erbittern ..."

Im Grunde ist es eine genauso sinnlose und zwecklose Art zu protestieren wie meine, dachte Maria. Nur daß ich niemand umgebracht habe außer mich selbst. Sie empfand Mitleid mit diesem jungen Menschen, der in Verzweiflung ein Signal geben wollte.

Mark begriff dieses Mitleid nicht. „Das Attentat war nicht nur irrsinnig, es war ein Verbrechen. Er hätte sich doch sagen müssen, was er damit in Deutschland anrichtet."

„Du vergißt, daß dieser Attentäter siebzehn Jahre ist", widersprach Maria. „Also fast noch ein Kind. Außerdem hat Stengele wahrscheinlich recht, wenn es nicht Grynszpan gewesen wäre, hätten sie einen anderen Anlaß gefunden. Wenn ich nur wüßte, wozu? Wie wird *dieser* ‚Reichstagsbrand', den sie vorhaben, aussehen?"

Nachts fanden sie keine Ruhe – auch wenn sie so taten, als ob sie schliefen. Maria träumte von einem Mann, der aussah wie Jörg Osterburg, plötzlich aber die Züge Strehlers annahm und schrie: „Sie müssen fliehen, Maria! Schnell! Schnell! Man ist hinter Ihnen her!“ – „Wohin soll ich fliehen?“ entgegnete sie und streckte ihm die Hände entgegen. „Sehen Sie denn nicht? Ich stecke im Sumpf.“ – Er griff nach ihr, um sie herauszuziehen, aber sie war zu schwer, und der Boden gab nach. – „Ich versinke!“ schrie sie.

Da hörte sie Marks Stimme, der besorgt fragte: „Hast du etwas? Du hast laut geschrien.“

„Ich habe wirres Zeug geträumt“, sagte sie, „es tut mir leid, daß ich dich geweckt habe.“

Ein sonniger Spätherbsttag begann.

Im Theater in der Kommandantenstraße herrschte großes Durcheinander. Der Inspizient hatte die Schauspieler, die im ersten Akt zu tun hatten, geholt, aber die Unruhe, die alle erfüllte, machte sich in Protestrufen Luft: „Was hat das noch für Sinn?“, „Wozu probieren?“, „Wer weiß, wie alles weitergeht?“

Rüster wies jeden Zweifel, ob diese Probe überhaupt stattfinden solle, zurück. „Die Arbeit geht selbstverständlich weiter“, stellte er fest.

Es war schwer, die Leute zur Ruhe zu bringen. „Hier wird nicht markiert“, fuhr er Manuel an, einen jüngeren Kollegen, der nicht bei der Sache war und sich einige Male versprach. „Hier wird richtig probiert oder gar nicht.“ Rüsters Strenge wirkte.

Plötzlich aber wurde die Probe unterbrochen. Der Inspizient kam atemlos auf die Bühne gestürzt. „Herr Dr. Laumann läßt den Herrn Spielleiter dringend bitten, in sein Büro zu kommen.“

Rüster, der es haßte, während der Probe unterbrochen zu werden und der seine Leute endlich so weit hatte, daß sie richtig probierten, fuhr den Inspizienten ärgerlich an: „Ich bitte, auf meinen Proben nicht gestört zu werden.“ Aber noch während er das sagte, wurde ihm bewußt, was die Morgenzeitungen geschrieben hatten, und schon im Gehen murmelte er: „Vor lauter Verwaltungskram kommt man nicht zur Arbeit."

Die Unruhe unter den Schauspielern steigerte sich. Es mußte schon etwas Ungewöhnliches sein, das Dr. Laumann veranlaßte, Rüster während einer Probe in sein Büro zu rufen.

Zufällig stand Maria plötzlich neben Barski. Oder war es kein Zufall?

„Wie sehen Sie die Lage, Barski?" fragte sie ein wenig ironisch. „Sie sind doch wahrscheinlich der einzige, der über die ganzen Vorgänge etwas besser informiert ist."

Er ging auf ihren ironischen Ton nicht ein. Mit schnellem Blick vergewisserte er sich, daß ihn niemand hörte. „Es ist etwas Ungewöhnliches im Gange", sagte er. „Die SA ist in Bereitschaft, nicht nur in Berlin, im ganzen Reich. Geheime Besprechungen finden statt. Goebbels kündigte gestern in seinem Leitartikel im ‚Völkischen Beobachter' an, daß ‚das deutsche Volk aus dieser neuen Tat seine Folgerungen ziehen' werde. Es gab daraufhin bereits ‚spontane' Demonstrationen gegen die Juden. Wir sitzen wie die Maus in der Falle. Kein Ausweg, nirgendwo. Gott der Herr straft streng."

„Straft er nicht zu streng?" fragte Maria bitter.

„Wer kann sagen, er ist ohne Schuld?" flüsterte Barski, aber es klang nicht überzeugt.

Sie konnten das Gespräch nicht fortsetzen, denn Rüster kehrte zurück. Ein anderer Rüster, in den Knien weich, als habe er allen Halt verloren. „Aufhören", sagte er, und seine Stimme klang heiser. „Das Ministerium hat das Theater soeben geschlossen. Ich kann Ihnen leider nichts anderes mitteilen. Man macht das gesamte Judentum für das Attentat in Paris verantwortlich, also auch uns. Gehen Sie bitte nach Hause." Und da alle wie erstarrt dastanden, niemand sich rührte, setzte er fort: „Wir haben hier bis zum letzten Augenblick unsere Pflicht getan. Sie werden alle verständigt, sobald wir etwas hören."

Immer noch dauerte die Starre an, niemand bewegte sich,

als könne mit dieser Stille die Zeit stehenbleiben. Rüster rang um Fassung. „Macht es mir doch nicht so schwer“, sagte er, sich abwendend. Es war wie ein Hilferuf.

Langsam, sehr langsam verließen die Schauspieler das Haus, das zwar nur ein Ghetto gewesen, ihnen aber für eine kurze Zeit doch zur künstlerischen Heimat geworden war.

Zu Mark und Maria gesellte sich Ruthild. „Ich kann jetzt nicht allein sein“, sagte sie. Sie nahmen sie in die Mitte. Jetzt in ein öffentliches Verkehrsmittel einzusteigen widerstrebte ihnen. Sie gingen zu Fuß, langsam, schweigend, jeder seinen Gedanken nachhängend.

Gleichzeitig mit dem Theater war die Tätigkeit sämtlicher Institutionen und Organisationen des jüdischen Kulturbundes eingestellt worden. Alle Anfragen und Petitionen der Reichsvertretung deutscher Juden blieben unbeantwortet oder wurden zurückgewiesen.

Nach Mitternacht erst gingen sie schlafen. Ruthild brachten sie im anderen Zimmer unter, jetzt war es gut, daß sie dieses Zimmer hatten.

Ruthild hatte noch nichts von ihrem Mann gehört, das beunruhigte sie, andererseits wußte sie, daß er alles vermeiden würde, sie in Gefahr zu bringen.

Die Frage: Was nun?, ob das Theater geschlossen wurde, beschäftigte sie alle drei. Maria überlegte, ob sie Osterburg verständigen solle. Ruthild riet ab. Man müsse abwarten. Erst sehen, worauf das Ganze hinauslief. Sie rätselten hin und her, konnten aber zu keinem Ergebnis kommen.

Es dauerte lange, ehe Maria einschlief. Plötzlich jedoch hörte sie dumpfe Geräusche, wie durch Watte. Hatte sie geträumt? Mit einemmal wurde sie hellwach. Nein, das war kein Traum. Marschschritte harter Stiefel dröhnten durch die Nacht, dazwischen Kommandorufe, Schüsse, Schreie, splitterndes Glas, das Krachen von Türen, die aufgebrochen wurden. Barskis Worte fielen ihr wieder ein: „Es ist etwas Ungewöhnliches im Gange. Die SA ist in Bereitschaft, nicht nur in Berlin, im ganzen Reich. Geheime Besprechungen finden statt. Goebbels kündigte gestern in seinem Leitartikel im ‚Völkischen Beobachter' an, daß das deutsche Volk aus dieser neuen Tat seine Folgerungen ziehen werde. Es gab daraufhin bereits ‚spontane' Demonstrationen gegen die Juden."

An jedes Wort erinnerte sie sich. Mark war trotz des Lärms nicht aufgewacht. Maria stand auf und ging zum Fenster. Feuerschein lag über der Stadt und beleuchtete sie taghell. „Mark!" schrie sie. „Es brennt. Die ganze Stadt brennt!"

Mark, schlaftrunken, konnte den Sinn ihrer Worte nicht gleich fassen. Dann erst begriff er und stürzte ebenfalls zum Fenster.

„Die Synagoge", flüsterte er, als ob man ihn hören könnte. „Sie haben die Synagoge angesteckt."

„Gespenstig, wahnsinnig", flüsterte sie wie er. „Aber es ist nicht nur die Synagoge, die sie angesteckt haben, es muß mehr, viel mehr sein." Sie fuhr zusammen, der Schrei einer Frau, langgezogen und in Wimmern übergehend, mischte sich mit den Schreien und Rufen anderer Menschen.

Mark zog Maria an sich. „Hör nicht hin! Hör nicht hin!" Er hielt sie ganz fest an sich gepreßt.

Aber die Schreie tönten in ihnen nach. Auch die Frage, die sie nicht laut stellten: Wird man auch zu uns kommen?

Zwischen ein Uhr nachts und vier Uhr morgens begannen die Pogrome der „Kristallnacht". Achtundvierzig Stunden zog die Vernichtung durch das ganze Land. Jüdische Geschäfte wurden geplündert, jüdische Büros wurden zertrümmert, die Räume jüdischer Anwälte, die Sprechzimmer jüdischer Ärzte wurden kurz und klein geschlagen. Etwa 30000 jüdische Bürger wurden in Konzentrationslager verschleppt. Von den Schauspielern des Jüdischen Theaters waren Ascher, zwei jüngere Kollegen, Mandl und Worowski, der Spielleiter Rüster und der Komiker Stengele abgeholt worden.

Ruth Stengele kam mit wirren Haaren und irren Augen zu Löwenthals und schrie: „Warum ihn?! Warum gerade ihn?!

Er hat keiner Fliege was zuleide getan. Jetzt, wo wir hätten können bald nach Jerusalem fahren. Ich hab gesagt, sie sollen mich auch mitnehmen. ‚Du kommst auch dran, Sarah', haben sie gesagt und gelacht. Was fangen wir jetzt an? Die Kinder ..., ich werd meschugge ..."

Maria tröstete sie, so gut sie konnte, aber wie konnte man einen Menschen in solcher Lage trösten. Und war da nicht unterschwellig – vielleicht Ruth Stengele selbst nicht bewußt – die Frage: Warum nicht Mark Löwenthal?

Auch Maria fragte sich das. In panischem Schrecken hatte sie es erwartet.

Es ist an Mark vorübergegangen, aber es kann noch kommen, jeden Tag, jede Stunde, tags und in der Nacht. Wenn sie Mark holen, werde ich nichts tun können, nicht einmal Nachforschungen anstellen, weil man dann sofort hinter meinen Schwindel kommt und ich Mark nicht nur nicht nütze, sondern schade.

Mark wiederum dachte an Maria. Sie holten auch Frauen. Wenn man darauf kommt, daß sie ... Nicht auszudenken. Eine deutsche Arierin, die sich durch Betrug zu einer Jüdin macht ...

Auch Barski hatten sie nicht geholt. „Wenn ich noch kein Spitzel war in den Augen der Kollegen, dann sehen sie mich jetzt bestimmt so", sagte er verbittert.

„Meinen Mann haben sie auch nicht geholt, und er ist kein Spitzel. Sagen Sie mir lieber, wie es kommt, daß das Jüdische Theater der Zerstörung entgangen ist?" fragte Maria. „Merkwürdig."

„Das verstehe ich auch nicht", antwortete Barski, und aus der Art, wie er es sagte, schloß Maria, daß er es wirklich nicht wußte.

Einige Tage waren seit den Pogromen vergangen, das Theater meldete sich nicht. Das Warten zermürbte.

Die Empörung vieler anständiger Menschen in der ganzen Welt war so groß, daß selbst die Länder, deren Regierungen Hitler ihrer Loyalität versichert hatten, sich gezwungen sahen, Hitlerdeutschland zu verurteilen. Das war ein geringer Trost für die gequälten Juden, zumal Göring anläßlich der Ermordung des Botschaftsattachés in Paris eine „Verordnung über eine Sühneleistung der Juden deutscher Staatsangehörigkeit" in Form einer Kontribution von einer Milliarde Reichsmark erließ, die den wirtschaftlichen Druck weiter verschärfte. Renate hatte alles vorausgesehen, dachte Maria, mit Funk und seinen Leuten hatte die Radikalisierung der Judenpolitik weiter zugenommen. Wie weit würden sie noch gehen?

Zum erstenmal suchte Barski Maria zu Hause auf.

„Gibt es was Neues?" fragte sie erstaunt. „Haben Sie etwas über das Theater gehört?"

Er wurde unsicher und verlegen. „Das nicht, aber ich dachte, daß Sie das vielleicht interessiert." Er reichte ihr ein Kuvert. „Es ist von Giafferi, dem Anwalt Grynszpans. Ich habe die Verteidigungsrede ausgeschnitten, aus einer französischen Zeitung. Können Sie Französisch?"

„Ein wenig", antwortete Maria überrascht. „Aber wollen Sie nicht hereinkommen?"

Er wehrte ab. „Ich will Sie nicht stören. Außerdem habe ich keine Zeit. Ich bin nur zufällig in der Nähe gewesen ... Bitte zerreißen Sie den Ausschnitt, wenn Sie ihn gelesen haben."

Ein seltsamer Mensch, dachte Maria. Anfangs war er mir unsympathisch, jetzt ist er mir zwar immer noch unheimlich, aber ich sehe ihn anders. Im Grunde ist er ein armer Mensch. Mark mag ihn nicht, er ist ihm zu zwielichtig.

Sie übersetzte Mark den Zeitungsausschnitt. Es fiel ihr schwer, bei manchen Wörtern mußte sie lange nachdenken, viele Vokabeln fehlten ihr, obwohl sie die Sprache einmal ganz gut beherrscht hatte. „In einem einzigen Punkt versagen die Gesetze, die Jurisprudenz, die Gesetzesverträge, ja selbst die Präzedenzfälle: in der Barbarei, die heute in einem Teil Europas ausgebrochen ist! Hier kann es keine Gesetze geben und keine Präzedenzfälle, denn niemals, zu keiner Zeit und in keinem Lande wurden derart barbarische Mittel angewendet wie heute, um ein Herrschaftssystem zu errichten und aufrechtzuerhalten. Man kann es nicht fassen, daß sich derartige Tatsachen in unserem Jahrhundert abspielen können; darum muß jedes Rechtsprinzip versagen."

Maria unterbrach sich. „Ich übersetze schlecht. Im Französischen klingt alles flüssiger, präziser."

„Du übersetzt gut genug", beruhigte sie Mark. „Bitte, mach weiter."

„Wenn die Länder", übersetzte sie, „in denen heute noch Kultur und Zivilisation bestehen, zögern, die Opfer dieser Barbarei zu schützen und zu retten, wenn Schweigen einer Zustimmung gleichkommt und somit die Zustimmung zum Komplizentum wird, dann kann unser Jahrhundert nur ein Blatt der Schande in der Geschichte des Menschengeschlechts ausfüllen."

„Die Leute hier müßten das lesen", sagte Mark angerührt, „hier müßten sie wissen, wie man ihr Drittes Reich im Ausland beurteilt."

„Das würde sie ziemlich kaltlassen", widersprach Maria. „Sie sind fanatisiert. Obwohl ich überzeugt bin, daß es auch viele Menschen gibt, die die Pogrome nicht gutheißen. Aber die schweigen. Hier geschieht nichts."

Doch noch am selben Tag kam Ruthild mit einer Sonderausgabe der „Roten Fahne". Woher sie sie hatte, sagte sie nicht. Sie enthielt eine Erklärung des ZK der KPD „Gegen die Schmach der Judenpogrome" und schloß mit der Aufforderung an alle anständigen Menschen, den Juden zu helfen.

„Wenn Heinz noch in Berlin ist, beteiligt er sich bestimmt an der Verteilung", sagte Ruthild wehmütig, während sie das Blatt verbrannte. „Wenn sie ihn dabei fassen, ist es aus."

„Du kennst ihn doch, er ist vorsichtig", beruhigte sie Maria. „Aber es stimmt, die KPD ist die einzige Partei, die illegal weitermacht, obwohl jeder, der da mitmacht, weiß, was er riskiert."

Mark beteiligte sich nicht an dem Gespräch. Plötzlich stand er auf und begann im Zimmer auf und ab zu gehen.

„Ich halte es nicht mehr aus", sagte er nervös. „Ich fahre ins Theater. Ich will sehen, ob da wirklich niemand ist."

„Telefonisch meldet sich keiner", sagte Ruthild. „Aber ich komme mit, wenn du willst. Dieses Stillsitzen und nichts zu wissen macht einen verrückt. Kommst du auch mit?"

Maria schüttelte den Kopf. „Ich bin müde. Ich lege mich hin. Ihr werdet mir erzählen, wie es dort aussieht."

Mark und Ruthild blickten sich besorgt an. Maria war in den letzten Tagen oft müde. Eine dumpfe Schwere erfüllte sie, eine Folge der Belastung vorher. Gemütskrank, dachte sie, ein Wort aus der Mottenkiste, aber es hatte so etwas Warmes, Beruhigendes.

Als Mark und Ruthild zurückkehrten, berichteten sie, daß „alles dicht" sei und man mit keinem sprechen könne. Es sehe hoffnungslos aus.

Am nächsten Tage jedoch kam ein Anruf aus dem Theater. Eine Frauenstimme, sie kannten sie nicht, teilte mit, sie sollten sich Montag um zehn Uhr auf der Bühne einfinden, Herr Dr. Laumann habe ihnen eine Mitteilung zu machen. Ehe sie etwas fragen konnten, legte die Frau auf.

Das aber hatte sich ereignet: Zwei Tage zuvor erhielten Dr. Laumann und andere Mitglieder des Präsidiums beim jüdischen Kulturbund eine Vorladung zu Hinkel.

„Wir dachten", erzählte Dr. Laumann später den atemlos zuhörenden Schauspielern und Angestellten des Jüdischen Theaters, „man würde, wie schon des öfteren, eine Erklärung gegen die Greuelpropaganda von uns verlangen, weil ein großer Teil der ausländischen Presse ausführliche Berichte über die Pogrome veröffentlicht hatte. Hinkel empfing uns stehend, von seinem ganzen Stab umgeben. Die Atmosphäre war eisig, wir erwarteten das Schlimmste.

‚Ich habe Ihnen namens des Herrn Reichsministers für Volksaufklärung und Propaganda folgendes zu eröffnen', begann Hinkel nach einer kurzen Pause. ‚Erstens, den Juden ist künftig untersagt, öffentliche Theater, Kinos, Konzerte und Kabaretts zu besuchen.'

Wer von uns hat solch öffentliche Kunstdarbietungen schon besucht, wo uns überall das ‚Unerwünscht' in die Augen springt", unterbrach Laumann seine Ausführungen.

Dann setzte er in anderem Ton fort: „Wir erwarteten weitere einschränkende Verordnungen. Aber es kam anders. ‚Zweitens', verkündete Hinkel, ‚hat der jüdische Kulturbund mit sofortiger Wirkung seine Tätigkeit wieder aufzunehmen.'"

Bei den Schauspielern hörte man Ausrufe der Überraschung.

„Wir waren genauso überrascht", reagierte Laumann. „Wir waren überrumpelt und rangen um Fassung. Wir glaubten, nicht recht gehört, etwas mißverstanden zu haben. Aber wir hatten richtig gehört. Endlich sagte ich, bemüht, ganz ruhig zu bleiben: ‚Herr Reichskulturwalter, die deutschen Juden haben im Moment andere Sorgen, als ins Theater zu gehen. Viele sind in Konzentrationslagern, mein Spielleiter, einige meiner Schauspieler, auch andere wichtige Mitarbeiter des Theaters sind verhaftet worden. Glauben Sie, daß Juden ins Theater gehen, auf die Gefahr hin, in einer Razzia festgenommen zu werden? Als etwas anderes werden die meisten es nicht ansehen.'

Hinkel beriet sich mit seinen Leuten, es dauerte lange, sie flüsterten, und wir schienen für sie nicht mehr existent. Wir standen stumm und warteten.

Dann erst kam die Antwort: ‚Sie haben zu spielen!'"

Durch die Reihen der Schauspieler ging ein Laut der Empörung. Sie empfanden die Entwürdigung, mit der die Künstler in ihnen beleidigt wurden, tiefer als all die anderen Entwürdigungen bisher. Obwohl keiner es ausgesprochen hatte, waren die Worte Laumanns wie eine Antwort: „Ich habe es genauso empfunden. Hinkel, der ja nicht ganz unsensibel ist, war die Order, die er uns erteilen mußte, auch nicht sehr angenehm. Er setzte entgegen seiner sonst ruhigen Art beinahe hastig hinzu: ‚Ich werde sofort die Anweisungen geben, damit Sie pünktlich anfangen können. Reichen Sie eine Liste der Schauspieler ein, die mitwirken sollen.' Ich bedachte blitzschnell, was zu tun sei. Ich mußte die Situation nützen, um etwas über die Absichten, die man mit dem Theater hatte, zu erfahren. Darum sagte ich: ‚Wir können in keiner Weise garantieren, daß wir spielen. Haben wir die Möglichkeit, Herr Reichskulturwalter, mit Ihnen über die durch die neuesten Ereignisse entstandene Situation zu sprechen?‘ Hinkel überlegte kurz, dann antwortete er: ‚Ich bedaure sehr, mein Auftrag erstreckt sich lediglich auf das Gebiet der Kultur.‘“

Dr. Laumann erwartete Äußerungen zu dem eben Gesagten, aber die sonst so lebhaften, lebendigen Komödianten schwiegen.

„Wenn Sie Fragen haben, bitte fragen Sie“, bat Laumann. „Wir brauchen uns gegenseitig nichts vorzumachen, wir wissen, wie uns allen zumute ist, aber wir müssen auch bedenken, daß wir die meisten Kollegen aus den Konzentrationslagern herausholen können. Es kommt darauf an, daß wir ein Stück aufführen, das es uns möglich macht. Natürlich ist es bitter, nach allem, was vorgefallen ist, unter Zwang Theater spielen zu müssen, aber im Grunde war es ja vorher auch nicht anders, auch wenn es nicht so vordergründig war.“

Ein böses Lachen war die Antwort auf Dr. Laumanns Worte, aber immer noch sprach keiner.

Die Stille wurde plötzlich von einer schrillen Männerstimme zerrissen: „Lache, Bajazzo ...!“

Eine Frau schluchzte.

Maria trat vor. „Dr. Laumann hat soeben von Zwang gesprochen, und sich gegen Zwang zur Wehr zu setzen ist in unserer Situation wahrscheinlich nicht angebracht. Wozu also Fragen und Gespräche? Lassen wir alles laufen, wie es läuft, es wird bestens für uns gesorgt. Denken wir darüber nach, wie wir weiterhin wirksam werden können, für den Ruhm unseres Theaters und die Absichten unserer Auftraggeber.“

Die Anwesenden, die erstaunt aufgehorcht hatten, als Maria zu sprechen begann, lachten. Das Lachen steigerte sich zu bitterer Hysterie.

Laumann vermochte nicht mitzulachen, es war peinigend

für ihn. „Ich schlage vor, daß wir jetzt für heute Schluß machen, wir treffen uns dann morgen um zehn Uhr in meinem Büro."

Am selben Abend brachte die Presse den ministeriellen Erlaß, der Juden von allen öffentlichen Kunst- und Unterhaltungsstätten ausschloß.

„Mußt du immer provozieren?" fragte Mark auf dem Heimweg. „Es war doch bestimmt jemand von Hinkels Leuten im Zuschauerraum."

„Ich habe doch nicht provoziert", widersprach Maria. „Ich habe doch ganz zahm gesprochen."

Ruthild schmunzelte. „Sie hat das gesagt, was wir alle denken. Wir müssen die Absichten unserer Auftraggeber verwirklichen, nämlich der ganzen westlichen Welt, die die Pogrome verurteilte, beweisen, daß die Nazis sich doch recht loyal zu den Juden verhalten, indem sie den Kulturbund und das Theater wieder zulassen. Wir sind wieder einmal zu einem Instrument der Nazipolitik geworden."

Sie waren an einer Telefonzelle vorbeigekommen, Maria blieb plötzlich stehen. „Ich rufe Osterburg an", sagte sie, „ich wollte es schon die ganze Zeit tun, aber es ist besser, nicht von zu Haus anzurufen."

Sie wählte die Nummer, die Osterburg ihr gegeben hatte. Der Ruf kam durch, aber keiner meldete sich. Sie wollte schon aufgeben, als eine Männerstimme fragte: „Hallo?"

„Spreche ich mit Dr. Körting?" Das war der Name, den Osterburg ihr genannt hatte.

„Was wünschen Sie?" fragte der Mann am anderen Ende.

„Sind Sie Dr. Körting?" wiederholte Maria.

Die Antwort kam nicht sofort. „Ich bin Dr. Körting. Was wünschen Sie?"

Maria wurde unsicher. Er hatte überlegt, ob er sich mit seinem Namen melden solle. Dennoch befolgte sie, was Osterburg gesagt hatte: „Ich habe Ihre Telefonnummer durch einen Patienten bekommen."

„Wollen Sie mir bitte Ihren Namen nennen?"

Der Mann reagierte falsch, er wußte nicht Bescheid. Maria legte einfach auf.

„Gut, daß du nicht von zu Hause angerufen hast“, meinte Ruthild, als Maria das Gespräch schilderte. „Da stimmt etwas nicht. Ich muß die Verbindung zu dem Genossen wieder aufnehmen, der mit Renate zu tun hatte. Vielleicht weiß er etwas.“

„Warte noch ein paar Tage“, bat Maria. „Ich möchte nicht, daß du meinetwegen die Verbindung zu Genossen aufnimmst, die vielleicht ebenfalls gefährdet sind.“

Zwei Tage später wurde Maria im Tiergarten von einem Mann mit Bart angesprochen. Sie stutzte.

„Wenn du mich nicht erkennst, ist die Maske nicht schlecht.“ Es war Baumgart. Er war gut angezogen und fiel nicht auf. „Osterburg haben sie verhaftet“, berichtete er. „Renate ist in der Schweiz. Sag Ruthild, sie soll morgen nachmittag, siebzehn Uhr, in der Leipziger Straße im ‚Bierstübl‘ sein. Ich erwarte sie. Für dich hab ich eine Adresse: Katarina Sander, Steglitz, Waldstraße 7. Merk sie dir, aufschreiben darfst du sie nicht. Dort wirst du Post von deinen Eltern bekommen. Und jetzt verabschieden wir uns höflich, du gehst weiter.“

„Danke“, sagte Maria, erdrückt von der guten und der schlechten Nachricht, die sie eben bekommen hatte. „Katarina Sander, Steglitz, Waldstraße 7. Toi, toi, toi, Heinz, gib acht auf dich.“

„Endlich“, sagte Ruthild und umarmte Maria.

„Hoffentlich ist niemand hinter dir her.“

„Den hänge ich ab, mach dir keine Gedanken. Das hab ich gelernt. Und diesmal werde ich besonders auf der Hut sein. Auf morgen, im Theater, ich schlafe heute zu Hause.“

Es war ein klarer, frischer Morgen. Die Kommandantenstraße hallte vom Lärm der Straßenbahnen, Autobusse und Autos wider. Die zerschlagenen Schaufenster der jüdischen Läden waren mit Brettern zugenagelt. Der Bühneneingang zum Theater war noch verschlossen. Nur eine kleine Tür, die vom Hof aus auf eine Wendeltreppe führte, stand offen.

Die Stimmung war gedrückt. Dr. Laumann verlas ein Schreiben, dessen Inhalt er ja schon in der vorausgegangenen Zusammenkunft bekanntgegeben hatte. „,Der Reichsminister für Volksaufklärung und Propaganda, Geschäftszeichen II A 20970, Berlin W 8, den 14. November 1938. An den Reichsverband der Jüdischen Kulturbünde, Berlin SW 19, Stallschreiberstraße 44.

Betrifft: Aufhebung des Verbots jüdischer Kulturveranstaltungen. Hiermit hebe ich mit sofortiger Wirkung das bestehende Verbot jüdischer Kulturveranstaltungen für alle Theater-, Konzert-, Film- und Kleinkunstveranstaltungen auf. Das Verbot von Vorträgen aller Art im jüdischen Kulturbereich bleibt bestehen. Das Erscheinen der Mitteilungsblätter und Programmhefte der jüdischen Kulturbünde wird mit sofortiger Wirkung freigegeben, mit der Maßgabe, daß sie keine Artikel, sondern lediglich Programme und Bekanntmachungen, die von meiner Dienststelle genehmigt worden sind, enthalten dürfen. Im Auftrag gez. Hinkel'"

Dr. Laumann legte das Schreiben weg. „Es steht nichts anderes darin als das, was ich Ihnen bereits mitgeteilt habe, aber ich halte es für angebracht, daß sie den Wortlaut der Verordnung kennenlernen. Das Präsidium hat beschlossen, jedem Mitarbeiter eine Kopie dieses Schreibens mitzugeben, zuzüglich eines Schreibens von uns, mit folgendem Wortlaut: ,In der Anlage überreichen wir Ihnen einen Brief des Herrn Reichsministers für Volksaufklärung und Propaganda in Fotokopie. Sie ersehen daraus, daß mit sofortiger Wirkung die Wiederingangsetzung der jüdischen Kulturbünde genehmigt und erwünscht ist. wir fordern Sie hiermit auf, sich für alle Arbeiten, die zur Inbetriebsetzung des jüdischen Kulturbundes Berlin notwendig sind, zur Verfügung zu halten und sich täglich zehn Uhr früh im Büro des jüdischen Kulturbundes, Kommandantenstraße 57, zu melden.

Mit vorzüglicher Hochachtung
Reichsverband der Jüdischen
Kulturbünde in Deutschland'

Ich sehe voraus, daß Sie fragen werden, was dieses Schreiben soll. Es soll eine Art Schutzbrief sein, der den Trägern eine Chance gibt, bei neuen Razzien nicht verhaftet zu werden. Mehr können wir leider nicht tun.

Eines ist noch von Wichtigkeit. Man hat uns zugesagt, jeder Reklamation stattzugeben, um die für die Aufführung unseres nächsten Stückes notwendigen Kollegen Schauspieler, Beleuchter, Bühnenarbeiter freizubekommen. Es würden sofort die notwendigen Enthaftungsanträge gestellt werden. Es kommt also darauf an, ein entsprechendes Stück zu finden. Ich würde Sie darum bitten, sich das auch zu überlegen und morgen vielleicht, da es eilt, mit Stückvorschlägen zu kommen. Die Gesichtspunkte: heiter, unproblematisch, viele Darsteller, in den Hauptrollen gut zu besetzen. Wir sind für jeden Vorschlag dankbar. Jetzt bleibt mir leider keine Zeit zu notwendigen Gesprächen, da um elf Uhr bereits eine Sitzung des Präsidiums angesetzt ist. Wir werden das morgen nachholen. Auf Wiedersehen."

Die Nachrichten, die Ruthild von ihrer Begegnung mit ihrem Mann brachte, waren nicht gut, dennoch schien sie optimistisch und voller Elan. „Er ist wieder der alte", erzählte sie, „unverwüstlich. Ich hätte ihn zuerst nicht wiedererkannt, obwohl ich ja von dir wußte, wie er jetzt aussieht. Sie schicken ihn wahrscheinlich im nächsten Monat nach Polen. Ich bin froh, wenn er hier wegkommt, hier ist die Gefahr größer."

„Und warum nach Polen?" fragte Mark.

„Weil die Nazis die Absicht haben, Polen genauso zu überfallen wie die Tschechen. Ende Oktober hat eine geheime Unterredung zwischen Ribbentrop und dem polnischen Botschafter Josef Lipski stattgefunden. Sie betraf die Vorbereitung des Überfalls auf Polen. Wir haben diese Nachrichten von einem guten Mann in der polnischen Botschaft."

„Es ist phantastisch, wie die KP arbeitet", sagte Maria bewundernd. „Spitzel werden für ihre Dienste bezahlt, aber diese Leute ..."

Ruthild nickte. „Zahlen mit ihrem Leben, wenn etwas schiefgeht."

„Und wann soll dieser Überfall stattfinden? Weißt du auch das schon?" erkundigte sich Mark.

„Das ist offenbar noch nicht spruchreif", erwiderte Ruthild, „wahrscheinlich bald. Zunächst hat Ribbentrop nur den Anschluß Danzigs gefordert, den Bau einer exterritorialen Auto- und Eisenbahn durch den Korridor und den Beitritt Polens zum Antikominternpakt. Was sie weiter planen, läßt sich nur erraten. Es geht in Richtung Sowjetunion."

„Es geht weiter", sagte Mark, „weiter, weiter, weiter ..."

Frau Katarina Sander wohnte in einem der alten Bürgerhäuser von Steglitz, einem Mietshaus, solide, aber schon etwas mitgenommen. Sie mochte zwischen fünfzig und sechzig Jahre alt sein, eine freundliche, rundliche Dame, die Maria mit strahlendem Lächeln begrüßte. „Sie sind Frau Löwenthal? Ich freue mich, Sie kennenzulernen. Ein Brief von Ihrem Herrn Vater ist bereits eingetroffen. Bitte treten Sie näher. Darf ich Sie zu einer Tasse Kaffee einladen?"

Maria, betroffen von dieser Unbekannten, die sie mit so einem Wortschwall empfing, antwortete mit bescheidener Zurückhaltung, sie sei Frau Sander sehr dankbar, aber sie wolle sie in keiner Weise auch noch bemühen ...

Sie konnte nicht zu Ende reden. „Sie bemühen mich nicht, liebe Frau Löwenthal", versicherte die Rundliche emphatisch, „Sie bemühen mich überhaupt nicht. Ich bin froh, jemand helfen, etwas für meine Überzeugung tun zu können."

„Verzeihung, ich ... weiß nicht ..., welches ist Ihre Überzeugung?" fragte Maria irritiert.

Aber Frau Sander ließ sich nicht aus der Ruhe bringen. „Etwas gegen diese schrecklichen Menschen zu tun, die so viel Unheil anrichten. Wir sind vier Damen, die sich in dieser Ansicht zusammengeschlossen haben. Reden allein nützt nichts, man muß auch etwas tun. So habe ich sofort zugesagt, als das Anliegen an mich herangetragen wurde."

„Was für ein Anliegen?"

Frau Sander wunderte sich offensichtlich über diese Frage. „Ihnen die Briefe Ihres Herrn Vaters zu übergeben."

„Und wer hat das ‚Anliegen' an Sie herangetragen?"

„Darüber darf ich nicht reden." Die Frau machte ein Gesicht, das höchste Geheimhaltung ausdrücken sollte. „Überhaupt, wir müssen sehr vorsichtig sein. Ich gebe den Nazis, die dauernd für irgend etwas sammeln kommen, immer reichlich und lasse mich auch in Gespräche mit ihnen ein, obwohl es mir schwerfällt. Sie müssen den Eindruck gewinnen, daß ich mit der Partei sympathisiere. Aber bitte, nehmen Sie doch Platz. Der Kaffee ist ganz schnell gemacht." Und während sie den Tisch deckte, sprach sie unentwegt weiter. „Ich bin im Hause als Nazisse verschrien, aber das ist gut so. Übrigens bekomme ich öfters Post von einem Neffen, der in Frankreich lebt, so daß die Briefe Ihres Herrn Vaters nicht auffallen."

„Sie haben wirklich alles überlegt", sagte Maria. Sie lächelte. So etwas gibt es auch noch, dachte sie. Es gibt einen Strehler und eine Renate Osterburg. Es gab ..., aber immerhin. Und es gibt eine Frau Sander, die sich mit drei „Damen" zusammenschließt, um etwas gegen den Faschismus zu tun. Mit einer kindlich rührenden Naivität. „Darf ich Sie vielleicht um den Brief meines Vaters bitten."

Frau Sander, die sich gerade gesetzt hatte, sprang auf. „Entschuldigen Sie bitte, natürlich, das Wichtigste." Sie holte den Brief und legte ihn vor Maria auf den Tisch. „Wenn Sie ihn hier lesen wollen, ich werde Sie nicht stören."

„Vielen Dank, aber ich lese ihn lieber zu Hause, Sie werden das bestimmt verstehen."

„Natürlich, aber natürlich", versicherte Frau Sander, erfreut, daß man ihr so viel Takt zutraute.

„Und wie wollen Sie mich verständigen, wenn wieder Post von meinem Vater da ist?" fragte Maria.

„Über das Theater", antwortete Frau Sander. „Oder muß man sich ausweisen als Jude, wenn man etwas im Büro abgeben will?"

„Nein, bestimmt nicht", beruhigte sie Maria. „Aber jetzt

muß ich gehen. Haben Sie nochmals herzlichen Dank, liebe Frau Sander. Sie glauben nicht, was es für mich bedeutet, wieder Post von meinem Vater erhalten zu können."

Es gibt auch heitere Episoden in diesem scheußlichen Trauerspiel von Leben, dachte Maria, als sie das Haus verließ.

Mark erwartete sie. „Nun?"

„Ich habe ihn noch gar nicht geöffnet", antwortete sie und zog den Brief aus der Tasche. Dabei erzählte sie von Frau Sander. Auch Mark amüsierte sich.

„Was es so alles gibt. Liest du ihn vor?"

Sie nickte nur.

„Mein Töchting!" schrieb Professor Rheine. So hatte er Maria als Kind immer genannt. „Endlich wirst auch Du ein Schreiben von mir erhalten, mit einer Aussage, die wahr ist, während Deine Briefe nicht der Wahrheit entsprechen. Es sind gutgemeinte Beruhigungspillen, die aber das Gegenteil von dem erreichen, was sie bewirken sollen, sie beruhigen nicht. Alles, was man hier über Deutschland hört, darüber liest, ist so furchtbar, daß es einen auch in der Nacht noch verfolgt. Wie habt Ihr den Pogrom überstanden? Existiert das Theater noch? Hier löst eine Protestkundgebung die andere ab. Die deutschen Schriftsteller, die hier in der Emigration sind, darunter so bekannte wie Rudolf Leonhard und Egon Erwin Kisch, haben sich in einer Resolution zu den Vorfällen geäußert, die in Auszügen fast von allen Zeitungen veröffentlicht wurde. ‚Diese Vorfälle sind eine Schmach für die Menschheit, eine Verleugnung all dessen, was seit den Tagen der deutschen Klassik den Ruhm der deutschen Kultur gebildet hat!' heißt es darin. ‚Tausendjährige Werte der Wissenschaft und Kunst sind mit den in Brand gesteckten Archiven, Gotteshäusern und Bibliotheken, mit den verwüsteten Friedhöfen und Wohnungen für immer zugrunde gegangen. Nicht minder entsetzlich als die unvorstellbaren Mißhandlungen von unschuldigen Menschen, von Frauen und Kindern und die nach Hunderten zählenden erzwungenen

Selbstmorde ist die Verrohung der zur Mitwirkung an diesen Greueln verurteilten deutschen Jugend …‘

Ihr könnt Euch vorstellen, wie uns zumute ist, wenn wir solche Dinge lesen. Unter den dreißigtausend Juden, die sie nach oder während der ‚Kristallnacht‘ verhaftet haben, sollen auch Künstler, sollen auch Schauspieler sein. Ist mit Mark alles in Ordnung? Maria, bitte versuche nicht, uns zu schonen, damit ist keinem genützt, uns am allerwenigsten. Marks Mutter, die sich sicher ebensolche Sorgen macht wie wir, hat sich mit uns in Verbindung gesetzt. Hat sie unsere Adresse von Euch? Sie schreibt, sie wisse jetzt einen Weg, um Mark herauszubekommen. Mark soll ihr selbst schreiben, sie hat schon längere Zeit nichts mehr von ihm gehört. Teilt uns und ihr sofort mit, wie es ihm geht. Alle Versuche, Euch gemeinsam die Ausreise zu ermöglichen, scheitern. Marks Mutter ist auch der Ansicht, Ihr müßt Euch darauf einstellen, getrennt zu fahren. Unsere Erfahrungen sind ähnlich. Wir haben also etwas für Dich angebahnt, und es scheint Aussicht zu haben. Nach den vielen Enttäuschungen, die wir bisher erlebten, sind wir vorsichtig geworden, darüber zu reden. Aber diesmal könnte etwas zustande kommen.

Unser Leben ist voller Aufregungen und dennoch recht eintönig, so widerspruchsvoll das klingt …“

„Jetzt kommt nur noch ganz Persönliches, das liest du besser selbst“, sagte Maria. „Merkwürdig, daß deine Mutter sich mit Vater in Verbindung gesetzt hat. Weiß sie die Adresse von dir?“

Mark schüttelte den Kopf. „Nein, ich bin auch erstaunt. An was für einen Weg denkt sie? Ob es für uns überhaupt noch so etwas wie einen Weg gibt?“

Wieder erschütterte Maria die qualvolle Aussichtslosigkeit dieser Frage. „Vielleicht ist es wirklich besser, wenn jeder von uns versucht, allein fortzukommen“, redete sie auf Mark ein. „Vielleicht hat deine Mutter bereits etwas im Auge. Man darf die Hoffnung nicht aufgeben. Kann sein, auch das Projekt meines Vaters erweist sich als gangbar. Wie das Leben draußen auch sein wird, Mark, es wird schön sein.“

„Es würde schön sein", variierte Mark. „Aber ich habe den Mut zu glauben verloren. Ich träume davon, daß wir hier herauskommen, und weiß gleichzeitig, daß diese Träume nicht in Erfüllung gehen. Das ist das schwerste, Maria, daß man uns auch die Träume nimmt."

„Unsere Träume können sie uns nicht nehmen", widersprach Maria. „Sie sind wirklicher als die Wirklichkeit. Und vielleicht, vielleicht sind es nicht nur Träume."

Ich vermag ihn nicht zu überzeugen, weil ich selbst nicht überzeugt bin, dachte sie, aber ich möchte daran glauben, ich möchte daran glauben können.

Man mußte sich über das Stück einigen, das gespielt werden sollte, denn solange das noch nicht der Fall war, konnten die Kollegen nicht aus dem KZ befreit werden. Aber die Wahl des Stücks war nicht einfach. „Heiter, unproblematisch, viele Darsteller, in den Hauptrollen gut zu besetzen", hatte Dr. Laumann gefordert. Es mußte also ein Stück sein, das der vielfach schwierigen Lage gerecht wurde.

Ein Kollege schlug mit Augenzwinkern „Charleys Tante" vor. Vielleicht würde der Widersinn der Situation so deutlich. Dr. Laumann wehrte ab. „Das könnte von Hinkel und seinen Leuten als Provokation aufgefaßt werden, und Provokationen sind im Augenblick besonders gefährlich, wir können sie uns nicht leisten."

Man überlegte hin und her, Namen wie Nestroy, Glasbrenner, Hans Sachs fielen, aber auch Molnár und Curt Götz, als Barski sich zu Wort meldete. „Es gibt ein Lustspiel von Benedix, ‚Das Gefängnis', das von Karl Haffner für das Libretto der ‚Fledermaus' verwendet wurde. Einen Akt schrieb er dazu. Wie wäre es, wenn man aus beiden Stücken etwas für uns machte? Keine Operette und kein Lustspiel, sondern ein Singspiel? Was meint die Dramaturgie dazu? Wir könnten es ‚Eine Nacht im Gefängnis' nennen." Und da jemand etwas dagegen einwenden wollte, fügte er schnell hinzu: „Über den Titel kann man sich noch unterhalten. Jedenfalls wäre es glänzend zu besetzen. Den Prinzen Orlofsky mit Manja Löwenthal, die Adele mit Edith Grünstein, die Rosalinde mit Käthe Baum, alle drei Damen können, soweit mir bekannt ist, singen. Wieweit die Herren singen können, weiß ich nicht, die Besetzung fällt nicht schwer: Eisenstein mit Mark Löwenthal, den Alfred mit Ascher – er wird über die Besetzung nicht sehr glücklich sein –, den Frosch mit Stengele, es wäre vielleicht eine Entschädigung für den Striese, den Gefängnisdirektor Frank mit Mandel, und auch für die anderen Schauspieler, die wir herausholen wollen, gibt es genügend Rollen."

Der Vorschlag Barskis löste Verwunderung aus, fand aber bei einigen Kollegen Unterstützung. Alle Probleme schienen mit diesem Vorschlag gelöst, ein heiteres Stück, unproblematisch, gut zu besetzen.

Auch Dr. Laumann fand den Vorschlag erwägenswert. Natürlich müsse man den Reichskulturwalter um seine Zustimmung bitten, aber er könne sich nicht vorstellen, daß von dessen Seite Einwände kämen.

Nachdem der Dramaturg erklärt hatte, daß Barskis Anregung durchaus zu verwirklichen sei, man müsse sich nur um einen guten musikalischen Leiter bemühen, beschloß man, Hinkel über die Wahl des Stücks zu informieren.

Ein trüber, naßkalter Novembertag. Der Himmel lastete bleiern über den Baracken, die grau und wie erstarrt dalagen. Es war drei Uhr nachts, die Schrift an dem schmiedeeisernen Tor des Konzentrationslagers Sachsenhausen war kaum zu lesen: „Arbeit macht frei."

In einer der Baracken, in der die Juden dicht an dicht auf den drei Stock hohen Pritschen lagen, war es still. Nur hie und da stöhnte jemand unterdrückt auf, weil er die Schmerzen nicht ertragen konnte, aber Angst hatte, die anderen zu wecken.

Stengele hatten sie an diesem Tage besonders schlimm vorgenommen. Sie machten sich über ihn lustig, widerlich, gemein, wie sie es vom „Stürmer" gelernt hatten, aber das war noch nicht so schlimm gewesen. Doch dann, als ihn zwei große Kerle schlugen, hatte er geschrien, hell, in Todesangst. Das war ihnen komisch vorgekommen, und sie hatten wieder und wieder geschlagen, um ihn schreien zu hören. Da fing er zu beten an. Sie errieten nur, daß es ein Gebet war, es war Hebräisch, und sie befahlen ihm, sofort aufzuhören. Aber er betete weiter, die Schläge schienen ihm plötzlich nichts mehr auszumachen, er bat seinen Gott, den „Ewigen“, um Hilfe. Und Gott half, er wurde ohnmächtig. Jetzt, nachts, wurden die Schmerzen so übermächtig, daß er glaubte, sie nicht mehr ertragen zu können. Er dachte an Ruth und die Kinder. Ob er sie je wiedersehen würde? Der Gedanke an seine Familie war noch schwerer zu ertragen als die Schmerzen. Ich muß durchhalten, ich muß, was sollen sie anfangen ohne mich.

Aber wenn sie ihn totschlügen, wie sie schon viele totgeschlagen hatten? Und Ruth würde nicht einmal eine Verständigung erhalten. Wieder betete er vor sich hin, aber diesmal half ihm das Gebet nicht so wie unter den Schlägen der Nazis.

Wenn einer von den Kollegen wenigstens in der Nähe läge, Rüster, er war ein guter Mensch, er würde ihm Mut zusprechen. Aber man hatte sie auseinandergelegt.

Viele Tausende von Juden hatten sie verhaftet in dieser grauenvollen Nacht, die er nie vergessen würde.

Wenn man wenigstens schlafen könnte, aber die Nacht ging vorbei, und ein Tag würde beginnen ..., ein neuer Tag, ein schrecklicher ...

Plötzlich fuhr er zusammen. Schritte, die harten Stiefel der Wachmannschaft. Ob sie einen holten? Es war schon nachts vorgekommen. Wenn sie getrunken hatten und jemand brauchten, um sich abzureagieren? So wenigstens hatten es die Häftlinge erzählt.

Die Baracke war aufgewacht, aber keiner wagte es, sich zu rühren. Gleich würde ein Name gerufen werden. Häftling sowieso ... Und jeder würde glücklich sein, wenn es nicht sein Name war. Jetzt ... jetzt ... Die rauhe, laute Stimme des „Bluthunds“, wie ihn die Häftlinge nannten: „Häftling

Ascher! Häftling Rüster! Häftling Mandel!" ... Die Namen der Schauspieler ... einer nach dem anderen, und jetzt ...: „Häftling Isaac Stengele! Alles mitnehmen!"

Die Entlassungsprozedur dauerte keine Stunde. Alles ging zügig vonstatten. Aber noch wußten die Entlassenen nicht, zu welchem Zweck sie entlassen wurden. War es der Abtransport zu einer Hinrichtungsstätte? Dem widersprach, daß sie ihre Kleidung wiederbekamen.

Rüster stützte Stengele, das Gehen fiel dem kleinen Komiker schwer.

„Eigenartiges Gefühl", flüsterte Ascher, „wenn man die Häftlingskluft auszieht und wieder die eigenen Sachen anhat. Als ob man mit der Kleidung ins normale Leben zurückkehrte."

„Normales Leben", spottete Mandel. „Wer weiß, ob wir überhaupt ins ‚Leben' zurückkehren."

„Sie haben nicht zu flüstern", fuhr ein SS-Mann Mandel an. Es war wie eine Bestätigung dessen, was Mandel gesagt hatte.

Die erste Probe, die erste Zusammenkunft der Zuhausegebliebenen mit den Zurückgekehrten. Es war wie die Heimkehr verlorener Söhne. Schauspieler, die keinen oder kaum Kontakt zu den Rückkehrern gehabt hatten, umarmten sie wie Verwandte, wie gute Freunde. Auch Maria umarmte sie. Sie gehörten zu ihr, sie gehörte zu ihnen. Noch nie hatte sie das so stark empfunden.

Langsam, ganz langsam erholte sich Stengele. Anfänglich, wenn er seine Pointen brachte, zitterten seine Lippen leicht, und sein Witz war blutig. Dann spielte er sich ein und begann Vergnügen an der Sache zu bekommen. Ein echter Schauspieler, ein guter Komiker.

Maria, die, wenn sie auf der Bühne nicht zu tun hatte, manchmal im Zuschauerraum saß und den Kollegen zusah, schnürte es den Hals zusammen, wenn sie hörte, wie er zunehmend freier, lockerer, komischer wurde. „Lache, Bajazzo ...", es war ihm gar nicht bewußt.

Sie spürte es auch an sich selbst, alles in ihr hatte sich gegen die erzwungene Vorstellung, die erzwungene Rolle gesträubt. Sie trug sich mit dem Gedanken, krank zu werden. Aber damit wäre sie den Kollegen in den Rücken gefallen, das durfte nicht sein. Und auch Marks wegen konnte es nicht sein, denn er hätte sich nicht gleichfalls krank stellen können. Aber mit den Proben geschah das Unglaubliche: Sie fand Gefallen an der Rolle. Der Prinz Orlofsky wäre unter anderen Umständen auch eine Traumrolle gewesen, aber so? Sie verstand sich selbst nicht.

Sie hatten einen musikalischen Leiter und einen Choreographen von der Konzert- und Gastspielabteilung des Kulturbundes bekommen, und beide freuten sich über die musikalischen Fähigkeiten der Damen, während sie es mit den Herren schwerer hatten.

Was veranlaßte die Regierung, von allen jüdischen Körperschaften nur den Kulturbund wieder zuzulassen, mehr noch, ihn zu zwingen, seine Tätigkeit wieder aufzunehmen? Vermutungen gingen um, ob vielleicht dafür gar kein politischer Grund ausschlaggebend gewesen sei, sondern nur die Tatsache, daß es eine Abteilung im Ministerium gab, die sich fast ausschließlich mit dem Kulturbund beschäftigt hatte und die nun zum Selbstzweck geworden war. Diese Abteilung mußte ihre Existenzberechtigung nachweisen.

Möglich aber auch, daß die Meldungen im Ausland schuld waren, die das Verhalten in der Judenfrage noch nie so einhellig verurteilt hatten.

Es gab keine genaueren Anhaltspunkte, selbst Barski äußerte nur Vermutungen, man konnte nur raten.

Tausende Frauen warteten auf Nachricht von ihren verschleppten Männern und Söhnen. Tausende wußten nicht, was der nächste Tag bringen würde. Im Jüdischen Theater aber gingen auf Befehl die Lichter wieder an.

Die Premiere hatte etwas Unwirkliches, Makabres. Die Portale des Theaters in der Kommandantenstraße waren weit geöffnet. Das Halbrund des Parketts und des Ranges strahlte in altem Glanz. Die Kronen an der Decke leuchteten auf. Die Platzanweiserinnen in Uniformen standen im Foyer und auf den roten Teppichen, die zu den Logen führten.

Routine lenkte das Geschehen, es gab kaum einen Unterschied zu anderen Vorstellungen. Die Schauspieler schminkten sich vor ihren Spiegeln, die Garderobiers liefen hin und her, nur die Stille in den sonst lauten Garderoben verriet die Spannung. Was gesagt wurde, geschah flüsternd.

Maria hatte, indem sie die Backenknochen mit etwas dunklerer Schminke hervorhob, das Slawische ihrer Rolle betont. Lidschatten ließen ihre Augen leicht verschleiert erscheinen. Die Lippen hatte sie blutrot gemalt.

„Du siehst fabelhaft aus“, sagte Edith Grünstein, die mit Maria die Garderobe teilte und da saß, wo früher Judith gesessen hatte.

Auch von den männlichen Kollegen hörte sie Schmeichelhaftes. Vielleicht ist es meine Abschiedsvorstellung, dachte sie. Stengele hatte das von seinem Striese gesagt, und dann hatte er ihn gar nicht spielen können. Nun spielte er dafür den Frosch. Hoffentlich konnte sein Vorhaben, mit der Familie nach Jerusalem auszuwandern, Wirklichkeit werden. Vielleicht gelingt es Mark und mir auch noch, herauszukommen? Immer wieder versuchte sie sich das einzureden, aber im Grunde glaubte sie nicht mehr daran.

Das erste Läuten. Es ging sie nichts an. Im ersten Akt hatte sie nichts zu tun. Sie trat vor den Spiegel. Das Kostüm erinnerte sie entfernt an den Prinzen Jussuf. Ein enganliegender Frack, dazu aber keine Hosen, sondern ein schwarzes Trikot, schwarze Lackpumps mit hohen Absätzen. Sie sah gut aus, sie stellte es mit einer gewissen Resignation fest. Wozu eigentlich? Wozu? Die Musikproben hatten ihr Freude gemacht. Zum erstenmal stand sie mit musikalischen Einlagen auf der Bühne. Schade, daß Emanuel Stern nicht da war, er hätte sich bestimmt auch darüber gefreut. Sie hatte noch keine Nachricht von ihm.

„Es fängt an“, sagte Edith Grünstein, „ich gehe schon.“

Maria nickte nur.

Aus dem Lautsprecher kam die Stimme des Inspizienten: „Frau Grünstein, bitte auf die Bühne. Frau Baum, bitte auf die Bühne."

Maria versuchte sich auf ihre Rolle zu konzentrieren, es gelang ihr nicht. Immer wieder war sie bei den Ereignissen der letzten Tage, bei dem, was sie von Rüster, von Ascher, von Stengele aus dem KZ gehört hatte. Stengele hatte zuerst geschwiegen, erst allmählich fing er an zu erzählen. Maria stellte sich die schlagenden Bestien vor, die sich ausschütteten vor Lachen über die Schreie dieses lieben, gütigen Menschen; die Ohnmacht, solchem Geschehen ausgeliefert zu sein, trieb ihr Tränen in die Augen. Auch was Stengele von seinem Sohn Sami erzählt hatte, der sich weigerte, in die Schule zu gehen, war furchtbar. Sie mochte Sami, einen aufgeweckten, intelligenten Jungen. Ein leises Klopfen ließ sie aufhorchen. Auf ihr „Herein" steckte Barski den Kopf in die Garderobe und sagte: „Ganz schlecht besucht. Die Flüsterparolen haben gewirkt."

„Flüsterparolen?" fragte Maria.

„Das Theater nicht zu besuchen. Es sei eine Falle."

„Sie haben ja recht", sagte Maria. „Außerdem, was sollen sie hier. Man verhöhnt sie, sonst nichts."

Barski nickte betroffen. „Es ist wahr, was sollen sie hier. Entschuldigen Sie, ich wollte nur, daß Sie nicht enttäuscht sind, wenn Sie den leeren Zuschauerraum sehen."

„Es ist nett von Ihnen, mir das zu sagen, Barski. Ich danke Ihnen."

Ein eigenartiger Mensch, dachte sie, ihm nachsehend. Irgendwie mag er mich. Seltsam ...

Im Zuschauerraum hob sich der Vorhang. Der Salon des Herrn von Eisenstein lag im Scheinwerferlicht. Ein runder Tisch mit Häkeldecke, Stühle mit gedrechselten Beinen, ein reichgeschnitztes Buffet, ein Kanapee und ein Kamin, in dem ein Feuer flackerte. Eine behagliche Atmosphäre, eine freundliche, heile Welt.

Das Theater war nicht einmal zu einem Drittel gefüllt. Auf

ihren Plätzen wie üblich drei Männer mit den Aktenmappen, kenntlich schon durch ihre Haltung als Gestapo. In einer Loge zwei Mann von der SS, Beauftragte des Präsidenten der Reichstheaterkammer, Ministerialrat Laubinger. Das war neu. Laubinger, vor der Nazizeit noch ein mittelmäßiger Schauspieler am Staatstheater, hatte es bis zu dieser Aufführung nicht für nötig gehalten, Beauftragte ins Theater zu schicken.

Die Theaterleute rätselten herum, zu welchem Zweck sie gekommen waren, aber niemand wußte etwas, niemand konnte darüber Auskunft geben.

Die Stimmen der Schauspieler zitterten anfangs ein wenig, als Licht ihre Gesichter erhellte. Aber es waren Komödianten, der Beruf, die Bühne packte sie.

Hinter der Bühne schmetterte ein Tenor, für Ascher, der den Alfred spielte, das berühmte „Täubchen, das entflattert ist".

Ascher hatte sich gegen die Rolle gesträubt: „Das spiele ich nicht! Wenn ich noch singen könnte. Die Straußsche Musik ist großartig, aber der Text ist miserabel. Das kann man mir nicht zumuten, noch dazu, wenn man von da kommt..."

„Glaubst du, mir fällt es leichter?" fragte Rüster, der Regie führte. „Ich komme schließlich auch von dort."

Ascher gab nach. „Ist schon gut, du hast ja recht." Seitdem bemühte er sich, das Beste aus seiner Rolle zu machen.

Maria hatte erst im zweiten Akt zu tun. Als Prinz Orlofsky mußte sie die recht zusammengewürfelten Gäste begrüßen, für die der Prinz das Souper gab.

Vor jeder Premiere hatte sie Lampenfieber gehabt, das gehörte dazu, aber diesmal war es etwas anderes, ein beklemmendes Gefühl, das sie nicht los wurde. „Frau Lippert", bat sie die Garderobiere, „gießen Sie mir ein Gläschen Wodka ein?" Sie zeigte auf die Flasche, die sie mitgebracht hatte.

„Sind Sie nervös?" fragte die Frau erstaunt. „Sie brauchen doch nicht nervös zu sein, Frau Löwenthal. Sie doch nicht."

„Danke", sagte Maria mit hilflosem Lächeln. „Aber ich glaube, heute sind wir alle etwas nervös. Das gibt sich."

Die Garderobiere nickte verständnisvoll. „Das gibt sich", wiederholte sie. „Hals- und Beinbruch, Frau Löwenthal."

Ende des ersten Akts. Freundlicher, aber mäßiger Applaus. Konnte man mehr erwarten. Eine kurze Pause.

Über den Lautsprecher wurden die Schauspieler zum zweiten Akt gerufen. „Frau Löwenthal, bitte auf die Bühne", hörte Maria. Sie hatte es erwartet und erschrak dennoch.

Der Vorhang ging auf. Scheinwerfer erfaßten eine Halle mit angrenzendem Salon. Die Villa Kinsky, die an gut zahlende Lebemänner vermietet wurde. Im Hintergrund eine Treppe, die zu den oberen Etagen führte.

Musik stimmte die ersten Szenen ein, das Hin und Her der Gäste, das Gekichere und Geflüstere der „Damen", die sich in dem Milieu zu Hause fühlten, die Herren, die sich um diese „Damen" bemühten, das alles war lebendig und geschickt arrangiert.

Maria – Prinz Orlofsky – kam langsam die Treppe herab. Nur einen Augenblick schwankte sie, aber der Begrüßungsapplaus, der sie empfing, gab ihr Kraft. Sie mögen mich, dachte sie, es tut gut, das zu spüren. Auch die Musik tut gut.

Beinahe im Rhythmus bewegte sie sich, geschmeidig, sicher. Der Wodka hatte sie etwas aufgelockert, das half ihr über die ersten Minuten hinweg. Niemand sah ihr die Anstrengung an, die diese Vorstellung ihr abverlangte.

In ihrer Szene mit Mark, der den Eisenstein spielte, war sie von einem Temperament, einem Übermut, der ihn mitriß. So hatte er sie schon lange nicht mehr erlebt, sie erinnerte ihn an die erste Zeit in Magdeburg, als sie sich kennenlernten und als sie ihn aufgefordert hatte, sie richtig zu küssen, weil die ganze Szene sonst unglaubwürdig wirke. In Erinnerung daran mußte er lächeln. Immer noch liebte er sie, wie damals, nein, anders, weil diese Liebe ihm als einziges geblieben war.

„Trinken Sie, Herr Marquis", forderte sie ihn auf und prostete ihm zu. Statt des Tees, den sie bei den Proben immer getrunken hatten, war es richtiger Wodka. Das hatte sie bestimmt veranlaßt. „Trinken Sie aus! Warum schütteln Sie sich? Fühlen Sie sich nicht wohl? Dann müssen Sie Wodka trinken, und ... Sie vergessen alles ..., die Welt sieht gleich freundlicher, menschlicher aus ..."

Sie hatte den Text nur ein wenig geändert, aber das Publikum verstand und klatschte.

Mark bemerkte erschrocken, daß sie wirklich trank. Sie, die nie getrunken hatte. Dabei schien ihr das nichts auszumachen, selbst bei ihrem großen Couplet hatte die Stimme das gleiche Timbre, die gleiche Lautstärke wie sonst.

Den Refrain sangen einige Leute im Zuschauerraum mit:

„Und fragen Sie: Ich bitte!
Warum ich das denn tu:
's ist mal bei mir so Sitte.
Chacun à son goût!
's ist mal bei mir so Sitte.
Chacun à son goût!"

Die Stimmung steigerte sich von Szene zu Szene, von Akt zu Akt. Besonders im dritten, im Gefängnis, jagte ein Lacher den anderen. Stengele als Gefängniswärter Frosch tat sein Bestes. Jede seiner Pointen saß. Ein großartiger, ein hervorragender Komiker. Dabei lag auch in dieser Rolle unter dem Lachen leises Weinen. Im KZ hatten die SS-Schläger über seine Todesschreie gelacht, jetzt klatschte das Publikum ihm zu, weil er es, vier Wochen nach dem Pogrom, lachen ließ. Es war der Dank.

Es hatte Mut dazu gehört, die Vorstellung zu besuchen.

Das Klatschen versickerte, und der Vorhang fiel. die Schauspieler atmeten auf wie nach einem schweren Traum. Mandel fing plötzlich an laut zu schreien. Als die Kollegen ihn beruhigten, weinte er. Die Nerven waren mit ihm durchgegangen.

In der Damengarderobe schwieg man. Maria schminkte sich ab. Sie war plötzlich am Ende ihrer Kraft, als habe sie einen langen Marsch hinter sich.

„Was nun?" fragte Edith Grünstein kraftlos. „Weiterspielen, auf Befehl?"

„Du warst gut", sagte Maria. „Du könntest die Adele auch im Leben spielen."

Edith Grünstein schluchzte. „Du sagst, im Leben, als ob man bereits tot wäre."

Maria antwortete nicht.

Da klopfte es. Sie fuhren zusammen, es dauerte einen Augenblick, ehe Edith Grünstein „Herein!" rief.

Der Inspizient trat ein.

„Der eine von der SS will dich sprechen", sagte er, sich an Maria wendend.

„Mich?" Sie hatte das Gefühl, als drücke ihr jemand die Kehle zu. „Weißt du, wer es ist?"

„Es ist ein hohes Tier", sagte der Inspizient respektvoll. „Er heißt Needer."

Der Inspizient erschrak, als Maria leise aufschrie. „Kennst du ihn?" fragte er.

„Needer", murmelte Maria vor sich hin. Es war keine Antwort auf die Frage, es war nur eine Bestätigung der eigenen Gedanken. Plötzlich sprang sie auf. „Wo ist er? Ich muß mit meinem Mann sprechen."

„Er wartet vor der Tür", erwiderte der Inspizient.

„Würden Sie uns bitte allein lassen", sagte Needer eintretend, höflich, aber bestimmt.

Edith Grünstein starrte ihn erschrocken an. Dann packte sie ihre Sachen hastig zusammen, warf Maria einen mitfühlenden Blick zu und verschwand.

„Hier finde ich dich also wieder", begann Needer, die Situation auskostend. „Du warst hervorragend, aber das weißt du selbst, und das hat dir auch der Applaus bestätigt. Schade, daß du deine Kunst – du weißt, wie ich sie schätze – hier verschwendest. Wirklich schade. Du wirst mir einiges zu erzählen haben, Maria."

Er war von einer höflichen Ironie, die schlimmer war als jede Grobheit und Beleidigung.

Sie schwieg und ließ ihn reden. Jetzt erst merkte sie die Wirkung des Alkohols. Ihr wurde übel, und sie hatte das Gefühl, als müsse sie sich übergeben. Nur jetzt nicht, dachte sie. Nur jetzt nicht schwach werden. Diesen Triumph soll er nicht haben. Ich muß mit Mark reden, aber Needer wird mich nicht durchlassen, und draußen stehen seine Leute.

Wie oft hatte sie in Gedanken den Augenblick durchgespielt, da man sie „entdeckte". Und jetzt war es doch anders.

„Beinahe wärst du ja abgehauen", sprach Needer weiter. „Du hast den guten Strehler verrückt gemacht, das verstehst du ja, Männer verrücktzumachen. Er hätte alles für dich getan, aber du bist bei deinem Juden geblieben. Bewundernswert, wirklich bewundernswert."

Man müßte ihm ins Gesicht schlagen, in diese Visage, die nicht schöner geworden ist, nur selbstsicherer, der Macht bewußt, dachte Maria. Es würde alles etwas abkürzen. Warum tue ich es nicht? Warum?

Er redete weiter, es bereitete ihm offensichtlich Vergnügen, wahrscheinlich hatte er sich schon lange vorbereitet.

„Über Strehlers Schicksal weißt du sicher Bescheid. Oder nicht? Er ist an der Front gefallen, aber nicht an der richtigen. Als Roter bei den Roten. Das imponiert dir wahrscheinlich. Seiner Mutter imponierte es weniger, es war der einzige Sohn. Aber was macht dir das aus."

Einen Moment durchzuckte es sie. Strehler war tot. Es war Trauer, die sie empfand, und gleichzeitig Freude, daß er nicht auf der Seite dieser da gefallen war, der Needer und Konsorten.

„Jörg Osterburg hast du wahrscheinlich auch auf dem Gewissen", setzte Needer fort, „als man ihn holen wollte, hat er sich erschossen. Und die Schwester weiß nichts und wartet in der Schweiz auf ihn. Du warst doch mit ihr befreundet?"

Maria saß da, den Blick auf Needer gerichtet, aber sie schaute durch ihn hindurch. Sie nahm alles auf, was er sagte, registrierte es, aber es löste keine zusätzlichen Qualen mehr bei ihr aus. In ihrem Kopf hatte nur noch eines Platz: Wie kann ich Mark verständigen?

Needer betrachtete sie aufmerksam. Als Schauspieler war er gewöhnt, in der Mimik von Menschen psychologische Vorgänge und Reaktionen zu erkennen, aber das Gesicht dieser Frau verriet nichts. Es war immer noch schön, trotz der schwarzen Haare. Vielleicht noch schöner. Er gestand sich ein, daß sie ihm gefiel, immer noch. Und gegen seine Absicht sagte er plötzlich in ganz anderem Ton: „Maria, du weißt, was auf dich zukommt, was dich erwartet. Du weißt es. Du hast es uns nicht leichtgemacht. Deine Farce mit dem Selbstmord war schon ein tolles Stück. Aber du bist eine echte Künstlerin, und der nationalsozialistische Staat hat bei Künstlern schon einige Male ein Auge zugedrückt. Vielleicht gibt es noch eine Möglichkeit, dich zu retten. Unter bestimmten Bedingungen bin ich bereit, es zu versuchen. Laubinger ist mein Freund, er geht aus und ein bei Göring, und wenn Göring will ..."

Maria unterbrach ihn. Zum erstenmal sprach sie: „Der nationalsozialistische Staat braucht meinetwegen kein Auge zuzudrücken, Needer, und dein Freund Laubinger braucht seine Beziehungen zu Göring nicht für mich zu verwenden, denn auf deine ‚bestimmten Bedingungen' werde ich nicht eingehen, welcher Art immer sie sein mögen. Du bist in meinen Augen das verabscheuungswürdigste Geschöpf, das ich je kennengelernt habe."

Needers Gesicht lief rot an, aber er beherrschte sich. Er hatte geglaubt, sie demütigen zu können, aber sie war nicht kleinzukriegen, noch nicht. „Wie du willst", sagte er kalt. „Ich wollte dir eine Chance geben, aber du lehnst sie ab. Du beschimpfst mich sogar. Das wird dir noch leid tun, doch es ist deine Entscheidung. Ich muß dich bitten mitzukommen."

Sie erhob sich und stand ihm nun gegenüber, schmal, fast zerbrechlich vor der großen, grobknochigen Gestalt, die durch die Uniform noch wuchtiger wirkte.

Vor der Tür warteten zwei Männer, die Maria auf einen Wink Needers in die Mitte nahmen.

Als sie an der Herrengarderobe vorbeikamen, versuchte Maria auszubrechen und die Tür zu öffnen. Needer hielt sie zurück und vertrat ihr den Weg. „Jetzt kannst du mit Mark Löwenthal nicht sprechen", sagte er. „Mit ihm werde ich mich gesondert unterhalten."

Sie konnte ihren Mann nicht mehr sehen.

Needers Gespräch mit Mark verlief anders. Hier waren Weg und Ausgang genau vorbestimmt. Mark ließ sich hinreißen, er beschimpfte Needer, nannte ihn einen Lumpen und Feigling, der sich nur so stark fühle durch seine Mörder und Henkersknechte.

Needer blieb ruhig. Die Genugtuung, die ihm bei Maria versagt geblieben, jetzt wurde sie ihm zuteil. Er konnte ihn peinigen, diesen Juden, der arischer aussah als er und der ihm die Frau genommen hatte, die er nicht aus seinen Gedanken und seinen Wünschen verdrängen konnte. Needers Stimme wurde nicht lauter, im Gegenteil, er nahm sie zurück, als er Mark darauf aufmerksam machte, welcher Vergehen er sich schuldig gemacht habe, dann aber sagte er etwas, das Mark schlimmer traf als alles Vorhergesagte. „Du bist nicht sehr klug, Löwenthal. Dein Vater ist klüger, er hat sich mit uns arrangiert."

„Du lügst!" schrie Mark, es war ihm gleichgültig, was daraus werden sollte. „Was weißt du von meinem Vater?"

„Mehr als du denkst", antwortete Needer, jedes Wort auskostend. „Er sucht Juden aus, die zur Arbeit nicht mehr taugen und zur Erholung geschickt werden müssen." Er grinste. „Ich sagte dir ja, er ist unser Mann."

Vor Marks Augen verschwamm alles zu wirrem, grellem, rotem Geflimmer. „Du Schwein!" brüllte er. „Das ist deine Rache für Maria. Aber sie ist zu mir gekommen und nicht zu dir. Zu mir ..., zu mir ..."

Er stürzte sich auf Needer, der das erwartet hatte. Needer hätte nur zu rufen brauchen, seine Leute standen vor der Tür, aber er schlug zu, mit seiner harten Faust, mitten ins Gesicht des anderen. „Du wirst Maria nicht mehr sehen", sagte er zufrieden. Dann erst öffnete er die Tür. Es bedurfte keines Befehls, seine Leute wußten Bescheid.

Epilog

Die letzten Strahlen matter Herbstsonne tauchten die beiden Gebäude des Jüdischen Altersheims in mildes Licht. Um diese Zeit war es sonst still in der Wilhelm-Wolff-Straße in Pankow, selten nur fuhr ein Auto hier vor. Dann klappten Türen. Man hörte Stimmen, die gleich wieder verstummten. Die Insassen des Altersheims hielten sich bereits im Hause auf.

Das Taxi, das in die Straße eingebogen war, verlangsamte seine Fahrt. Der Fahrer schien sich hier auszukennen, er hielt vor dem ersten der beiden Heimgebäude.

Ein älterer Herr stieg aus, bezahlte, sah dann auf die Nummer des Hauses und nickte. An der Front des Hauses entdeckte er ein großes schwarzes Schild, auf dem etwas geschrieben stand. Um es lesen zu können, zog er eine Brille hervor.

„Hier wurden 150 jüdische Kinder, unter ihnen etwa 70 Säuglinge, umsorgt und in Liebe zu den Menschen erzogen. SS verschleppte 1942 diese lebensfrohen Kinder und mordete sie."

„Entsetzlich", murmelte der alte Herr.

Darunter las er, in großen Buchstaben:

SCHWEIGT NICHT
SAGT ES ALLEN MENSCHEN
MAHNT DIE VÖLKER!

Der alte Mann senkte den Kopf, es sah aus, als verneige er sich vor den toten Kindern. Dann erst schickte er sich an, die wenigen Stufen, die zum Heim führten, hinaufzusteigen, als ihm auf der Straßenseite eine seltsame Gestalt aus dem anderen Gebäude entgegengelaufen kam. Es war eine alte Frau mit zerzaustem weißem Haar.

„Jupp!" schrie sie schon von weitem, und da der alte Herr

scheinbar schlecht hörte, wiederholte sie, diesmal noch lauter: „Jupp Kirstein!" Sie umarmte ihn und küßte ihn auf beide Backen. „Ich hätte dich beinahe nicht wiedererkannt!"

„‚Das Katzerl'", sagte der alte Herr erschüttert. Daß auch er sie beinahe nicht wiedererkannt hätte, unterdrückte er. Sie war schon damals, in Magdeburg, nicht mehr jung gewesen, die Souffleuse Hella Katzer. Nun stand da ein uraltes Weiblein, immer noch flink und behende, aber zusammengeschrumpft, mit vielen Falten und Fältchen im Gesicht.

„Hab mich verändert", lachte sie. „Achtundsiebzig Jahre, das will schon etwas heißen, davon sechs in Ravensbrück."

„Mein Gott, ‚Katzerl', dich haben sie auch ins KZ gesteckt, diese Banditen. Aber woher hast du meine Adresse, ich bin erst seit kurzem in Westberlin."

„Durch das Theater", sagte Hella Katzer stolz. „Ich hab dich neulich in der Direktübertragung eines Schwanks im Fernsehen drüben entdeckt, hab nicht gewußt, ob du's tatsächlich bist, aber dann hab ich im Abspann deinen Namen gelesen. Hab mich an das Theater gewandt, und es hat geklappt."

„Das hier war früher einmal ein Kinderheim, und jetzt ist es …"

„… ein Altersheim", vollendete „das Katzerl". „Was mit den Kindern geschehen ist, hast du gelesen. Nach fünfundvierzig hat sich die Jüdische Gemeinde an den Magistrat gewandt und darum gebeten, die Häuser, die die Nazis ihnen weggenommen hatten, wieder zurückzubekommen. Ein Arzt, übrigens ein Genosse von dir, damals der erste Bürgermeister in Niederschönhausen, Dr. Johannes Kupke, hat sich den Vorgang geben lassen und sich dafür eingesetzt, daß der Jüdischen Gemeinde die Häuser zurückgegeben wurden, jetzt als Altersheim. Da hast du die ganze Geschichte. Aber …", sie unterbrach sich und hakte sich bei dem alten Kollegen ein, „hier können wir nicht stehenbleiben. Wir haben zwar auch Besuchsräume im Heim, aber du kannst zu mir kommen, da ist es gemütlicher, und wir werden nicht gestört."

„Das Katzerl" ging voraus, und Jupp Kirstein folgte ihr. Die Treppe schien ihm Schwierigkeiten zu bereiten, sein Atem ging schwer.

Das Zimmer war hell und freundlich, aus dem Fenster sah man in einen großen Garten mit alten Bäumen, Rasen und einigen Bänken. Die Blumentapete des Raums mochte nicht jedermanns Geschmack sein, aber sie paßte zum „Katzerl" ebenso wie die altmodischen Möbel: das Buffet, die Glasvitrine mit den Sammeltassen, Fotos und anderen Erinnerungen, der tiefe Sessel vor dem Fenster, der runde, schwere Tisch mit den dazugehörigen Stühlen, das geschnitzte Bücherbord und die Hängelampe. Nur die Couch stach ab, sie war neu und wurde offensichtlich als Liege und Bett benutzt.

„Hier ist der Kleiderschrank", sagte „das Katzerl", indem sie den Vorhang etwas beiseite schob. „Hab ich mir alles als Gebrauchtmöbel gekauft, für ein Spottgeld, lange ehe ich hierher kam. Auch die Teppiche." Den Boden bedeckten zwei rumänische Teppiche in warmen Gelb- und Brauntönen.

„Gemütlich, richtig gemütlich", sagte Jupp Kirstein anerkennend. Dann fragte er unvermittelt: „Wo bist du vor dem KZ gewesen?"

„Bis achtunddreißig in Hamburg", erzählte sie. „Das ging einigermaßen, weißt du, eine Souffleuse steht nicht so im Rampenlicht. Aber setz dich endlich. Kann ich dir etwas anbieten? Für Kaffee ist es zu spät. Wie wäre es mit einem Glas Wein oder einem Likör?"

„Sehr lieb von dir, danke", wehrte Jupp Kirstein ab. „Aber ich trinke nicht."

„Und wie ist es dir ergangen?" fragte „das Katzerl", während sie ihrem Besucher den Sessel zurechtschob und sich selbst auf die Couch setzte.

„Da ist nicht allzuviel zu erzählen", antwortete Kirstein. „Ich war in Spanien, es war eine heroische Zeit ..., den Ausgang kennst du. Nach Deutschland konnte und wollte ich nicht, so kam ich nach England, wurde während des Krieges interniert, wieder freigelassen und fand sogar beim BBC eine Stelle als Nachrichtensprecher. Nach dem Kriege, 1948, kehrte ich wieder zurück, lebte zunächst in Dortmund bei meiner Schwester, die inzwischen auch gestorben ist. Ich heiratete eine Sängerin vom Dortmunder Schauspielhaus, spielte selbst auch wieder Theater, aber es machte mir keine rechte Freude mehr. Mitte der sechziger Jahre verlor ich meine Stellung wegen meiner politischen Gesinnung. Anfang der siebziger Jahre ließ ich mich von meiner Frau scheiden, weil auch sie mit meiner Einstellung nicht einverstanden war. Da hast du eigentlich alles. Seitdem bin ich Rentner, spiele nur noch hie und da, aushilfsweise, wie in dem Schwank, den du gesehen hast. Über die Situation drüben weißt du sicher ebensoviel, wenn nicht mehr als ich. Es ist alles andere als schön... Du wirst vielleicht fragen, warum ich nicht weggezogen bin, aber es muß ja auch drüben Leute geben, die zumindest das Richtige wollen. Du hast mir geschrieben, du wolltest mir etwas Wichtiges mitteilen ...?"

Hella Katzer stand auf und holte ein Foto aus der Glasvitrine. „Kennst du sie noch?" fragte sie und reichte es Kirstein. Es zeigte eine schöne blonde, junge Frau.

„Maria!" rief Kirstein überrascht. „Als ich von ihrem Selbstmord hörte, konnte ich es nicht fassen. War es etwas im Zusammenhang mir ihr, worüber du mit mir sprechen wolltest?"

„Sie hat gar keinen Selbstmord verübt", sagte „das Katzerl" und liebkoste das Foto Marias mit den Augen.

„Sie hat keinen Selbstmord begangen?" fragte Kirstein bestürzt. „Aber ich habe die Nachrufe doch in den Zeitungen gelesen!"

Hella Katzer nickte. „Sogar einen Gedenkstein haben sie ihr gesetzt. Aber die Leiche hat man nicht gefunden, weil es keine gab. Sie wollte den Mann, den sie liebte, und keine Nürnberger Gesetze konnten sie davon abbringen."

„Mark?"

„Mark." Dann erzählte „das Katzerl" Jupp Kirstein von dem Weg Maria Rheines.

„Mein Gott", sagte Kirstein, noch ganz benommen von dem eben Gehörten. „Das klingt alles so unwahrscheinlich, so unglaubwürdig. Eine Arierin, die sich in der Nazizeit durch Täuschung zu einer Jüdin macht. Wenn es umgekehrt gewesen wäre, aber so ... Wenn ich nicht wüßte, daß Maria eher geneigt war zu untertreiben als zu übertreiben ... Und im KZ hat sie dir das erzählt?"

„Im KZ. Du kannst dir meine Überraschung vorstellen. Man steckte sie zu uns, zu den Jüdinnen."

„Trotzdem", beharrte Kirstein, „ich verstehe das Ganze nicht. Bis 1945, schön, aber danach? Da hatte sie diese Rolle ja nicht mehr nötig!"

„Sie hatte niemand mehr", sagte „das Katzerl" und wischte sich die Augen, ehe sie weitersprach. „Mark haben sie umgebracht, sie erfuhr es durch einen Kameraden, der ihr eine Zeichnung von Mark brachte. Der Kamerad konnte zeichnen. Sicher hat Mark zum Schluß so ausgesehen, es war schrecklich. Maria weinte nicht, als sie die Zeichnung sah, aber sie war tagelang nicht ansprechbar.

Marks Vater muß wirklich etwas mit den Nazis zu tun gehabt haben, die Gerüchte, die es über ihn gibt, scheinen zu stimmen. Jedenfalls ließen sie ihn ungeschoren. Er soll heute irgend etwas zu sagen haben bei euch drüben. Mit ihm suchte Maria keinen Kontakt. Marks Mutter war mit der Tochter und deren Familie nach Amerika gezogen. Sie hatte sich noch vorher von ihrem Mann scheiden lassen. Marias Vater starb aus Kummer über das Schicksal seiner Tochter. Seine Frau Anneliese nahm sich nach dem Einmarsch der Nazis in Frankreich das Leben."

„Wenn ich geahnt hätte, daß Maria ..."

„Du konntest es nicht wissen, und sie wußte auch nichts von dir. Sie entschloß sich, ‚den Weg, den sie eingeschlagen hatte, zu Ende zu gehen'. So hat sie es ausgedrückt, wörtlich. Sie pflegte jüdische Waisenkinder, mit Liebe und mit dem Aufgebot aller Kräfte. Man hatte sie bös zugerichtet, schlimmer als andere. Ich glaube, die Aufseherinnen beneideten sie um ihre Schönheit."

„In Ravensbrück?"

„Nein, sie kam nicht sofort nach Ravensbrück. Sie war zuvor in einem anderen Konzentrationslager. Nach Ravensbrück kam sie erst 1942. Sie war weiß geworden, schneeweiß, aber sie war immer noch schön. Das reizte eine der Aufseherinnen, das Luder hat sie ..., ich darf nicht daran denken. Dann verfiel sie zusehends, sie magerte ab zum Skelett. Wir versuchten ihr zuzustecken, was wir konnten, obwohl wir selbst nicht genug hatten. Aber sie gab es weiter, an die Kinder. Zuletzt sah sie aus, wie du manche von uns in den schrecklichen Filmen von Konzentrationslagern nach der Befreiung gesehen hast. Wir glaubten alle nicht, daß sie durchkommen würde, aber sie blieb am Leben."

„Das Katzerl" schwieg, und Jupp Kirstein war weit, weit weg mit seinen Gedanken. Er schrak zusammen, als sie wieder zu sprechen begann.

„Die Waisenkinder, mit denen Maria zu tun gehabt hatte, blieben ‚ihre Kinder'. Die meisten besuchten sie noch. Auch wir blieben in Verbindung. Erst vor zwei Jahren kam sie hier ins Altersheim."

„In dieses jüdische Altersheim?"

„Niemand wußte, daß sie keine Jüdin war. Man hatte ihr auf Grund ihrer Angaben und der Eintragung im KZ neue Papiere gegeben. Übrigens leben schon seit einiger Zeit nicht mehr nur Juden hier. Ihr Zimmer war gleich neben meinem, so konnte ich ihr oft beistehen, denn die Schwester oder den Arzt zu bemühen, das mochte sie nicht. Vor einem Jahr etwa ist sie gestorben, nicht viel über sechzig. Sie wollte, daß man erst nach ihrem Ableben alles über sie erfahre."

„Sie wollte bis zu ihrem Tode alles verheimlichen?"

„Ja. ‚Ich bin keine Märtyrerin', sagte sie, ‚und was ich getan habe, war alles andere als vorbildlich. Es war nur der schwache Versuch, sich gegen die Anmaßung von Menschen, die andere ihrer Rasse, ihrer Nationalität, ihrer Hautfarbe wegen diskriminieren, zu wehren. Ich weiß, daß ich damit nichts erreicht habe, aber ich konnte so vor mir selbst bestehen ... Ich konnte nicht anders ...'"

„Das Katzerl“ schluckte ein paarmal. Draußen im Flur hörte man jemand gehen.

„Das Abendessen“, sagte sie.

Jupp Kirstein stand auf.

„Du brauchst dich nicht zu beeilen“, beruhigte ihn „das Katzerl“.

Kirstein nahm das Foto von Maria und betrachtete es lange. „Eine seltsame, eine ungewöhnliche Frau“, sagte er. „Ich habe sie sehr geliebt. Maria hat etwas getan, das nur sie tun konnte. Aber ich finde es überwältigend. Einen Weg so konsequent zu gehen, bis zum Ende, wer kann das schon.“

ANHANG

Zum vorliegenden Band

Die erste Ausgabe des Romans „Arrangement mit dem Tod“ erschien 1984 im Buchverlag Der Morgen. Für die Neuauflage im Rahmen der „Ausgewählten Werke in Einzelausgaben“ hat Hedda Zinner den Text der Erstausgabe nochmals durchgesehen.

Die folgenden „Auskünfte“ sind der (erweiterten) Neuauflage des Erinnerungsbandes „Auf dem roten Teppich. Erfahrungen, Gedanken, Impressionen“ (Buchverlag Der Morgen, 1986) entnommen.

E. P.

Noch ehe der Roman erschienen war – ich arbeitete noch am Manuskript –, las ich bei Veranstaltungen bereits einzelne Kapitel daraus vor. Das Thema löste sofort Anteilnahme und Interesse aus.

„Sie haben doch in der Hitlerzeit gar nicht in Deutschland gelebt, wie konnten Sie über diese Zeit schreiben?" – „In welchem Verhältnis stehen Wahrheit und Wirklichkeit in Ihrem Roman?" – „Welche Quellen haben Sie gehabt?" – „Wie lange haben Sie an dem Buch gearbeitet?", und eine Frage, die sich oft wiederholte: „Wie kamen Sie gerade auf das Jüdische Theater?"

Um manche dieser Fragen vorweg zu beantworten, begann ich meine Lesungen mit einer Einleitung, in der ich auf vieles einging, vor allem auch darauf, wie ich zu meinem Thema gekommen war.

1945 hörte ich zum ersten Mal von einem Jüdischen Theater in Berlin während der Nazizeit. Was ich von Fritz Wisten, der als Schauspieler und Regisseur an diesem Theater gearbeitet hatte, erfuhr, war erschütternd und makaber: ein Ghettotheater im Deutschland des zwanzigsten Jahrhunderts. Nicht nur die Schauspieler, Bühnenarbeiter, Beleuchter, alle Mitarbeiter, auch in der Verwaltung, mußten Juden sein. Auch das Publikum, jeder Besucher mußte sich als Jude ausweisen.

Warum die Nazis Ghettotheater – es gab solche Theater nicht nur in Berlin, sondern auch in einigen anderen Städten – duldeten, ja sogar organisatorisch erfaßten, ist leicht zu erklären: Sie wollten dem Ausland, das empört war über die Judenverfolgungen in Deutschland, ihre „Loyalität" gegenüber den Juden beweisen.

Sosehr mich die Mitteilung von der Existenz solcher jüdischer Ghettotheater erregte und bewegte, damals dachte ich noch nicht daran, darüber zu schreiben. Das wäre Aufgabe der noch lebenden Mitglieder des Theaters gewesen.

Zwar hat Eva Wisten, eine der beiden Töchter Wistens, eine Diplomarbeit über das Theater geschrieben, aber die Arbeit ist weder verwertet noch veröffentlicht worden. Als ich mich danach erkundigte, befand sie sich auch nicht mehr im Archiv der Humboldt-Universität, da dort, wie man mir mitteilte, Diplomarbeiten wegen Platzmangels nach einigen Jahren vernichtet werden. Erschienen war lediglich in der BRD eine Dokumentation, der ich einige Informationen verdanke.

Bis zum heutigen Tag wissen die wenigsten Menschen in beiden deutschen Staaten von der Existenz jüdischer Theater in der Nazizeit und sind sehr erstaunt, wenn sie davon hören. Darum schrieb der Historiker Dr. Klaus Drobisch, dem mein Verlag das Romanmanuskript zur Überprüfung sämtlicher historischer Vorgänge gegeben hatte, in seinem Gutachten: „Das Thema Jüdisches Theater in der Nazizeit ist in der DDR bislang weder von geschichtswissenschaftlicher noch von literarischer Seite behandelt worden, obwohl sich auch an ihm die faschistische Judenverfolgung und die Tragik der von ihr Betroffenen wie ihr Selbsterhaltungswille plastisch darstellen lassen."

Der Gedanke an die zynische „Loyalität" der Nazis hatte mich all die Jahre nicht mehr losgelassen. Immer stärker wurde in mir der Wunsch, selbst darüber zu schreiben. Ich glaubte, auch wenn ich das Theater nicht selbst gekannt hatte, manche Voraussetzung zu haben, mich daranzuwagen. Nicht nur, daß ich als ehemalige Schauspielerin den Betrieb, die Atmosphäre eines Theater sehr genau kenne, ich habe, auch auf politischem Gebiet; die Zeit vor Hitlers Machtantritt nicht nur als Außenstehende erlebt, ich nahm unmittelbar an den Kämpfen teil.

Manches von meinem damaligen Erleben – die blutigen Ausschreitungen von Nazis gegen Kommunisten, Antifaschisten, auch gegen sozialdemokratische Arbeiter, der Feldzug gegen die Juden, die tolerierende Haltung der rechten sozialdemokratischen Führer – ist in mein Schauspiel „Der Teufelskreis“ eingeflossen. Was mir für den Roman noch fehlte, war die Fabel, die durchgehende Handlung, die alles zusammenhält. Es war mir klar, daß der Gegenstand meines Romans nicht nur das Thema Judenverfolgungen, sondern die Unmenschlichkeit von Rassendiskriminierung sein mußte.

Ich suchte lange, bis ich zu meiner Geschichte kam.

Noch einmal möchte ich aus dem Gutachten von Dr. Klaus Drobisch zitieren: „Hinzu tritt der Grundeinfall, daß sich eine sogenannte Arierin Papiere verschafft, die sie als Jüdin ausweisen, was damals – in wenigen Fällen – umgekehrt war, und entsprechend agiert. Anhand dieser extremen, ‚unglaublichen‘ Situation, wie sie selbst im Epilog sagen läßt, gelingt es Hedda Zinner, Menschen, Situationen und Handlungen differenziert nach unterschiedlichen Klassenstandpunkten und Verhaltensweisen zu schildern.“ Abschließend stellte Dr. Drobisch dann fest, daß die zeitgenössische Situation und das historische Umfeld stimmig seien.

Im Vorwort zu meinem Roman betone ich, daß Personen und Handlung frei erfunden sind. Authentisch sind jedoch die Existenz des Jüdischen Theaters von 1933 bis 1941 sowie die dargestellten historischen Abläufe, ferner alle Zitate aus den „Nürnberger Gesetzen“ und aus jüdischen Zeitungen.

Die Namen der Schauspieler und anderen Angestellten des Jüdischen Theaters im Roman sind fiktiv, obwohl ich nicht nur Fritz Wisten, sondern auch einige andere Mitglieder des Theaters nach 1945 kennenlernte, weil ich mich mit der Nennung von Namen nicht einengen wollte. Auch bei Lion Feuchtwanger ist auffallend, mit welcher Unbekümmertheit er historisch verbürgte Tatsachen und erfundene Figuren und Schicksale miteinander verknüpfte, weil er sehr genau wußte, daß Geschichte nur am interessanten Einzelschicksal erlebbar, nacherlebbar wird und daß sich reale Lebensläufe in der Regel gerade diesem Nacherleben verschließen. Schon Goethe bemerkte in einem Gespräch mit Eckermann: „Kein Dichter hat je die historischen Charaktere gekannt, die er darstellte, hätte er sie aber gekannt, so hätte er sie schwerlich so gebrauchen können. Der Dichter muß wissen, welche Wirkungen er hervorbringen will, und danach die Natur seiner Charaktere einrichten."

ISBN 3-371-00121-0

1. Auflage
im Rahmen der Ausgewählten Werke in Einzelausgaben
Lizenznummer: 48-48/2/87
LSV 7001
Reihengestaltung: Werner Schulz
Printed in the German Democratic Republic
Gesamtherstellung:
Druckhaus Aufwärts, Leipzig – III/18/20-359/87
Bestellnummer: 695 671 0
01000